Beck im dtv

Mein Einbürgerungstest

dtv

Beck im dtv

Mein Einbürgerungstest

Alle Fragen – Alle Antworten
Mit Einführung und praktischen Zusatzinformationen

Von Hans Jörg Schrötter

4. Auflage

www.dtv.de
www.beck.de

Originalausgabe

dtv Verlagsgesellschaft mbH & Co. KG,
Tumblingerstraße 21, 80337 München

Druck und Bindung: Druckerei C.H. Beck, Nördlingen
(Adresse der Druckerei: Wilhelmstraße 9, 80801 München)
Satz: ottomedien, Darmstadt
Umschlaggestaltung: Agentur 42, Bodenheim
unter Verwendung eines Fotos von Panthermedia
ISBN 978-3-423-51225-1 (dtv)
ISBN 978-3-406-71753-6 (C. H. Beck)
9 783406 717536

Geleitwort

Wer sich in Deutschland einbürgern lassen will und keinen deutschen Schulabschluss vorweisen kann, muss seit 1. September 2008 einen Einbürgerungstest bestehen. Von 33 Fragen, die vorgelegt werden, müssen mindestens siebzehn Fragen innerhalb von 60 Minuten zutreffend beantwortet werden.
Es handelt sich um einen sogenannten Multiple-Choice-Test: Pro Frage werden vier Antwortmöglichkeiten vorgegeben, von denen nur jeweils eine Antwort richtig ist.
310 Fragen sind es insgesamt, aus denen die 33 Fragen für die jeweiligen konkreten Tests zusammengestellt werden.
Alle diese Fragen sind in diesem Buch aufgeführt. Die richtigen Antworten sind vermerkt. Kurze Erläuterungen sollen knapp die Hintergründe der richtigen Antworten beleuchten.
Der Fragenkatalog ist bunt. Wo zum Beispiel kann ich in Deutschland die Ehe schließen? Welche Rechte habe ich als Mieter? Was kann der Betriebsrat für mich als Arbeitnehmer tun? Welche Fristen gelten bei Kündigungen? Wer wählt den Bundeskanzler oder die Bundeskanzlerin? Wo melde ich meinen Hund an?
Wer die richtigen Antworten auf diese und viele andere mögliche Testfragen kennt, der wird nicht nur den Test mit Glanz bestehen. Er wird zugleich über Kenntnisse verfügen, die ihm im Alltag zugutekommen und die ihm das gesellschaftliche Leben in Deutschland erschließen und erleichtern.
Dieser kleine Ratgeber wendet sich an alle Einbürgerungskandidaten, die sich auf diesen Test vorbereiten wollen.
Wohin aber wendet man sich konkret? Welche Büros oder Ämter helfen weiter? Unter welchen Bedingungen und wann kann ich den Test absolvieren? Die diesem Buch vorangestellten „Praktischen Tipps zum Test" sollen den Weg weisen durch die oft verschlungenen Pfade der Praxis.
In einem Anhang sind die Anschriften aller Stellen aufgeführt, die in Deutschland den Einbürgerungstest durchführen.

Kurzum: Seit 2009 bietet dieses Buch allen einbürgerungswilligen Ausländerinnen und Ausländern wichtige Informationen nicht nur zum Ablauf des Testes; in übersichtlicher Form und mit kurzen, verständlichen Anmerkungen vermittelt dieser Ratgeber vor allem das für den Einbürgerungstest notwendige Wissen sowie vielfältige Inhalte, auf die sich die Testfragen beziehen. So wird zugleich ein Grundwissen angeboten, das für das praktische Leben in Deutschland von Gewinn sein kann.

Viel Erfolg!

Berlin, im November 2017 *Hans Jörg Schrötter*

Vorwort zur 4. Auflage

Die Geschichte dieses zuverlässigen kleinen Ratgebers ist eine Erfolgsgeschichte. Erstmals erschienen ist er im April 2009. Seither hat er unzähligen Menschen, die den Wunsch hatten, die deutsche Staatsangehörigkeit zu erwerben, in verständlicher und übersichtlicher Form den Weg gewiesen.

Die Nachfrage auf dem Buchmarkt spricht für sich. Ein gutes Jahr erst ist es her, dass dieser Ratgeber ein drittes Mal neu aufgelegt worden ist. Umso erfreulicher ist es für den Autor, heute bereits die 4. Auflage vorlegen zu dürfen.

Ganz offenbar machen viele Menschen, die sich Deutschland als neue Heimat gewählt haben, von dem Angebot Gebrauch, den Schritt in die Staatsangehörigkeit zu gehen und dazuzugehören – mit allen Rechten und Pflichten. In 310 Testfragen, die uns im Einbürgerungstest begegnen können, leuchtet ein buntes Szenario an Wissenswertem über die Bundesrepublik Deutschland auf. Wer sich mit ihnen beschäftigt, dem eröffnet sich die Chance, ein Grundwissen sowie ein Grundverständnis zu erwerben über vielfältige Fragen rund um die deutsche Geschichte, das aktuelle Regierungssystem, um Wissenswertes für den Alltag im Land sowie soziale und rechtliche Fragen.

Was versteht man zum Beispiel unter einer „Ampelkoalition"? Was muss man tun, um Elterngeld zu erhalten? Oder – wann beginnt in Deutschland die Nachtruhe? Das kleine Buch erläutert nicht nur alle Fragen in bewährter Knappheit und Präzision; es geht auch auf Neuerungen im Gesamtkontext ein und liefert aktuelle Zahlen zur Migration.

Der Autor hofft, dass auch diese Neuauflage allen Einbürgerungswilligen wiederum ein wertvoller Helfer sein wird.*

Berlin, im November 2017 *Hans Jörg Schrötter*

* Die in dieser Veröffentlichung enthaltenen Sichtweisen und Bewertungen geben ausschliesslich die persönliche Auffassung der Verfassers wieder.

Inhaltsübersicht

Inhaltsverzeichnis

Anhang

1. Kapitel

Einführung

I. Praktische Tipps zum Test

1. Wer muss den Einbürgerungstest ablegen?

Jeder ausländische Staatsangehörige, der die deutsche Staatsangehörigkeit erwerben will, muss seit dem 1. September 2008 in einem bundesweit einheitlichen Test ein gutes Grundwissen über Deutschland nachweisen.

2. Worum geht es in diesem Einbürgerungstest?

Einbürgerungsbewerber sollen in diesem Test zeigen, dass sie über Kenntnisse der Rechts- und Gesellschaftsordnung und der Lebensverhältnisse in Deutschland verfügen. Ihnen sollten grundlegende Prinzipien der verfassungsmäßigen Ordnung und des Staatsaufbaus ebenso geläufig sein wie herausragende Ereignisse der jüngeren deutschen Geschichte. Die Kenntnis einiger grundsätzlicher Rechte und Pflichten als Bürgerin und Bürger, als Wähler, Arbeitnehmer oder Mieter kommen zudem jedem zugute, der in diesem Land leben, arbeiten – kurz, sich persönlich entfalten will.

Zu den vielfältigen Bereichen gesellschaftlichen Lebens in Deutschland präsentiert der Test Fragen, deren Antworten ausnahmslos zum Basiswissen für eine erfolgreiche Integration zu zählen sind.

3. Welche weiteren Voraussetzungen muss ich neben einem erfolgreich bestandenen Einbürgerungstest noch erfüllen, wenn ich Deutsche / Deutscher werden will?

Zur Frage, wer einen Anspruch auf Einbürgerung hat, ist ein ganzer Katalog von Bedingungen zu nennen. Im Wesentlichen sind es sieben Voraussetzungen, die erfüllt sein müssen, bevor man als letzten Schritt den Einbürgerungstest ablegt. So muss man:

(1) über ein unbefristetes Aufenthaltsrecht oder eine Aufenthaltserlaubnis verfügen,

(2) seit acht Jahren den gewöhnlichen und rechtmäßigen Aufenthalt in Deutschland haben,

(3) den Lebensunterhalt für sich und seine unterhaltsberechtigten Familienangehörigen bestreiten können, ohne Sozialhilfe oder Arbeitslosengeld II in Anspruch nehmen zu müssen,

(4) ausreichende Kenntnisse der deutschen Sprache in Wort und Schrift nachweisen,

(5) sich zur freiheitlichen demokratischen Grundordnung des Grundgesetzes der Bundesrepublik Deutschland bekennen,

(6) nicht wegen einer Straftat – mit Ausnahme geringfügiger Verurteilungen – verurteilt worden sein und

(7) seine alte Staatsangehörigkeit bei Einbürgerung aufgeben, wobei Ausnahmen möglich sind.

(8) Seit dem 1. September 2008 sind Kenntnisse der deutschen Rechts- und Gesellschaftsordnung und der Lebensverhältnisse in Deutschland, nachzuweisen – im Wege des hier beschriebenen Einbürgerungstests.

Wer nach alledem keinen Rechtsanspruch auf Einbürgerung hat, für den kann dennoch eine Einbürgerung in Frage kommen, die im Ermessen der Behörden steht. Aber auch im Rahmen einer solchen sogenannten Ermesseneinbürgerung muss man Kenntnisse der Gesellschafts- und Rechtsordnung und der Lebensverhältnisse in

Deutschland nachweisen – sprich: erfolgreich einen Einbürgerungstest ablegen.

4. Was wird in diesem Einbürgerungstest gefragt?

Wer in Deutschland als deutscher Staatsangehöriger leben will, der sollte unbedingt über seine Rechte und Pflichten als Staatsbürger informiert sein, um am gesellschaftlichen und politischen Leben teilhaben zu können. Abgefragt wird ein für jede Integration unabdingbares Grundwissen über den Staatsaufbau und die deutschen Verfassungsgrundsätze, über Geschichte und Kultur dieses Landes, über bürgerliche Rechte und Pflichten und die Lebensverhältnisse in Deutschland.

Nach diesen Vorgaben wurden die Testfragen zusammengestellt.

Die 300 allgemeinen Fragen lassen sich inhaltlich in drei große Themenfelder gliedern:

(1) „Leben in der Demokratie",

(2) „Geschichte und Verantwortung",

(3) „Mensch und Gesellschaft".

Zehn weitere Fragen sind landesbezogen und werden speziell für das jeweilige Bundesland ausgewählt, in dem der Test durchgeführt wird.

Sämtliche landesspezifischen Fragen finden sich im zweiten Teil dieses Buches. Die jeweils zutreffende Antwort ist vermerkt.

5. Welche Stellen führen die Tests in Deutschland durch?

Die Tests werden in ganz Deutschland einheitlich verwaltet und durchgeführt. Eine zentrale Funktion nimmt das Bundesamt für Migration und Flüchtlinge in Nürnberg ein. Dieses Bundesamt verwaltet die Tests. Es entwickelt die Testfragebögen. Da aber nicht verlangt werden kann, dass alle Einbürgerungswilligen nach Nürnberg reisen, hat das Bundesamt mit den Stellen in Deutschland, die bisher bereits Integrationskurse anbieten dürfen, eine zusätzliche Vereinbarung getroffen.

Diese Stellen sind vor allem die Volkshochschulen. Sie sind damit die zugelassenen **Prüfstellen** des Nürnberger Bundesamtes. Man findet sie in zahlreichen Städten überall in Deutschland. Als amtliche Prüfstellen gewährleisten sie, dass die Tests in ihren Räumlichkeiten objektiv und sicher durchgeführt werden und die für alle Prüfstellen in Deutschland gleichermaßen geltenden Verfahrensrichtlinien beachtet werden.

Das Bundesamt für Migration und Flüchtlinge in Nürnberg stellt eine Liste zur Verfügung, in der die beauftragten und autorisierten regionalen Prüfstellen – im Wesentlichen also die Volkshochschulen – aufgeführt sind, bei denen die Einbürgerungswilligen den Einbürgerungstest ablegen können. Diese Liste findet sich **im Anhang,** aber auch, geordnet nach den 16 Bundesländern, im Internet unter www.bamf.de.

6. Wo melde ich mich zum Einbürgerungstest an?

Zur Abnahme des Testes sind ganz überwiegend die Volkshochschulen als amtlich autorisierte Prüfstellen befugt. In einigen Bundesländern sind auch private Prüfstellen erlaubt. Volkshochschulen finden sich in vielen deutschen Städten. Auf die aktuelle Adressenliste im Anhang wird verwiesen (siehe oben). Dort meldet man sich an, wenn man einen Einbürgerungstest ablegen will.

7. Wie melde ich mich an?

Für die Anmeldung ist grundsätzlich keine Form vorgeschrieben. Allerdings muss man es persönlich bei der Volkshochschule in seiner Umgebung tun. Die Volkshochschulen halten Anmeldeformulare, sogenannte „Teilnehmerfragebögen", bereit und sind beim Ausfüllen dieser Bögen behilflich. Hier erfährt man auch die Prüfungstermine.

8. Welche Kosten kommen auf mich zu?

Die Anmeldung selbst ist kostenfrei. Der Test dagegen kostet 25 Euro. Mit der Anmeldung verpflichtet man sich zur Zahlung dieser Kostenpauschale. Man kann den Test beliebig oft wiederholen; allerdings fallen dann jedes Mal diese 25 Euro erneut an.

9. Wie läuft das Anmeldeverfahren ab?

Die Prüfstelle nimmt die Anmeldung entgegen. Dann wird ein Prüfungstermin vereinbart. Jeder, der am Test teilnehmen will, zahlt nun seine Kostenpauschale in Höhe von 25 Euro. Außerdem wird er darüber informiert, dass er zum Prüfungstermin ein geeignetes Dokument vorlegen muss, damit man seine Identität feststellen kann.

10. Wie lange muss man auf den Test warten?

Jede Prüfung muss mindestens drei Wochen vor dem Prüfungstermin schriftlich bei der zuständigen Regionalstelle des Bundesamtes für Migration und Flüchtlinge angemeldet werden. Zwischen Anmeldung und Prüfungstermin vergehen also mindestens drei Wochen. Allerdings stellt die Prüfstelle sicher, dass den Testteilnehmern eine Teilnahme am Test spätestens innerhalb einer Frist von zwölf Wochen nach Anmeldung ermöglicht wird.

11. Wie läuft der Test ab?

Wer angemeldet ist, erhält zu seinem Termin einen auf seine Person ausgestellten Testfragebogen mit 33 Fragen, die aus dem gesamten Fragenkatalog zusammengestellt worden sind. Dieser Fragebogen ist nicht identisch mit irgendeinem der Bögen der anderen Teilnehmer an diesem Prüfungstermin.

Vorher muss man unbedingt gegenüber der Person, die die Aufsicht über die Prüfung führt, seine Identität nachweisen, also ein amtliches Ausweisdokument mit Lichtbild vorzeigen.

Der Testfragebogen enthält neben den Testfragen auf einem Deckblatt die persönlichen Daten des Testteilnehmers sowie eine Fragebogennummer. Vor Beginn der Prüfung bestätigt der Teilnehmer auf dem Deckblatt, dass seine dort vermerkten persönlichen Angaben stimmen.

Die Prüfung ist nicht öffentlich.

In der Regel wird man den Test gemeinsam mit bis zu sechzehn anderen Bewerbern in einem Prüfungsraum ablegen. Eine Prüfungsaufsicht ist die gesamte Zeit über anwesend. Bei Prüfungsgruppen mit mehr als 25 Teilnehmern wird eine zweite Aufsichtsperson hinzugezogen. Die Teilnehmer werden so platziert, dass keiner die Unterlagen der anderen einsehen kann. Möglicherweise kommen auch Trennwände zum Einsatz.

Testteilnehmer dürfen den Prüfungsraum nur in Ausnahmefällen einzeln verlassen. Wer die Prüfung vorzeitig beendet, darf den Prüfungsraum während der Prüfung nicht mehr betreten.

Der Test dauert 60 Minuten. In dieser Zeit sind von 33 Fragen mindestens siebzehn Fragen zutreffend zu beantworten. 30 Fragen sind allgemeiner Natur, drei Fragen betreffen speziell das Bundesland, in dem man den Test absolviert.

Zu jeder Frage werden vier Antwortvorschläge angeboten. Nur ein Vorschlag ist jeweils richtig. Dieser ist deutlich zu markieren.

Die Aufsichtspersonen dürfen Fragen zu den Prüfungsinhalten weder beantworten noch kommentieren. Sie geben lediglich zu organisatorischen Punkten Auskunft. Auch am Schluss der Prüfung dürfen sie den Teilnehmern nichts über die erbrachten Leistungen mitteilen.

12. Welche Hilfsmittel darf ich verwenden?

Jeder Teilnehmer muss den Fragebogen absolut selbständig ausfüllen. Auf den Tischen sind lediglich der Testfragebogen und Stifte erlaubt. Weitere Hilfsmittel dürfen nicht in die Prüfung mitgebracht werden. Nicht erlaubt sind insbesondere persönliche Aufzeichnungen, mitgebrachte Bücher oder Hefte, aber auch Geräte, mit denen man Informationen übermitteln oder speichern kann, wie etwa Mobiltelefone, elektronische Kalender und ähnliches. Alles, was eventuell zu Täuschungszwecken verwandt werden könnte, wird von der Prüfungsaufsicht für die Dauer der Prüfung eingezogen. Für alle, die aus Unkenntnis dieser Regelungen doch etwas Verbotenes im Gepäck haben: Vor Beginn der Prüfung wird man auf diese Bestimmungen hingewiesen und kann alle in Unkenntnis mitgebrachten Hilfsmittel für die Dauer der Prüfung bei der Prüfungsaufsicht abgeben.

13. Was droht mir bei Täuschungsversuchen?

Wer bei der Prüfung täuscht oder zu täuschen versucht, wer unerlaubte Hilfsmittel verwendet oder sie anderen zugänglich macht oder wer den Ablauf der Prüfung stört, der kann von der Prüfung ausgeschlossen werden. In diesem Fall werden seine Prüfungsleistungen nicht bewertet. Täuschungsversuche werden darüber hinaus zu Protokoll genommen.

14. In welchen Abständen werden die Tests angeboten?

Die Volkshochschulen bieten die Tests bedarfsgerecht, in der Regel in Abständen von vier bis sechs Wochen an.

15. Wann erfahre ich das Ergebnis?

Ausgewertet werden die ausgefüllten Testbögen zentral in der jeweiligen Regionalstelle des Bundesamtes für Migration und Flüchtlinge. Das geschieht in einem vollstandardisierten Verfahren. In Berlin gilt wegen des hohen Aufkommens eine Sonderregelung; hier wertet die Regionaldirektion Spandau die Bögen aus. Die Ergebnisse erfährt man im Allgemeinen nach etwa zwei Wochen.

Bescheinigungen über die Teilnahme am Einbürgerungstest, sogenannte Ergebnismitteilungen, erstellen die Regionalstellen des

Bundeamtes nach einem einheitlichen Vordruck. Sie werden vom zuständigen Mitarbeiter der Regionalstelle unterschrieben, mit einem Siegel versehen und den Teilnehmern auf dem Postweg zugesandt. Sie enthalten die in der Prüfung erzielte Punktezahl und ein Prädikat.

Zwei Prädikate sind möglich: „erfolgreich teilgenommen", was bedeutet, dass man den Einbürgerungstest bestanden hat, und „teilgenommen", was bedeutet, dass man ihn nicht bestanden hat, ihn aber wiederholen kann.

16. Besteht Datenschutz?

Alle Prüfungsunterlagen werden bei den Regionalstellen zwei Jahre lang aufbewahrt. Die personenbezogenen Daten der Teilnehmer darf das Bundesamt nur zur Auswertung der Tests verarbeiten. Statistische Daten zu Prüfungsteilnahmen oder Prüfungserfolgen dürfen nur anonymisiert und zur wissenschaftlichen Weiterentwicklung von Aufgabenstellungen und Testfragebögen erhoben und genutzt werden.

17. Wie kann ich mich auf den Test vorbereiten?

Wem dieses kleine Buch nicht genügt, dem steht es frei, vertiefende oder weiterführende **Kurse** zu besuchen. Eine Teilnahme an solchen Kursen ist aber nicht zwingend vorausgesetzt, wenn man sich zum Einbürgerungstest anmelden will.

Kurse zur Vorbereitung auf den Einbürgerungstest werden von den Volkshochschulen geplant, organisiert und durchgeführt. Dabei arbeitet jede Volkshochschule eigenverantwortlich, sodass allgemeinverbindliche Auskünfte zu den Angeboten nicht möglich sind. In Berlin etwa bereiten die Bezirke solche Kurse eigenständig vor. Die Teilnahme ist kostenpflichtig.

Weitere Informationen

Bundesamt für Migration und Flüchtlinge
90 343 Nürnberg
Telefon: 0911 / 943–6390 oder zentral: 0911 / 943 – 0
Fax: 0911 / 943–1000
E-Mail: info.buerger@bamf.bund.de
oder: service@bamf.bund.de

Beauftragte der Bundesregierung für Migration, Flüchtlinge und Integration
Willy-Brandt-Str. 1
10557 Berlin
Telefon: 030 / 18 400 – 1640
Fax: 030 / 18 400 – 1837
E-Mail: Integrationsbeauftragte@bk.bund.de

Informationen im Internet unter:
www.city-vhs.de
www.bamf.de
www.einbuergerung.de

II. Willkommen in Deutschland

Mit der Entscheidung, Deutscher oder Deutsche werden zu wollen, dürfte unzweifelhaft ein erhebliches Interesse an diesem Land verbunden sein. Wer Deutschland auf eigenen Wunsch zu seinem Lebensmittelpunkt wählt, wird zugleich informiert sein wollen über seine Rechte und Pflichten als Staatsbürger. Er wird über die immense Bedeutung der in der deutschen Verfassung, dem „Grundgesetz", verankerten Freiheitsrechte Bescheid wissen wollen. Er wird vertraut sein wollen mit dem staatlichen Aufbau dieses föderalen Bundesstaates in der Mitte Europas.

Natürlich geht der Test auch von einem Interesse der Bewerber an der jüngeren deutschen Geschichte aus. In Deutschland zu leben, dieses Land als sein eigenes zu betrachten, bedeutet zugleich, um die Vergangenheit zu wissen, um Höhen und Tiefen, die dieses Land im Herzen Europas erlebte, erleben durfte, erleben musste.

Der Terror und das Grauen der nationalsozialistischen Diktatur zwischen 1933 und 1945 bleiben eine Mahnung an alle Deutschen.

Auch die Teilung Deutschlands nach dem Ende des Zweiten Weltkriegs in zwei Staaten prägt die Geschichtserfahrung; die Grenze zwischen der Bundesrepublik Deutschland im Westen und der Deutschen Demokratischen Republik im Osten symbolisierte über vier Jahrzehnte zugleich die Spaltung Europas in Ost und West.

Aber auch der oft als „Wirtschaftswunder" umschriebene legendäre Aufstieg Westdeutschlands aus den Trümmern des Zweiten Weltkriegs ist der Erinnerung wert. Unter dem ersten Bundeskanzler Konrad Adenauer setzte ein entschlossener Wirtschaftsminister das Konzept der Sozialen Marktwirtschaft in die Tat um. Plötzlich wurde wieder angepackt und aufgebaut, verdient und konsumiert. Mit dem „Wirtschaftswunder" errang sich die junge Bundesrepublik Deutschland neues Ansehen und neue Achtung in der Welt.

In besonderer Weise schrieb ein Ereignis der jüngsten Zeit Geschichte – der friedliche Aufstand Hunderttausender gegen die Diktatur im östlichen Deutschland. Ohne einen einzigen Schuss, ohne jede Gewalt brachten 1989 die Menschen in der DDR mit ebenso mutigen wie beharrlichen Demonstrationen einen zentralistischen und totalitären Spitzelstaat zu Fall – eine historische Leistung, die das Tor zur Wiedervereinigung Deutschlands im Einvernehmen mit allen Nachbarn in Ost und West öffnete.

1957 haben Belgien, die Niederlande, Luxemburg, Frankreich, Italien und Deutschland in Rom die Europäische Wirtschaftsgemeinschaft gegründet. Es war der Beginn einer erstaunlichen Erfolgsgeschichte. Dem seit 1993 in Europäische Union umbenannten Zusammenschluss gehören heute 28 Staaten an. Und wenn dieser Union 2012 in Oslo der Friedensnobelpreis verliehen wurde, dann bedeutete das in erster Linie eine respektable Würdigung von nahezu sechs Jahrzehnten wachsender Zusammenarbeit, die Europa einen gesicherten Frieden gebracht hat, und die auf gemeinsamen Werten gründet. Grenzen trennen uns nicht mehr. Die Europäer können frei in jedes Mitgliedsland ihrer Wahl reisen, dort studieren und arbeiten.

Deutschland – das ist nicht nur Köln mit seinem Dom, Frankfurt am Main mit seiner Börse, Schwerin mit seinem Märchenschloss oder Augsburg mit seiner 2000-jährigen Geschichte. Deutschland steht ebenso für Weinberge und Wälder, für Wattenmeer und Voralpenland, für Burgen am Rhein, das Elbsandsteingebirge oder die Kreidefelsen an der Ostsee.

Vor allem aber gibt es in diesem Land eine vielfältige, Jahrhunderte alte faszinierende **Kultur.** Hier formte der Reformator Martin Luther die deutsche Sprache zu einem Band der Identität und des Zusammenhalts über die vielfältigen Herrschaftsbereiche der deutschen Länder und Regionen hinweg. Hier erdachte Johannes Gutenberg eine Kunst, die die Kultur der Menschheit dramatisch veränderte, die den Austausch von Gedanken, von Erkenntnissen und von Wissen revolutionierte und bis in unsere Zeit hinein maßgeblich prägte: er erfand 1440 den Buchdruck.

In Deutschland stand die Wiege zahlloser wissenschaftlicher Leistungen und technologischer Welterfolge. Hier entwickelten und bauten beispielsweise Gottlieb Daimler und Karl Benz 1886 die erste „Motorkutsche", die den Namen Automobil verdiente. Hier erfand Heinrich Göbel 1854 die Glühbirne, Karl Drais 1817 das erste Fahrrad, Wilhelm Conrad Röntgen 1895 die Röntgenstrahlen oder Oskar Barnack 1925 die Kleinbildkamera. Hier kommt 1941 der erste, vom Berliner Bauingenieur Konrad Zuse erfundene Computer zum Einsatz. Auch die Zahnpasta, die Blue Jeans, das weltberühmte Aspirin oder – nicht zu vergessen – die Currywurst sind Entwicklungen von Deutschen. Heute, in der Epoche der erneuerbaren Energien, haben sich die neuen Bundesländer zu einem führenden Standort alternativer Konzepte entwickelt.

Das heutige Deutschland, das sind sechzehn ganz unterschiedliche Bundesländer, das sind über 80 Millionen Menschen, die ihre Lektion in Sachen Demokratie gelernt haben, die friedlich vereint sind, die in Frieden leben und ihre Leistungen für ein soziales, der Würde jedes einzelnen Menschen verpflichtetes Staatswesen erbringen wollen.

Deutschland zu seinem Lebensmittelpunkt zu wählen heißt nicht zuletzt, sich in der deutschen Rechtsordnung zu bewegen, im Schutz der Grundrechte. Es heißt, Pflichten übernehmen zu wollen, sich in der Gesellschaft zu engagieren, den Grundgedanken des sozialen

Miteinanders zu stützen und zu pflegen. Der Einbürgerungstest ist eine Einladung an alle Einbürgerungswilligen, darzulegen, dass sie in diesem Land leben und hier ihre Heimat finden möchten.

Herzlich willkommen!

III. Migration – Entwicklung und Rechtsgrundlagen

Migration gibt es in Deutschland seit Jahrhunderten. Die Geschichte der Zuwanderung in der heute relevanten millionenfachen Dimension beginnt mit dem Anwerben von sogenannten „Gastarbeitern" aus Italien im Jahre 1955. Das aufstrebende Westdeutschland benötigte Arbeitskräfte. Die Anwerbevereinbarungen mit Italien, wenige Jahre auch mit Spanien und Griechenland, Marokko, Portugal sowie zuletzt mit Tunesien und Jugoslawien sahen allerdings eine Rotation vor. Die Zuwanderung der angeworbenen Arbeitskräfte war befristet. Nach ein oder zwei Jahren sollten die Gäste in ihre Heimatländer zurückkehren, ihre in der Bundesrepublik Deutschland erworbenen Qualifikationen dort nutzbar machen und durch neue Arbeitskräfte ersetzt werden.

Mit der Türkei wurde kein Anwerbeabkommen geschlossen; auf Drängen der türkischen Regierung gewährte man Arbeitnehmern von Fall zu Fall zeitlich eng begrenzte Aufenthalte in Deutschland. Der Nachzug von Familienangehörigen wurde ausdrücklich ausgeschlossen.

Dieses System funktionierte auch – bis 1973 das Bundeskabinett einen Anwerbestopp beschloss. Er veränderte alles. Viele ausländische Arbeitskräfte blieben nämlich nun, weil sie Sorge hatten, später nicht mehr nach Deutschland zurückkehren zu können. Insbesondere Gastarbeiter aus Staaten außerhalb der Europäischen Union – damals noch EWG genannt – hielten sich nicht mehr an den ursprünglichen Rotationskonsens. Die Bundesregierung sah lange zu, arrangierte sich, ermöglichte sogar durch großzügige Regeln den Nachzug von Familienangehörigen aus den jeweiligen Heimatländern, was den Trend zu einer Migration nach Deutschland noch verstärkte. Insgesamt erhöhte sich die Zahl der Ausländer von 1973 bis in die Mitte der 1980er Jahre von 4,0 Millionen auf 4,8 Millionen.

Auch im östlichen Teil Deutschlands, der DDR, versuchte man etwa seit Ende der 1960er Jahre, den zunehmenden Bedarf an Arbeitskräften mit ausländischen Arbeitnehmerinnen und Arbeitnehmern zu decken. Die Herkunftsländer waren ausschließlich Staaten, die sozialistisch geprägt waren wie etwa Vietnam, Mozambik, Angola oder Kuba. Allerdings wurde das auch hier geltende Rotationsprinzip, anders als in der Bundesrepublik Deutschland, streng umgesetzt. Einen Familiennachzug gab es nicht. Der Aufenthalt in der DDR war ausdrücklich an einen bestimmten Betrieb gebunden. Die ausländischen Gäste lebten zudem relativ abgeschirmt von der heimischen Bevölkerung.

Während der Amtszeit von Bundeskanzler Helmut Kohl erhöhte sich die Zahl der Ausländer im Westen Deutschlands zwischen 1986 und 1996 – also innerhalb von nur elf Jahren – sprunghaft auf 7,3 Millionen Personen. Dieses starke Ansteigen ging nur teilweise auf den anhaltenden Familiennachzug und die etwa eine Million in diesem Zeitraum in Deutschland geborenen Kinder zurück. Entscheidend war der ab 1985 verstärkt einsetzende Zuzug von Asylbewerbern. Mit dem Ende des „Kalten Krieges“ und der neuen Durchlässigkeit der Grenzen zum östlichen Europa, die erhebliche Wanderungsströme auslöste, erhöhte er sich dann dramatisch. Deutschland wurde seit dem Ende der 1980er Jahre zu einem von Asylsuchenden weltweit besonders favorisierten Zielland. Die politisch Verantwortlichen sahen staunend zu; Konzepte gab es nicht.

1. Asylbewerber und Flüchtlinge aus aller Welt

Die Bundesrepublik Deutschland hat seit den 1950er Jahren mehrere Millionen Asylbewerber aufgenommen – mehr als jedes andere europäische Land. Das Bundesamt für Migration und Flüchtlinge erkannte seither eine nennenswerte Zahl von ihnen als Flüchtlinge im Sinne der Genfer Flüchtlingskonvention an. Aber auch abgelehnte Asylsuchende wurden vielfach aus humanitären Gründen nicht abgeschoben.

Hierzu muss man wissen, dass das deutsche Grundgesetz seinerzeit eine weltweit einmalige Option bot. Das bloße Berufen auf das hierzulande verbriefte Grundrecht auf Asyl genügte, um zunächst einmal in Deutschland bleiben zu können. Geschaffen hat man diese in hohem Maße liberale Regelung kurz nach dem Zweiten Weltkrieg. Die Autoren des Grundgesetzes hatten das Schicksal zahlloser Menschen vor Augen, die während der Diktatur des Nationalsozialismus aus Deutschland fliehen mussten. Und wer hätte sich damals auch vorstellen können, dass ein am Boden liegendes, zerbombtes und von einem grauenvollen Krieg ruiniertes Land knapp dreißig Jahre später wie ein Phönix aus der Asche zu einem wohlhabenden Staat mit attraktiven Sozialleistungen aufblühen und sich für zahllose Menschen aus ärmeren und vor allem auch weit entfernten Ländern dieser Welt in ein höchst attraktives Zielland verwandeln würde.

Der „Eiserne Vorhang" fiel, und die Zahl der Asylbewerber stieg und stieg. Im Jahr 1992 zählte man nahezu 440.000 Flüchtlinge, die sich auf das hierzulande legendär großzügige Schutzrecht für politisch Verfolgte beriefen. Die Bevölkerung reagierte zunehmend besorgt. Das Wort vom „Asylmissbrauch" machte die Runde. Nach langem politischen Ringen fügte man sich in das unvermeidlich Gebotene. Um klar erkennbaren Missbräuchen der weitreichenden deutschen Regelung zu begegnen, grenzte man das Grundrecht auf Asyl ein auf Flüchtlinge, die auf ihrem Weg nach Deutschland nicht durch einen anderen Staat gekommen sind, in dem sie vor politischer Verfolgung bereits sicher gewesen waren. Auch Bewerber aus anerkannt sicheren Herkunftsländern können sich seither in Deutschland nicht mehr auf das Asylrecht berufen. Weitere Einschränkungen gelten für Asylsuchende, die wegen besonders schwerer Straftaten zu mindestens drei Jahren Freiheitsstrafe verurteilt wurden oder etwa der terroristischen Szene zuzurechnen sind.

Das Recht auf Asyl behielt also Verfassungsrang. Die Präzisierungen aber bewirkten eine erkennbare Begrenzung auf tatsächlich Schutzbedürftige. Verzeichnete man 1993 – vorwiegend während des ersten Halbjahres, also bis zum Inkrafttreten der Neuregelung des Asylgrundrechts – 322.599 Asylanträge, so konnte man 1994 mit 127.210

und 1995 mit 127.937 Anträgen eine glatte Halbierung registrieren. Diese Entwicklung setzte sich bis 2007 kontinuierlich fort.

Von 2008 an aber wiesen die Statistiken wieder beständige Zunahmen aus. Besonders seit 2010 stiegen die Asylanträge wieder deutlich. **2011** kletterten sie mit 45.741 Anträgen auf den höchsten Stand seit acht Jahren. Und im Jahr **2012** wurden beim Bundesamt für Migration und Flüchtlinge 64.539 Asylerstanträge gestellt – eine erneute Steigerung gegenüber dem Vorjahr um etwa 41 Prozent.

Zum Weltflüchtlingstag am 20. Juni 2014 legte die UNO ihren Jahresbericht „Global Trends" vor. Danach gingen in Deutschland im Jahr **2013** rund 110.000 Erstanträge auf Asyl ein. Damit waren die Asylanträge im Land des grundrechtlich verbrieften Asylrechts nicht nur um 70 Prozent gegenüber dem Vorjahr gestiegen; zugleich war das vergleichsweise kleine Deutschland die Nation mit den weltweit meisten Asylanträgen – noch vor den USA.

Der blutige Bürgerkrieg im zerfallenden Jugoslawien, der 1991 ausbrach, löste seinerzeit zusätzliche Flüchtlingswellen aus. Viele Staaten Europas nahmen Menschen aus diesen Krisengebieten auf. Nach Deutschland kamen bis 1997 etwa 345.000 bosnische Flüchtlinge – mehr als in die übrigen Staaten der Europäischen Union zusammen. Viele nutzten nach dem Ende der Unruhen die angebotenen Rückkehr-Förderprogramme und kehrten zurück, um ihre Heimatländer wieder aufzubauen. Einige blieben aber auch in Deutschland.

2. Die sogenannte „Flüchtlingskrise"

„Im Jahr 2014 stieg die Zahl der Asylbewerber in der Europäischen Union sprunghaft auf einen bis dato nie erreichten Spitzenwert von 626.000 – das waren 191.000 Bewerber mehr als im Vorjahr" – so berichtete das EU-Statistikamt Eurostat in seiner Pressemitteilung vom 20. März 2015. Von diesen in die EU gekommenen Asylbewerbern stellte jeder dritte seinen Asylantrag in Deutschland. In absoluten Zahlen entsprach das – mit **202.834 Personen** bzw. 32 Prozent aller Bewerber – der höchsten Anzahl von Asylbewerbern in der gesamten EU, gefolgt von

- Schweden (81.200 bzw. 13 Prozent),

- Italien (64.600 bzw. 10 Prozent),
- Frankreich (62.800 bzw. 10 Prozent) und
- Ungarn (42.800 bzw. 7 Prozent).

Mit fast 123.000 Bewerbern stammten die meisten der 2014 in der EU um Asyl Nachsuchenden aus **Syrien**. Von ihnen wurden rund 60 Prozent in zwei Mitgliedstaaten registriert: Deutschland (41 100) und Schweden (30.800).

Aus **Afghanistan** kam die zweitgrößte Personengruppe. Von den 41.300 Afghanen, die 2014 in der EU Asyl beantragten, wurden 9.700 in Deutschland und 8.800 in Ungarn registriert.

Mit 37.900 Bewerbern war erstaunlicherweise das **Kosovo** im Jahr 2014 am dritthäufigsten bei der Staatsangehörigkeit der Asylbewerber in der EU vertreten. 21.500 von ihnen stellten einen ersten Antrag in Ungarn – wobei dann allerdings ein nennenswerter Teil unter Missachtung des Dubliner Übereinkommens weiter wanderte – häufig nach Deutschland.

Seit dem Sommer **2015** stellte dann die sogenannte „Flüchtlingskrise" alles bisher Erlebte in den Schatten. Im gesamten Jahr 2015 kamen über **1,2 Millionen Flüchtlinge** nach Deutschland. Nie zuvor in der Geschichte der Bundesrepublik Deutschland gab es, so Bundesinnenminister Thomas de Maizière, eine derart hohe Zahl an Flüchtlingen und Asylbewerbern: „Dieser enorme Zustrom hat uns vor Herausforderungen gestellt, wie es sie seit der unmittelbaren Nachkriegszeit nicht mehr gegeben hat." Der Innenexperte des Deutschen Bundestages, Wolfgang Bosbach, sprach am 8. Dezember 2015 schließlich von einem „Kontrollverlust bei der Steuerung und Begrenzung der Flüchtlingsströme". **Hauptherkunftsländer** der in unserem Land Schutzsuchenden waren zwischen Januar und Dezember 2015 allen voran **Syrien** mit 428.468, gefolgt von **Afghanistan** mit 154.046, dem **Irak** mit 121.662, dem EU-Beitrittskandidaten **Albanien** mit 69.426 und – erneut auf den vordersten Rängen – dem **Kosovo** mit 33.049 Schutzsuchenden.

2016 wurden beim Bundesamt für Migration und Flüchtlinge insgesamt **745.545** formelle Asylanträge gestellt. Die wiederum sehr hohe Zahl erklärt sich auch daraus, dass viele der 2015 zunächst unkontrolliert ins Land gelangten Migranten erst 2016 einen Asylantrag stellten. Aufgegliedert nach den an oberster Stelle rangierenden zehn Hauptherkunftsländern stammten die Antragsteller aus

- Syrien (266.250)
- Afghanistan (127.012)
- Irak (96.116)
- Iran (26.426)
- Eritrea (18.854)
- Albanien (14.853)
- Ungeklärt (14.659)
- Pakistan (14.484)
- Nigeria (12.709) und
- Russische Föderation (10.985).

Mit 65,7 Prozent wurde die große Mehrheit der Anträge von Männern gestellt. Überwiegend gehören sie der jüngeren Altersgruppe an: 36,2 Prozent (261.386) der Asylbewerber sind jünger als 18 Jahre, fast drei Viertel der Asylbewerber (73,8 Prozent, 532.799 Personen) sind jünger als 30 Jahre.

3. Unionsbürger genießen Freizügigkeit

Wer Staatsangehöriger eines der 28 Mitgliedstaaten der Europäischen Union ist, ist zugleich „Unionsbürger“, kann sich innerhalb der gesamten EU frei bewegen und seinen Wohnsitz nach Belieben wählen. Ziehen also Staatsangehörige eines Mitgliedstaates der Europäischen Union in ein anderes Mitgliedsland, so spricht man von EU-Binnenmigration. Bis 2004 spielte sie keine besondere Rolle. Von 1998 bis 2003 zogen jedes Jahr zwischen 100.000 und 150.000 Unionsbürger nach Deutschland. Erst als am 1. Mai 2004 mit der sogenannten EU-Osterweiterung zehn überwiegend mittel- und osteuropäische Länder der Union beitraten, stiegen die Wanderungen nach Deutschland sprunghaft an. 2004 verzeichnete man 268.826 Zuzüge, 2005 waren es schon 288.264, und 2006 stiegen sie nochmals auf 323.124. Der Löwenanteil kam aus einem östlichen Nachbarland: 2006 zogen allein aus Polen rund 142.000 Personen zu.

Dieser Trend hat sich in den Folgejahren nicht nur bestätigt, sondern erheblich intensiviert. Seit dem Beitritt Rumäniens und Bulgariens zur europäischen Union am 1. Januar 2007 hat die Zuwanderung gerade auch aus diesen beiden Ländern kontinuierlich zugenommen. Im Falle Rumäniens haben sich die Zuzüge seit 2006, dem Jahr vor dem EU-Beitritt, etwa verachtfacht – von 23.844 (2006) auf 191.861 (2014), im Falle Bulgariens fast verzehnfacht – von 7.655 (2006) auf 77.790 (2014). Aus Ungarn kamen 2014 57.280 Zuwanderer. Das erst 2013 der EU beigetretene Kroatien rangierte 2014 mit 44.240 Zuwanderern bereits auf dem 7. Platz der Herkunftsländer.

2015 schließlich, im Jahr der „Flüchtlingskrise", lag zugleich auch die Zahl der Einwanderer aus EU-Staaten so hoch wie nie zuvor. Aus einer Zuwanderung von **685.485** und einer Abwanderung von 303.036 EU-Bürgern ergab sich eine Nettozuwanderung von 382.449 – so die Zahlen des Bundesamtes für Migration und Flüchtlinge (Bamf). Mit 174.779 Menschen kamen die meisten EU-Zuwanderer 2015 aus Rumänien, gefolgt von Polen (147.910), Bulgarien (71.709) und dem jüngsten EU-Mitglied Kroatien (50.646). Damit stammten fast vier Fünftel (533.000) der 2015 nach Deutschland gezogenen EU-Ausländer aus den osteuropäischen Staaten. Neben Rumänien, Bulgarien und Kroatien zählen hierzu auch Estland, Lettland, Litauen, Polen, Slowakei, Slowenien, Tschechien und Ungarn.

Laut Bamf kamen 2015 mit gut 100.164 Menschen weitere 15 Prozent aus den südeuropäischen Staaten Griechenland, Italien, Portugal und Spanien in die Bundesrepublik Deutschland.

Insgesamt verläuft die EU-Binnenmigration vor allem von Ost- nach Westeuropa. Deutschland ist nicht nur aktuell das mit Abstand beliebteste Zielland der laut Eurostat insgesamt 18,5 Millionen europäischen Migranten. Auch weil deren Zuzug seit 2007 jährlich steigt, leben hierzulande mittlerweile 4,1 Millionen EU-Bürger – weit mehr als in Großbritannien (3,1), Frankreich (2,2), Spanien (2) und Italien (1,8).

Ein Ende der Abwanderung aus östlichen Mitgliedstaaten ist nicht abzusehen, wie eine Befragung der Friedrich-Ebert-Stiftung unter fast 10.000 jungen Menschen in südosteuropäischen Staaten 2015 ergab: In Rumänien (40 Prozent) und Bulgarien (43) gaben enorm viele Befragte an, dauerhaft ihr Land verlassen zu wollen.

Ein Blick auf neue Zuzugszahlen bestätigt diese Annahme. Auch **2016** stammten drei Viertel der nach Deutschland gezogenen Unionsbürger – in Zahlen **489.412** Personen – aus diesen Staaten. Die meisten Zuwanderer kamen wiederum

- aus Rumänien (171.380),
- gefolgt erneut von Polen (123.134),
- Bulgarien (66.790) und
- Kroatien (51.163).
- Italien ist mit 42.698 eine „westliche Ausnahmeerscheinung". Danach folgt
- Ungarn mit ähnlich vielen Zuwanderern (42.302).

Laut Jahresbericht des Bamf über die „Migration von EU-Bürgern nach Deutschland" sind 2016 **634.036** Zuzüge nach Deutschland registriert worden.

4. Statistische Eckdaten

Die Einwanderung der zurückliegenden Jahrzehnte spiegelt sich in aktuellen statistischen Zahlen.

1) Die Statistik erfasst zunächst Menschen mit **Migrationshintergrund.**

Hierzu zählt das Statistische Bundesamt „alle Ausländer und eingebürgerte ehemalige Ausländer, alle nach 1949 als Deutsche auf das heutige Gebiet der Bundesrepublik Deutschland Zugewanderte, sowie alle in Deutschland als Deutsche Geborene mit zumindest einem zugewanderten oder als Ausländer in Deutschland geborenen Elternteil".

2016 erreichte die Bevölkerung mit Migrationshintergrund zum fünften Mal in Folge einen neuen Höchststand. Wie das Statistische

Bundesamt (Destatis) auf Basis des Mikrozensus mitteilte, hatten im Jahr 2016 rund 18,6 Millionen Menschen in Deutschland einen „Migrationshintergrund". Mit einem Zuwachs von 8,5 Prozent gegenüber dem Vorjahr war damit 2016 der stärkste Zuwachs seit Beginn der Messung im Jahre 2005 zu verzeichnen. In ihrer Gesamtheit liegt ihr Anteil an der Gesamtbevölkerung bei 22,5 Prozent.

Europa ist wie in den Vorjahren die wichtigste Herkunftsregion der Bevölkerung mit Migrationshintergrund. Die Bedeutung anderer Erdteile ist in den letzten fünf Jahren jedoch gestiegen. Mittlerweile haben 2,3 Millionen Menschen in Deutschland ihre Wurzeln im Nahen und Mittleren Osten. Das ist ein Zuwachs gegenüber 2011 von fast 51 %. Afrika gewinnt ebenfalls an Bedeutung. Rund 740.000 Menschen sind afrikanischer Herkunft, das sind gut 46 % mehr als im Jahr 2011.

Die Statistik unterscheidet diese 18,6 Millionen Migranten

a) in **Zuwanderer mit deutschem Pass,** also Deutsche mit Migrationshintergrund – sie entsprechen rund 56 Prozent der Migranten und

b) in Deutschland wohnende **Ausländerinnen und Ausländer** – sie entsprechen etwa 44 Prozent der Bevölkerung mit Migrationshintergrund.

Zwei Drittel der Menschen mit Migrationshintergrund sind selbst aus ihren Heimatländern nach Deutschland gekommen, haben also eine sogenannte **eigene Migrationserfahrung.** Ein Drittel von ihnen sind bereits in Deutschland geboren.

Bevölkerung 2016 nach Migrationsstatus

Migrationsstatus	2016			
	Anzahl	Anteil an der Gesamtbevölkerung	Veränderung gegenüber dem Vorjahr	
	in 1.000	in %	in 1.000	in %
Quelle: Mikrozensus 2016				
Bevölkerung insgesamt	82.425	100,0	1.021	1,3
ohne Migrationshintergrund	63.848	77,5	– 438	– 0,7
mit Migrationshintergrund	18.576	22,5	1.458	8,5

Bevölkerung 2016 nach Migrationsstatus				
	2016			
Migrationsstatus	Anzahl	Anteil an der Gesamtbevölkerung	Veränderung gegenüber dem Vorjahr	
	in 1.000	in %	in 1.000	in %
Deutsche	9.615	11,7	269	2,9
zugewandert	5.144	6,2	121	2,4
in Deutschland geboren	4.471	5,4	148	3,4
Ausländerinnen und Ausländer	8.961	10,9	1.189	15,3
zugewandert	7.594	9,2	1.164	18,1
in Deutschland geboren	1.367	1,7	25	1,9

Fn.: Fachserie 1, Reihe 2.2 Bevölkerung mit Migrationshintergrund.

2) Zum Jahresende 2016 waren im **Ausländerzentralregister (AZR)** rund 10 Millionen Menschen **ohne deutschen Pass** registriert. Damit leben in Deutschland so viele Menschen mit ausländischer Abstammung wie nie zuvor. Allein in den beiden Jahren 2015 und 2016 stieg laut Statistischem Bundesamt die Zahl der Menschen ohne deutschen Pass zusammen um 23,1 Prozent oder rund 1,9 Millionen an. Netto – die Abwanderungen also bereits abgezogen – wanderten allein im Jahr 2015, als die Flüchtlingskrise auf ihrem Höhepunkt war, gut 1,5 Millionen Menschen zu. Im Jahr 2016 wurden netto gut 480.000 Zuwanderer registriert.

Mit heute mehr als 5,75 Millionen stammt die Mehrheit der registrierten ausländischen Staatsbürger aus Nicht-EU-Staaten. Aus den EU-Partnerstaaten stammen gut 4,27 Millionen der in Deutschland registrierten ausländischen Staatsbürger. Damit lebten im Jahr 2016 etwa 607.000 EU-Ausländer mehr in Deutschland als noch im Jahr 2014.

Die Zahl der Einwohner ohne deutsche Staatsangehörigkeit wuchs auch durch Geburten: In den Jahren 2015 und 2016 wurden in der ausländischen Bevölkerung etwa 98.700 Menschen mehr geboren, als verstorben sind. Seit Anfang 2015 wurden allerdings wiederum rund 230.000 Menschen aus dem Ausländerzentralregister gelöscht, da sie die deutsche Staatsbürgerschaft erwarben.

Mit rund 1,5 Millionen stellen Migranten aus der Türkei nach wie vor den höchsten Anteil aller in Deutschland lebenden Ausländer. Hierbei darf nicht übersehen werden, dass seit einer Änderung des Staatsangehörigkeitsrechts in Deutschland geborene Kinder türkischer Eltern neben ihrer türkischen seit 1. Januar 2000 zusätzlich und parallel hierzu automatisch auch die deutsche Staatsangehörigkeit erhalten und damit nicht mehr als Ausländer registriert werden. Hinzu kommt, dass viele Türken in den vergangenen Jahren von dem Angebot Gebrauch gemacht haben, die deutsche Staatsangehörigkeit zu erwerben – von 2003 bis 2016 waren es immerhin 418.684 – und damit ebenfalls nicht mehr als Ausländer gezählt werden. Aus beiden Gründen liegt die Zahl der aus der Türkei stammenden Menschen mit Migrationshintergrund erheblich über dem jeweiligen Anteil der Zuwanderer aus anderen Ländern. Nach Informationen des Auswärtigen Amtes lebten im Dezember 2012 in der Bundesrepublik Deutschland ca. drei Millionen Menschen türkischer Herkunft, von denen etwa die Hälfte die deutsche Staatsangehörigkeit besitzt.

Mit 783.085 Einwanderern stammt der zweithöchste Anteil aus unserem Nachbarland Polen – wobei die Gesamtzahl der Polen mit polnischer und deutscher Staatsangehörigkeit, also mit Migrationshintergrund, auf über 1,5 Millionen geschätzt wird. Schätzwerte der Stiftung Wspólnota Polska gingen schon 2007 sogar von mehr als 2 Millionen Menschen mit einer ganz oder teilweise polnischen ethnischen, kulturellen oder sprachlichen Identität aus.

Auf dem dritten Rang rangieren heute 637.845 Syrer, gefolgt von 611.450 Italienern und 533.660 EU-Binnenmigranten aus Rumänien.

Die regionale Verteilung der ausländischen Staatsbürger blieb weitgehend unverändert: die meisten Ausländer leben wie in den Jahren zuvor mit rund 2,5 Millionen in Nordrhein-Westfalen, gefolgt von Bayern und Baden-Württemberg, Niedersachsen und Hessen. Die wenigsten leben in Mecklenburg-Vorpommern (69.000) und Thüringen (91.300).

Auch die demographische Struktur der ausländischen Bevölkerung veränderte sich in den letzten zwei Jahren durch die Zuwanderung.

Im Durchschnitt lag das Alter der ausländischen Staatsbürger 2016 bei 37 Jahren und sieben Monaten und sank damit im Vergleich zum Jahr 2014 um knapp zwei Jahre. Auch die durchschnittliche Dauer des Aufenthalts in Deutschland ist in den letzten zwei Jahren gesunken. 2016 waren ausländische Staatsbürger knapp 15 Jahre und fünf Monate in Deutschland, gut zwei Jahre kürzer als im Jahr 2014.

Stand und Entwicklung der Zahl der ausländischen Bevölkerung im AZR 2016

Staatsangehörigkeit	Anzahl der Ausländerinnen und Ausländer am 31.12.2016	Veränderung 2016 gegenüber 2014		Tatsächliche Nettozuwanderung 2015	2016
	Anzahl	Anzahl	in %	Anzahl	
Insgesamt	10.039.080	1.886.110	23,1	1.534.770	482.275
Nicht-EU-Staaten	5.759.310	1.278.735	28,5	1.103.625	280.975
Syrien	637.845	519.650	439,7	403.950	103.745
Irak	227.195	138.465	156,1	105.870	34.480
Afghanistan	253.485	178.100	236,3	141.160	34.990
EU-Mitgliedstaaten	4.279.770	607.375	16,5	431.145	201.300
Neue Mitgliedsländer 2007/2013					
Bulgarien, Rumänien, Kroatien	1.129.585	327 630	40,9	209.900	112.850
darunter:					
Rumänien	533.660	178 315	50,2	115.855	56.140
Neue Mitgliedsländer 2004					
Estland, Lettland, Litauen, Polen, Slowakei, Slowenien, Tschechien, Ungarn sowie Malta, Zypern	1.204.480	173.200	16,8	132.225	44.900
darunter:					
Polen	783.085	108.935	16,2	83.965	28.225

Zahlen sind das eine, Menschen das andere. Ein überwiegender Teil der Zuwanderer lebt seit vielen Jahren in Deutschland, leistet seinen Beitrag zum friedlichen Zusammenleben, zu Wohlstand und Sicherheit. Dieser Entwicklung hat die Bundesregierung über die Jahre in verschiedenen gesetzlichen Schritten Rechnung getragen.

5. Aufenthaltsrecht und Familiennachzug

Nach Deutschland einreisen und sich hier aufhalten dürfen nur Personen, die neben einem gültigen Pass über einen **Aufenthaltstitel** verfügen, also über:

- ein Visum,
- eine (befristete) Aufenthaltserlaubnis,
- eine (unbefristete) Niederlassungserlaubnis oder
- eine (unbefristete) Erlaubnis zum Daueraufenthalt-EG.

Eine – zur Erwerbstätigkeit berechtigende – **Niederlassungserlaubnis** erhalten Ausländer, die:

- seit fünf Jahren die Aufenthaltserlaubnis besitzen,
- über ausreichende deutsche Sprachkenntnisse verfügen,
- ihren Lebensunterhalt ohne öffentliche Mittel bestreiten können,
- über ausreichenden Wohnraum für sich und die bei ihm lebenden Angehörigen verfügen,
- keinen Grund für eine Ausweisung liefern
- und – sofern für sie eine Visumspflicht besteht – mit dem erforderlichen Visum eingereist sind.

Die sogenannte **Erlaubnis zum Daueraufenthalt-EG,** die auf eine Richtlinie der Europäischen Union vom 25. November 2003 zurückgeht, ist ein ebenfalls unbefristeter Aufenthaltstitel. Er gewährt das Recht, in einen anderen Mitgliedsstaat der EU weiter zu wandern. Zudem bietet er – wie die Niederlassungserlaubnis – eine weitgehende Gleichstellung von Drittstaatsangehörigen mit Deutschen, so etwa beim Zugang zum Arbeitsmarkt oder bei sozialen Leistungen. Erteilt wird dieser Aufenthaltstitel unter weitgehend vergleichbaren Bedingungen wie die Niederlassungsfreiheit, also u. a. bei fünfjährigem Aufenthalt mit Aufenthaltstitel, ausreichenden Sprachkenntnissen und genügendem Wohnraum. Der Lebensunterhalt muss hier aber „durch feste und geregelte Einkünfte gesichert“ sein.

Auch zum **Familiennachzug** hat sich die Europäische Union einheitliche Regelungen geschaffen. Ausländer, die den Wunsch haben, Familienangehörige aus ihrem Heimatland nach Deutschland nachziehen zu lassen, müssen im Allgemeinen:

- eine Niederlassungserlaubnis, eine Aufenthaltserlaubnis oder eine Erlaubnis zum Daueraufenthalt-EG besitzen,
- über ausreichenden Wohnraum verfügen,
- den Lebensunterhalt ihres Familienangehörigen ohne öffentliche Unterstützung sichern können und
- dürfen keine Gründe für eine Ausweisung bieten.

Kinder von Ausländern haben grundsätzlich bis zu ihrem 16. Lebensjahr einen Nachzugsanspruch. Bis zum 18. Lebensjahr nachziehen können Kinder:

- von Asylberechtigten,
- bei Einreise im Familienverbund oder
- Kinder, die die deutsche Sprache beherrschen.

Um die Integration zu fördern und Zwangsehen zu verhindern, wird der Nachzug von **Ehegatten** zu Deutschen oder Ausländern davon abhängig gemacht, dass

- beide Ehegatten mindestens achtzehn Jahre alt sind und
- der nachziehende Ehegatte sich zumindest auf einfache Art in deutscher Sprache verständigen kann.

Ihre **Grundkenntnisse der deutschen Sprache** in Wort und Schrift müssen nachziehende Ehepartner **bereits in ihren Heimatländern,** also vor ihrer Einreise nach Deutschland, nachweisen. Diese Neuregelung der jüngeren Zeit trägt der Erkenntnis Rechnung, dass Integration am Ende nur dem gelingen kann, der mit der Sprache des Landes vertraut ist, in das er strebt und in dem er leben, arbeiten und am sozialen Umfeld teilhaben möchte. Über das Medium der Landessprache erschließen sich Bildungs-, Ausbildungs- und Beschäftigungschancen. Nur über die Brücke der Kommunikation, der gegenseitigen Ansprache und des Zuhörens formt sich eine Gesellschaft – zumal eine solche wie die deutsche, für die der soziale Zusammenhalt, der soziale Ausgleich und die Solidarität zwischen allen Gruppierungen im Staat ein hohes Gut darstellt.

Daher erscheint es konsequent, dass der Nachweis grundlegender Kenntnisse der deutschen Sprache auch im Rahmen einer Einbürgerung unabdingbar vorausgesetzt wird (siehe IV. 4.). Für Ehepartner aus der Türkei gewährte der Europäische Gerichtshof in Luxemburg am 10. Juli 2014 Ausnahmen, die er mit Vereinbarungen der Türkei mit der EU-„Vorgängerin", der Europäischen Wirtschaftsgemeinschaft, zu Beginn der 1970er Jahre begründete.

IV. Wege zur Einbürgerung

Wer dauerhaft in Deutschland lebt, aber noch nicht deutscher Staatsangehöriger ist, kann sich einbürgern lassen. Es gelten die Regelungen des deutschen Staatangehörigkeitsgesetzes.

Die Einbürgerung muss man beantragen; sie erfolgt nie automatisch.

Ab dem 16. Lebensjahr kann man diesen Antrag stellen. Für jüngere Ausländer müssen ihre gesetzlichen Vertreter – in der Regel die Eltern – die Einbürgerung beantragen.

Eine besondere Form ist für solche Anträge nicht vorgeschrieben. In den zuständigen Einbürgerungsämtern liegen aber Antragsformulare aus, die beiden Seiten das Verfahren erleichtern.

Im Zweifel wissen die Stadt- oder Kreisverwaltung, das Bezirksamt oder die Ausländerbehörde, welche Einbürgerungsbehörde im konkreten Fall zuständig ist. Grundsätzlich kostet die Einbürgerung pro Person 255 Euro. Für minderjährige Kinder, die gemeinsam mit ihren Eltern eingebürgert werden, sind 51 Euro zu bezahlen. Reduzierungen dieser Gebühren sind von Fall zu Fall möglich.

Das deutsche Ausländerrecht unterscheidet zwischen:

- einer Einbürgerung, auf die man bereits einen gesetzlichen **Anspruch** hat und
- einer Einbürgerung, die im **Ermessen** der Behörde steht.

1. Wer hat einen Anspruch auf Einbürgerung?

Hier ist ein ganzer Katalog von Voraussetzungen zu erfüllen, damit ein Anspruch auf Einbürgerung entsteht:

(1) **Das unbefristete Aufenthaltsrecht oder die Aufenthaltserlaubnis:** Einen für die Einbürgerung anerkannten verfestigten Aufenthaltsstatus haben Personen mit einer Niederlassungserlaubnis oder einer Erlaubnis zum Daueraufenthalt-EG (siehe oben III.). Eine befristete Aufenthaltserlaubnis zum Zeitpunkt der Einbürgerung genügt nur ausnahmsweise. Wird sie etwa für ein Studium oder einen anderen nur vorübergehenden Aufenthalt erteilt, so reicht sie für einen Einbürgerungsanspruch nicht aus.

Ein unbefristetes Aufenthaltsrecht haben auch „Unionsbürger" der Europäischen Union sowie ihnen insoweit gleichgestellte Staatsangehörige aus Island, Liechtenstein, Norwegen oder der Schweiz. Ebenso fallen hierunter türkische Arbeitnehmerinnen und Arbeitnehmer, deren Aufenthaltsrecht sich aus der engen Assoziierung der Türkei mit der EU ergibt.

(2) **Der gewöhnliche und rechtmäßige Aufenthalt in Deutschland seit acht Jahren:** Dieses Kriterium erfüllt, wer seinen Lebensmittelpunkt in Deutschland hat sowie über eine Aufenthalts- oder Niederlassungserlaubnis verfügt. Bei erfolgreicher Teilnahme an einem Integrationskurs nach dem Aufenthaltsgesetz verkürzt sich diese Frist auf sieben Jahre. Werden besonders gute Kenntnisse der deutschen Sprache nachgewiesen, so können sogar sechs Jahre ausreichen.

Zeiten eines Asylanerkennungsverfahrens zählen nur mit, wenn man als Asylberechtigter im Sinne des Grundgesetzes oder als Flüchtling nach der Genfer Flüchtlingskonvention anerkannt worden ist.

(3) **Das Bestreiten des Lebensunterhalts für sich und unterhaltsberechtigte Familienangehörige, ohne Sozialhilfe oder Arbeitslosengeld II in Anspruch nehmen zu müssen:** Wer diese Leistungen bezieht, ohne die Gründe hierfür selbst vertreten zu müssen, also etwa während einer Schul- oder Ausbildungszeit, oder wer

durch betriebsbedingte Kündigung arbeitslos geworden ist und sich nun intensiv um eine neue Arbeitsstelle bemüht, verliert seinen Anspruch auf Einbürgerung nicht.

(4) **Ausreichende Kenntnisse der deutschen Sprache in Wort und Schrift:** Perfekte Kenntnisse der deutschen Sprache sind nicht erforderlich. Mit einer Bescheinigung des Bundesamtes für Migration und Flüchtlinge über die erfolgreiche Teilnahme an einem Sprachkurs im Rahmen eines Integrationskurses ist man auf der sicheren Seite.

Als Nachweis gelten auch:

- ein deutscher Hauptschulabschluss,
- die Versetzung in die zehnte Klasse einer weiterführenden Schule, also einer Realschule, eines Gymnasiums oder einer Gesamtschule,
- der Studienabschluss einer deutschsprachigen (Fach-)Hochschule oder
- eine abgeschlossene deutschsprachige Berufsausbildung.

In Zweifelsfällen kann ein Sprachtest, etwa an einer Volkshochschule, verlangt werden. Ein erfolgreich abgelegter Einbürgerungstest genügt als Nachweis ausreichender deutscher Sprachkenntnisse nicht.

(5) **Das Bekenntnis zur freiheitlichen demokratischen Grundordnung des Grundgesetzes der Bundesrepublik Deutschland:** Hier geht es um den Kernbereich der deutschen Verfassung, des „Grundgesetzes“, also um Grundprinzipien wie die Menschenrechte, die Rechtsstaatlichkeit oder das Recht auf freie Wahlen. Vor jeder Einbürgerung müssen sich die Einbürgerungsstellen daher mit den Verfassungsschutzbehörden in Verbindung setzen, um sicher zu gehen, dass Bewerber nicht verfassungsfeindlich tätig waren. Die Einbürgerung von extremistischen Ausländern ist ausgeschlossen.

Das Bekenntnis muss schriftlich abgegeben werden. Bevor die Einbürgerungsurkunde überreicht wird, muss jeder Einbürgerungswillige zusätzlich mündlich feierlich erklären, das er das Grundgesetz und die Gesetze der Bundesrepublik Deutschland achten und alles unterlassen wird, was der Bundesrepublik Deutschland schaden könnte.

(6) **Keine Verurteilung wegen einer Straftat mit Ausnahme geringfügiger Verurteilungen:** In Fällen, in denen – in Deutschland oder auch im Ausland – ein Ermittlungsverfahren gegen den Bewerber läuft, muss die Einbürgerungsbehörde mit der Entscheidung über den Einbürgerungsantrag bis zum Abschluss der Ermittlungen warten.

Die Verurteilung wegen einer schweren Straftat macht die Einbürgerung unmöglich. Geringfügige Verurteilungen stehen einer Einbürgerung nicht im Wege.

Unschädlich sind:

- Erziehungsmaßregeln oder Zuchtmittel nach dem Jugendgerichtsgesetz,
- Geldstrafen von bis zu 90 Tagessätzen oder
- Freiheitsstrafen von bis zu drei Monaten, wenn sie zur Bewährung ausgesetzt wurden und die Strafe nach Ablauf der Bewährungszeit erlassen wurde.

Mehrere Verurteilungen zu Geld- oder Freiheitsstrafen werden zusammengezählt.

(7) **Verlust oder Aufgabe der alten Staatsangehörigkeit bei Einbürgerung:** Ein Grundprinzip des deutschen Staatsangehörigkeitsrechts ist es, das Entstehen von Mehrstaatigkeit möglichst zu vermeiden.

Ein **Verlust** tritt ein, wenn der bisherige Heimatstaat Menschen, die sich in einem anderen Land einbürgern lassen, automatisch per Gesetz nicht mehr als seine Bürger ansieht.

Andernfalls muss man seine frühere Staatsangehörigkeit **aufgeben**. Hierzu wendet man sich an die Behörden des Heimatstaates, beispielsweise an dessen Auslandsvertretung. Oft wird ein formaler Antrag erforderlich sein. Solange der Heimatstaat über den Antrag nicht entschieden hat, ist eine Einbürgerung in Deutschland nicht möglich.

Das Gesetz ermöglicht aber Ausnahmen. So wird Mehrstaatigkeit etwa hingenommen, wenn der andere Staat die Entlassung aus der Staatsangehörigkeit rechtlich nicht vorsieht oder regelmäßig verweigert oder sie an unzumutbare Bedingungen knüpft. Auch anerkannten Flüchtlingen und politisch Verfolgten erspart man es, in ihren Herkunftsländern um Entlassung aus der Staatsangehörigkeit zu bitten.

(8) Seit 1. September 2008: Kenntnisse der deutschen Rechts- und Gesellschaftsordnung und der Lebensverhältnisse in Deutschland, nachzuweisen in dem hier beschriebenen Einbürgerungstest: Dieser Nachweis wird bereits von allen Einbürgerungswilligen verlangt, die ab dem 31. März 2007 ihren Einbürgerungsantrag gestellt haben und deren Einbürgerungsverfahren am 1. September 2008 noch nicht abgeschlossen war.

2. Können Familienangehörige mit eingebürgert werden?

Wer mit seiner Einbürgerung zugleich auch seine Familie einbürgern möchte, für den ist Folgendes interessant:

- Der Ehepartner kann in der Regel schon nach vierjährigem Aufenthalt eingebürgert werden, wenn die Ehe zwei Jahre in Deutschland bestanden hat. Ansonsten gelten auch für Ehegatten alle oben beschriebenen Voraussetzungen wie etwa deutsche Sprachkenntnisse, Aufgabe der bisherigen Staatsangehörigkeit oder der erfolgreich bestandene **Einbürgerungstest.**
- Kinder unter sechzehn Jahren können im Normalfall nach dreijährigem Aufenthalt mit eingebürgert werden. Bei ihnen sind bezüglich der Kenntnisse der deutschen Sprache altersgerechte Erleichterungen möglich. Der Einbürgerungstest wird in dieser Altersgruppe generell nicht verlangt.
- Kinder, die das 16. Lebensjahr vollendet haben, sollen dagegen alle obigen Voraussetzungen eigenständig erfüllen. Sie werden selbständig eingebürgert und haben auch den **Einbürgerungstest** zu bestehen.
- **Achtung:** Kinder unter sechzehn Jahren, die eigenständig – also nicht im Verbund mit einem Erwachsenen – eingebürgert werden, müssen grundsätzlich einen achtjährigen Aufenthalt nachweisen. Bei kleineren Kindern genügt es, wenn sie jeweils die Hälfte ihres Lebens rechtmäßig in Deutschland lebten.

- **Schließlich:** Bei Einbürgerung ausländischer Ehe- oder Lebenspartner von **Deutschen** *kann* ein rechtmäßiger Aufenthalt von bereits *drei* Jahren ausreichen. Zum Zeitpunkt der Einbürgerung muss die Ehe oder eingetragene Partnerschaft schon seit zwei Jahren bestehen, und der deutsche Partner muss während dieser Zeit bereits Deutscher gewesen sein. Sonst gelten auch hier alle obigen Einbürgerungsvoraussetzungen einschließlich des erfolgreichen **Einbürgerungstests**.

3. Gibt es Einbürgerungen ohne Rechtsanspruch?

Wer bestimmte Anforderungen für ein Anspruchseinbürgerung nicht erfüllt, für den kann der Weg über eine Ermessensentscheidung dennoch zu einer Einbürgerung führen, wenn etwa ein besonderes öffentliches Interesse an der Einbürgerung besteht – man denke etwa an Spitzensportler – und einige Mindestanforderungen erfüllt werden. Aber auch hier ist seit dem 1. September 2008 ein erfolgreicher **Einbürgerungstest** unabdingbar.

4. Gelten Besonderheiten innerhalb der Europäischen Union?

Im Grundsatz gelten alle oben genannten Voraussetzungen der Anspruchs-Einbürgerung auch für Bürgerinnen und Bürger aus den Mitgliedstaaten der Europäischen Union. Sie genießen als sogenannte „Unionsbürger“ zwar Freizügigkeit, ihnen steht das freie Reise- und Aufenthaltsrecht in allen EU-Staaten zu. So ist es in Artikel 21 des Vertrages über die Arbeitsweise der Europäischen Union (AEUV) garantiert. Sie haben also automatisch ein Aufenthaltsrecht. Die Unionsbürgerschaft ersetzt aber nicht die nationale Staatsbürgerschaft der einzelnen Mitgliedstaaten. Auch Staatsangehörige aus anderen EU-Staaten erwerben sie nur im Wege der Einbürgerung und nach einem erfolgreichen **Einbürgerungstest.**

Allerdings müssen Unionsbürger sowie Bürgerinnen und Bürger aus der Schweiz – abweichend von der Voraussetzung unter IV.7. – vor einer Einbürgerung in Deutschland ihre bisherige Staatsangehörigkeit nicht ablegen. Es gibt aber EU-Staaten, die ihrerseits Mehrstaatigkeit nicht akzeptieren; so verlieren etwa Österreicher, Dänen oder Tschechen ihre bisherige Staatsangehörigkeit, wenn sie Deutsche werden.

5. Staatsangehörigkeitserwerb durch Geburt?

Kinder, die in Deutschland geboren werden, und deren beide Eltern Ausländer sind, erwerben seit jeher die Staatsangehörigkeit ihrer Eltern. Seit dem 1. Januar 2000 wird ihnen aber ein ganz neuer Weg zur Einbürgerung angeboten: sie erwerben **zusätzlich** automatisch die deutsche Staatangehörigkeit. Hierzu muss allerdings mindestens ein Elternteil seit acht Jahren gewöhnlich und rechtmäßig in Deutschland leben und über ein Daueraufenthaltsrecht verfügen.

Dies war ein Angebot, eine Option. Die doppelte Staatsangehörigkeit wurde nämlich nur befristet geduldet. Zwischen ihrem 18. und ihrem 23. Lebensjahr mussten sich die Jugendlichen für eine der beiden Pässe entscheiden. Wählten sie den deutschen, so waren sie zur Aufgabe der ausländischen Staatsangehörigkeit verpflichtet. Wählten sie die ausländische Staatsangehörigkeit, so verloren sie kraft Gesetzes die deutsche. Wer die Frist zur Entscheidung verstreichen ließ, verlor automatisch seinen deutschen Pass.

Seit Dezember 2014 gilt eine neue Regelung: Jeder, der ab 1990 geboren ist, ausländische Eltern hat und seit der Geburt zwei Pässe besitzt, darf sie nun behalten, wenn er in Deutschland aufgewachsen ist. Als hier aufgewachsen wird anerkannt, wer

- bis zum 21. Lebensjahr sechs Jahre in Deutschland zur Schule gegangen ist oder
- acht Jahre hier gelebt hat oder
- einen Schulabschluss oder eine abgeschlossene Ausbildung vorweisen kann.

Die neue Regelung gilt aber nicht rückwirkend: Wer vor 1990 geboren ist und nicht bereits zwei Pässe hat, kann sie auch über diese Neuregelung nicht mehr bekommen. Für viele Kinder der ersten und zweiten Zuwanderungsgeneration bleibt es also bei obigem Optionsmodell.

V. Der Einbürgerungstest

Am 19. August 2007 wurden neue aufenthalts- und asylrechtliche Richtlinien der Europäischen Union in deutsches Recht umgesetzt. Das Staatangehörigkeitsgesetz wurde entsprechend geändert. Zugleich wurde festgelegt, dass Einbürgerungsbewerber über Kenntnisse der Rechts- und Gesellschaftsordnung und der Lebensverhältnisse in Deutschland verfügen müssen. Diese Kenntnisse sind seit dem **1. September 2008** im Wege eines bundeseinheitlichen Einbürgerungstestes nachzuweisen.

Dieser Nachweis wird bereits von allen Einbürgerungswilligen verlangt, die ab dem **31. März 2007** ihren Einbürgerungsantrag gestellt haben und deren Einbürgerungsverfahren am 1. September 2008 noch nicht abgeschlossen war.

Von 33 Fragen, die vorgelegt werden, müssen mindestens siebzehn Fragen innerhalb von 60 Minuten zutreffend beantwortet werden. Insgesamt gibt es 310 Fragen. Es handelt sich um einen sogenannten Multiple-Choice-Test: Pro Frage werden vier Antwortmöglichkeiten vorgegeben, von denen nur jeweils eine richtig ist.

Der Test kostet 25 Euro. Er kann beliebig oft wiederholt werden.

Die Fragen unterteilen sich in die Kategorien einfach, mittelschwer und schwer. In jedem Prüfungsfragebogen beziehen sich drei Fragen speziell auf das Wissen über das Bundesland, in dem die Einbürgerung beantragt wird.

Alle Fragen sind in dem folgenden Teil II dieses Buches aufgeführt. Die richtigen Antworten sind vermerkt. Kurze Erläuterungen sollen knapp die Hintergründe der richtigen Antworten beleuchten.

Nach den Worten der seinerzeit amtierenden Staatsministerin und Beauftragten der Bundesregierung für Migration, Flüchtlinge und Integration, Maria Böhmer, trägt der Einbürgerungstest zu einer besseren Integration von Ausländerinnen und Ausländern bei, die die deutsche Staatsangehörigkeit annehmen möchten. Am 29. September 2008 sagte sie in Berlin: „Mit der Vorbereitung auf den Test eignen sich die Einbürgerungswilligen ein gutes Grundwissen für ihr Leben und besonders ihre politische Teilhabe in unserem Land an. Wer Deutsche oder Deutscher werden will, sollte über seine Rechte und Pflichten als Staatsbürger informiert sein und Grundwissen über unsere Geschichte, Kultur und Lebensweise besitzen. Aus meiner Sicht gibt es zu dem Test keine Alternative."

Ihr Ziel sei es, mehr Ausländerinnen und Ausländer zu motivieren, die Staatsbürgerschaft zu erwerben und sich auch darauf vorzubereiten.

Der Fragenkatalog sei vom renommierten Institut für Qualitätsentwicklung im Bildungswesen der Berliner Humboldt-Universität entwickelt worden. Er wurde mit dem Bundesinnenministerium abgestimmt. Bei einem Probelauf mit 4.600 Personen hätten mehr als die Hälfte den Test auf Anhieb bestanden, ohne die Fragen zuvor zu kennen. „Das widerlegt die Kritik, der Test sei zu schwer", sagte Böhmer. Sollte sich im Laufe der nächsten Monate zeigen, dass Korrekturen am Test unverzichtbar seien, so werde korrigiert.

Vergleichbare Tests werden auch in anderen Ländern durchgeführt, so etwa in den USA.

Die Testfragen wurden auf das bei der Einbürgerung notwendige Sprachniveau ausgerichtet. Sie sind so ausgearbeitet, dass jeder bei entsprechender Vorbereitung in der Lage sein sollte, den Test zu bestehen.

Auf einen Einbürgerungstest **kann** verzichtet werden, wenn diese Kenntnisse durch eine entsprechende Schulausbildung in Deutschland – also etwa einen Hauptschulabschluss oder höherwertige Abschlüsse – nachgewiesen werden.

Wer wegen einer Krankheit oder Behinderung oder aus Altersgründen die für den Test erforderlichen Kenntnisse nicht erlernen kann, kann von einem Einbürgerungstest befreit werden. In diesen Fällen kann von den Betroffenen verlangt werden, dass sie entsprechende ärztliche Atteste vorlegen.

Zur Vorbereitung auf diesen Test werden Einbürgerungskurse angeboten. Eine Teilnahme ist aber keine Pflicht. Der Einbürgerungstest kann unabhängig davon abgelegt werden, ob zuvor ein Einbürgerungskurs besucht worden ist. Von verschiedenen Stellen werden

Unterlagen angeboten, mit denen man sich selbst auf den Einbürgerungstest vorbereiten kann.

Die Stadt- oder Kreisverwaltungen beraten Einbürgerungswillige darüber, wo sie den Einbürgerungstest ablegen können und ob sie bereits die sonstigen, insbesondere die zeitlichen Voraussetzungen für die Einbürgerung erfüllen. Sie informieren auch darüber, wo man einen Sprachtest ablegen kann. Denn: ein bestandener Einbürgerungstest gilt nicht als Nachweis ausreichender deutscher Sprachkenntnisse.

Die nachfolgenden Informationen sollen ein Angebot sein, in übersichtlicher Form und mit kurzen, verständlichen Erläuterungen einbürgerungswilligen Ausländerinnen und Ausländern das notwendige Wissen zu vermitteln.

2. Kapitel

Gesamtkatalog der für den Einbürgerungstest zugelassenen Prüfungsfragen

Vorbemerkung

Es handelt sich um insgesamt 310 Fragen, davon 300 allgemeine Fragen – **Teil I** – aus den Themenfeldern des Rahmencurriculums zum Einbürgerungskurs:

- „Leben in der Demokratie“,
- „Geschichte und Verantwortung“,
- „Mensch und Gesellschaft“ und

zehn landesbezogene Fragen aus jedem der 16 Bundesländer – **Teil II** –, die nur speziell für das Bundesland zu beantworten sind, in dem der jeweilige Test durchgeführt wird.

Teil I – Allgemeine Fragen –

1. In Deutschland dürfen Menschen offen etwas gegen die Regierung sagen, weil …

☐ hier Religionsfreiheit gilt.
☐ die Menschen Steuern zahlen.
☐ die Menschen das Wahlrecht haben.
☒ hier Meinungsfreiheit gilt.

Anmerkung: In Artikel 5 Absatz 1 des Grundgesetzes (GG)** für die Bundesrepublik Deutschland vom 23. Mai 1949 heißt es: „Jeder hat das Recht, seine Meinung in Wort, Schrift und Bild frei zu äußern und zu verbreiten und sich aus allgemein zugänglichen Quellen ungehindert zu unterrichten …" Das Grundrecht auf **Meinungsfreiheit** ist zugleich ein Menschenrecht von besonderem Gewicht.

So ist es selbstverständlich erlaubt, auch die Regierung zu kritisieren, solange man sich auf dem Boden des Rechts bewegt und nicht mit dem Strafgesetzbuch in Konflikt kommt.

2. In Deutschland können Eltern bis zum 14. Lebensjahr ihres Kindes entscheiden, ob es in der Schule am …

☐ Geschichtsunterricht teilnimmt.
☒ Religionsunterricht teilnimmt.
☐ Politikunterricht teilnimmt.
☐ Sprachunterricht teilnimmt.

Anmerkung: Nach dem deutschen Grundgesetz ist der Staat an der Erziehung der Kinder beteiligt: „Das gesamte Schulwesen steht unter der Aufsicht des Staates." – so Artikel 7 Absatz 1 GG.

Religionsunterricht ist an öffentlichen Schulen ordentliches Lehrfach. Die Bundesländer sind verpflichtet, in allen Volks-, Mittel-, höheren und Berufsschulen Religionsunterricht erteilen zu lassen. Artikel 7 Absatz 2 GG gewährt den Eltern ein Grundrecht, über die **Teilnahme ihres Kindes am Religionsunterricht** zu bestimmen. Vom 12. Lebensjahr an bedarf diese Entscheidung der Eltern aber der Zustimmung des Kindes. Vom 14. Lebensjahr an sind Schüler

* Das Grundgesetz für die Bundesrepublik Deutschland vom 23. Mai 1949 wird im Folgenden mit GG abgekürzt.

dann „religionsmündig" und entscheiden über ihre Teilnahme am Religionsunterricht allein.

3. Deutschland ist ein Rechtsstaat. Was ist damit gemeint?

- ☒ Alle Einwohner / Einwohnerinnen und der Staat müssen sich an die Gesetze halten.
- ☐ Der Staat muss sich nicht an die Gesetze halten.
- ☐ Nur Deutsche müssen die Gesetze befolgen.
- ☐ Die Gerichte machen die Gesetze.

Anmerkung: Der Grundsatz der Rechtsstaatlichkeit gehört zu den elementaren Verfassungsgrundsätzen und den Grundentscheidungen des deutschen Grundgesetzes. Allgemeine Gerechtigkeit kann es nur geben, wenn **alle sich an die Gesetze zu halten** haben – auch die staatlichen Institutionen.

4. Welches Recht gehört zu den Grundrechten in Deutschland?

- ☐ Waffenbesitz
- ☐ Faustrecht
- ☒ Meinungsfreiheit
- ☐ Selbstjustiz

Anmerkung: Artikel 5 Absatz 1 GG lautet: „Jeder hat das Recht, seine Meinung in Wort, Schrift und Bild frei zu äußern und zu verbreiten und sich aus frei zugänglichen Quellen ungehindert zu unterrichten. Die Pressefreiheit und die Freiheit der Berichterstattung durch Rundfunk und Film werden gewährleistet. Eine Zensur findet nicht statt."

Grundrechte – wie auch das Recht auf Meinungsfreiheit – sind unmittelbar geltendes Recht, das auch den Gesetzgeber bindet. Sie sind in erster Linie Abwehrrechte der Bürger gegen den Staat. In ihnen spiegelt sich aber auch eine Wertordnung, die als verfassungsrechtliche Grundentscheidung für alle Bereiche des Rechts gilt. Zu den Grundrechten zählen Menschen- und Bürgerrechte. Das Grundrecht auf **freie Meinungsäußerung** ist ein Menschenrecht von besonderem Gewicht. Überhaupt sind alle in Artikel 5 GG genannten Grundrechte, also neben der Meinungs- auch die Pressefreiheit, die Informationsfreiheit und die Freiheit von Kunst und Wissenschaft für einen freiheitlichen demokratischen Staat absolut grundlegend.

5. Wahlen in Deutschland sind frei. Was bedeutet das?

- ☐ Man darf Geld annehmen, wenn man dafür einen bestimmten Kandidaten / eine bestimmte Kandidatin wählt.
- ☐ Nur Personen, die noch nie im Gefängnis waren, dürfen wählen.
- ☒ Der Wähler darf bei der Wahl weder beeinflusst noch zu einer bestimmten Stimmabgabe gezwungen werden und keine Nachteile durch die Wahl haben.
- ☐ Alle Wahlberechtigten Personen müssen wählen.

Anmerkung: Für die Wahlen zum Deutschen Bundestag bestimmt Artikel 38 Absatz 1 Satz 1 Grundgesetz: „Die Abgeordneten des Deutschen Bundestages werden in allgemeiner, unmittelbarer, **freier**, gleicher und geheimer Wahl gewählt."

Dass für die Wahlen zu den Landtagen der 16 Bunddesländer, aber auch zu den Volksvertretungen in den Kreisen, Städten und Gemeinden Entsprechendes zu gelten hat, stellt Artikel 28 Absatz 1 Satz 2 Grundgesetz sicher: „In den Ländern, Kreisen und Gemeinden muss das Volk eine Vertretung haben, die aus allgemeinen, unmittelbaren, **freien**, gleichen und geheimen Wahlen hervorgegangen ist."

(Vgl. auch Frage 112)

6. Wie heißt die deutsche Verfassung?

- ☐ Volksgesetz
- ☐ Bundesgesetz
- ☐ Deutsches Gesetz
- ☒ Grundgesetz

Anmerkung: Der genaue Titel der deutschen Verfassung lautet „**Grundgesetz** für die Bundesrepublik Deutschland". Es ist am 23. Mai 1949 in Kraft getreten.

7. Welches Recht gehört zu den Grundrechten, die nach der deutschen Verfassung garantiert werden? Das Recht auf …

- ☒ Glaubens- und Gewissensfreiheit
- ☐ Unterhaltung
- ☐ Arbeit
- ☐ Wohnung

Anmerkung: In Artikel 4 GG heißt es: „Die Freiheit **des Glaubens, des Gewissens** und die Freiheit des religiösen und weltanschaulichen

Bekenntnisses sind unverletzlich.“ Diese Grundrechte sind zugleich Menschenrechte.

8. Was steht nicht im Grundgesetz von Deutschland?

- ☐ Die Würde des Menschen ist unantastbar.
- ☒ Alle sollen gleich viel Geld haben.
- ☐ Jeder Mensch darf seine Meinung sagen.
- ☐ Alle sind vor dem Gesetz gleich.

Anmerkung: Die Unantastbarkeit der Würde des Menschen stellt das deutsche Grundgesetz in Artikel 1 Absatz 1 Satz 1 GG allen Grundrechten voran. Das Recht auf freie Meinungsäußerung hat ebenso Verfassungsrang wie der in Artikel 3 Absatz 1 GG festgeschrieben Grundsatz, dass alle Menschen vor dem Gesetz gleich sind.

Davon, dass etwa **alle gleich viel Geld** haben sollen, ist weder in der Verfassung noch sonst in einem deutschen Gesetz die Rede.

9. Welches Grundrecht gilt in Deutschland nur für Ausländer / Ausländerinnen? Das Grundrecht auf …

- ☐ Schutz der Familie
- ☐ Menschenwürde
- ☒ Asyl
- ☐ Meinungsfreiheit

Anmerkung: Artikel 16 a Absatz 1 GG bestimmt: „Politisch Verfolgte genießen Asylrecht.“

Es liegt im Wesen des **Asylrechts** als Schutzrecht für im Ausland aus politischen Gründen verfolgte Menschen, dass es sich ausschließlich an Ausländerinnen und Ausländer richtet.

10. Was ist mit dem deutschen Grundgesetz vereinbar?

- ☐ die Prügelstrafe
- ☐ die Folter
- ☐ die Todesstrafe
- ☒ die Geldstrafe

Anmerkung: Artikel 102 GG bestimmt kurz und eindeutig: „Die Todesstrafe ist abgeschafft.“

Was die Folter und die Prügelstrafe betrifft, so ist das Grundgesetz ebenso unmissverständlich. In Artikel 104 Absatz 1 Satz 2 GG heißt es: „Festgehaltene Personen dürfen weder seelisch noch körperlich misshandelt werden."

Die **Geldstrafe** dagegen ist eine gängige Bestrafung.

11. Wie wird die Verfassung der Bundesrepublik Deutschland genannt?

- ☒ Grundgesetz
- ☐ Bundesverfassung
- ☐ Gesetzbuch
- ☐ Verfassungsvertrag

Anmerkung: Vgl. Frage 6.

12. Eine Partei im Deutschen Bundestag will die Pressefreiheit abschaffen. Ist das möglich?

- ☐ Ja, wenn mehr als die Hälfte der Abgeordneten im Bundestag dafür sind.
- ☐ Ja, aber dazu müssen zwei Drittel der Abgeordneten im Bundestag dafür sein.
- ☒ Nein, denn die Pressefreiheit ist ein Grundrecht. Sie kann nicht abgeschafft werden.
- ☐ Nein, denn nur der Bundesrat kann die Pressefreiheit abschaffen.

Anmerkung: Das Wesen der **Grundrechte** besteht rechtlich darin, dass sie grundsätzlich Eingriffen des Gesetzgebers – also des Deutschen Bundestages und des Bundesrates – entzogen sind. Dazu heißt es in Artikel 19 Absatz 2 GG: „In keinem Fall darf ein Grundrecht in seinem Wesensgehalt angetastet werden."

Die **Pressefreiheit**, verankert in Artikel 5 Absatz 1 Satz 2 GG, gehört zu den Grundrechten. Grundrechte lassen sich zwar unter engen Vorgaben durch Gesetze einschränken. Abschaffen aber kann man sie keinesfalls.

13. Im Parlament steht der Begriff „Opposition" für…

- ☐ die regierenden Parteien.
- ☐ die Fraktion mit den meisten Abgeordneten.
- ☐ alle Parteien, die bei der letzten Wahl die 5 %-Hürde erreichen konnten.
- ☒ alle Abgeordneten, die nicht zu der Regierungspartei / den Regierungsparteien gehören.

Anmerkung: Vgl. Frage 88.

14. Meinungsfreiheit in Deutschland heißt, dass ich …

- ☐ auf Flugblättern falsche Tatsachen behaupten darf.
- ☒ meine Meinung in Leserbriefen äußern kann.
- ☐ Nazi-Symbole tragen darf.
- ☐ Meine Meinung sagen darf, solange ich der Regierung nicht widerspreche.

Anmerkung: Vgl. Frage 1.

Artikel 5 Absatz 1 Satz 1 GG bestimmt: „Jeder hat das Recht, seine Meinung in Wort, Bild und Schrift frei zu äußern und zu verbreiten und sich aus allgemein zugänglichen Quellen ungehindert zu unterrichten."

So ist es selbstverständlich erlaubt, auch der Regierung zu widersprechen oder **Leserbriefe** zu verfassen, solange man sich auf dem Boden des Rechts bewegt und nicht mit dem Strafgesetzbuch in Konflikt kommt.

Anschauliche Beispiele für Grenzen des Grundrechts auf freie Meinungsäußerung finden sich in den anderen, unrichtigen Antwortvorschlägen. So verbietet das deutsche Strafgesetzbuch (StGB) in § 186 die sogenannte „Üble Nachrede": „Wer in Beziehung auf einen anderen eine Tatsache behauptet oder verbreitet, welche denselben verächtlich zu machen oder in der öffentlichen Meinung herabzuwürdigen geeignet ist, wird, wenn nicht diese Tatsache erweislich wahr ist, … bestraft."

In § 187 StGB wird darüber hinaus die „Verleumdung", also das Verbreiten falscher Tatsachen wider besseren Wissens unter Strafe gestellt: „Wer wider besseres Wissen in Beziehung auf einen anderen eine unwahre Tatsache behauptet oder verbreitet, welche denselben verächtlich zu machen oder in der öffentlichen Meinung herabzuwürdigen oder dessen Kredit zu gefährden geeignet ist, wird … bestraft."

§ 130 Absatz 4 StGB schließlich droht demjenigen Strafe an, der öffentlich oder in einer Versammlung den öffentlichen Frieden dadurch stört, dass er die nationalsozialistische Gewalt- und Willkürherrschaft billigt, verherrlicht oder rechtfertigt und dabei die Würde der Opfer verletzt.

15. Was verbietet das deutsche Grundgesetz?

- ☐ Militärdienst
- ☒ Zwangsarbeit
- ☐ freie Berufswahl
- ☐ Arbeit im Ausland

Anmerkung: Artikel 12 Absatz 3 GG bestimmt: „**Zwangsarbeit** ist nur bei einer gerichtlich angeordneten Freiheitsentziehung zulässig." Damit ist eine allgemeine und unbegrenzte Arbeitspflicht in Deutschland verboten.

Den Militärdienst erlaubt unter bestimmten Voraussetzungen Artikel 12a GG. Die freie Berufswahl ist in Artikel 12 Absatz 1 GG garantiert.

16. Wann ist die Meinungsfreiheit in Deutschland eingeschränkt?

- ☒ bei der öffentlichen Verbreitung falscher Behauptungen über einzelne Personen
- ☐ bei Meinungsäußerungen über die Bundesregierung
- ☐ bei Diskussionen über Religionen
- ☐ bei Kritik am Staat

Anmerkung: Vgl. Frage 1 und Frage 14.

Nach dem deutschen Strafgesetzbuch (StGB) verboten aber ist das **Behaupten und Verbreiten falscher Tatsachen** über einen anderen. In § 186 StGB („Üble Nachrede") heißt es: „Wer in Beziehung auf einen anderen eine Tatsache behauptet oder verbreitet, welche denselben verächtlich zu machen oder in der öffentlichen Meinung herabzuwürdigen geeignet ist, wird, wenn nicht diese Tatsache erweislich wahr ist, … bestraft."

17. Die deutschen Gesetze verbieten …

- ☐ Meinungsfreiheit der Einwohner und Einwohnerinnen.
- ☐ Petitionen der Bürger und Bürgerinnen.
- ☐ Versammlungsfreiheit der Einwohner und Einwohnerinnen.
- ☒ Ungleichbehandlung der Bürger und Bürgerinnen durch den Staat.

Anmerkung: „Alle Menschen sind vor dem Gesetz gleich." – So steht es in Artikel 3 Absatz 1 GG. Dieser sogenannte Gleichheitssatz, der **Ungleichbehandlungen** verhindern soll, gehört zu den Leitprinzipien der gesamten Rechtsordnung und entspricht dem Gebot der Gerechtigkeit.

Die Meinungsfreiheit ist in Artikel 5 Absatz 1 GG garantiert, die Versammlungsfreiheit in Artikel 8 Absatz 1 GG. Petitionen sind in Artikel 17 GG ausdrücklich erlaubt: „Jedermann hat das Recht, sich einzeln oder in Gemeinschaft mit anderen schriftlich mit Bitten oder Beschwerden an die zuständigen Stellen und an die Volksvertretung zu wenden."

18. Welches Grundrecht ist in Artikel 1 des Grundgesetzes der Bundesrepublik Deutschland garantiert?

- ☒ die Unantastbarkeit der Menschenwürde
- ☐ das Recht auf Leben
- ☐ Religionsfreiheit
- ☐ Meinungsfreiheit

Anmerkung: In Artikel 1 Absatz 1 GG heißt es: „Die **Würde des Menschen ist unantastbar.** Sie zu achten und zu schützen ist Verpflichtung aller staatlichen Gewalt." In der freiheitlichen Demokratie ist die Würde des Menschen der oberste Wert. Dieses Bekenntnis und das Gebot, sie zu achten und zu schützen, beherrschen alle Bestimmungen des Grundgesetzes.

19. Was versteht man unter dem Recht der „Freizügigkeit" in Deutschland?

- ☒ Man darf sich seinen Wohnort selbst aussuchen.
- ☐ Man kann seinen Beruf wechseln.
- ☐ Man darf sich für eine andere Religion entscheiden.
- ☐ Man darf sich in der Öffentlichkeit nur leicht bekleidet bewegen.

Anmerkung: Artikel 11 Absatz 1 GG garantiert: „Alle Deutschen genießen Freizügigkeit im ganzen Bundesgebiet."

Freizügigkeit, wie sie das Grundgesetz versteht, ist das Recht, unbeschränkt durch die deutsche Staatsgewalt an jedem Ort innerhalb der Bundesrepublik Deutschland Aufenthalt und **Wohnsitz** zu nehmen. Damit ist auch der freie Zuzug von Bundesland zu Bundesland, und hierin eingeschlossen der freie Zuzug von Stadt zu Stadt oder von Gemeinde zu Gemeinde, gewährleistet.

20. Eine Partei in Deutschland verfolgt das Ziel, eine Diktatur zu errichten. Sie ist dann …

- ☐ tolerant.
- ☐ rechtsstaatlich orientiert.
- ☐ gesetzestreu.
- ☒ verfassungswidrig.

Anmerkung: In Artikel 21 Absatz 2 GG heißt es: „Parteien, die nach ihren Zielen oder dem Verhalten ihrer Anhänger darauf ausgehen, die freiheitliche demokratische Grundordnung zu beeinträchtigen oder zu beseitigen oder den Bestand der Bundesrepublik Deutschland zu gefährden, sind **verfassungswidrig.**"

Über die Frage der Verfassungswidrigkeit entscheidet das Bundesverfassungsgericht. Nur dieses Gericht kann eine Partei verbieten, wenn es nach eingehender Prüfung zu dem Ergebnis gelangt, dass die im Grundgesetz beschriebenen Kriterien im konkreten Fall gegeben sind.

21. Welches ist das Wappen der Bundesrepublik Deutschland?

- ☒ 1
- ☐ 2
- ☐ 3
- ☐ 4

Anmerkung: Im Volksmund wird das Wappen – wegen des traditionellen Wappentieres, des **Adlers** – auch „Bundesadler" genannt. Die deutschen Verfassungsorgane haben ihre jeweiligen Varianten des Wappens und der Darstellung des Adlers, die sich aber alle ähneln.

22. Was für eine Staatsform hat Deutschland?

- ☐ Monarchie
- ☐ Diktatur
- ☒ Republik
- ☐ Fürstentum

Anmerkung: Name und Staatsform Deutschlands sind in Artikel 20 Absatz 1 GG festgelegt: „Die Bundesrepublik Deutschland ist ein demokratischer und sozialer Bundesstaat."

Mit dem Hinweis auf die **„Republik"** ist ausgeschlossen, dass Deutschland eine Monarchie – oder etwa ein Fürstentum – ist oder werden kann. Zur Demokratie, wie sie das Grundgesetz vorgibt, gehört eine Volksvertretung, die in regelmäßigen, im Voraus festgelegten Abständen durch freie Wahlen abgelöst und neu legitimiert wird. Damit wird sichergestellt, dass das Volk der primäre Träger der Staatsgewalt ist.

23. In Deutschland sind die meisten Erwerbstätigen…

- ☐ in kleinen Familienunternehmen beschäftigt.
- ☐ ehrenamtlich für ein Bundesland tätig.
- ☐ selbständig mit einer eigenen Firma tätig.
- ☒ bei einer Firma oder Behörde beschäftigt.

Anmerkung: Laut Statistik waren im Jahresdurchschnitt 2015 saisonbereinigt rund 43,0 Millionen Personen mit Wohnort in Deutschland erwerbstätig.

Der Anteil der selbständig Tätigen an diesen Erwerbstätigen ist in den zurückliegenden Jahrzehnten zwar auf über 4 Millionen angewachsen; ihr Anteil an allen Erwerbstätigen liegt aber mit rund 11 % nach wie vor weit unterhalb der Zahl der Beschäftigten, die **bei einer Firma oder Behörde angestellt** sind oder in einem sonstigen Arbeitsverhältnis, z.B. als Beamte, stehen.

Ehrenamtlich tätige Personen stellen ihre Zeit und ihr Engagement in aller Regel unentgeltlich zur Verfügung. Sie gelten nicht als „Erwerbstätige".

Als Familienunternehmen oder auch Familienbetrieb bezeichnet man Unternehmen, die maßgeblich von einer Familie oder einem begrenzten Eigentümerkreis beeinflusst werden. Die Familienunternehmen gelten als das Rückgrat der Wirtschaft. Mit 2,4 Millionen zählte 2016 die überwiegende Mehrheit der Familienunternehmen zu den kleinen und mittleren Unternehmen.

24. Wie viele Bundesländer hat die Bundesrepublik Deutschland?

- ☐ 14
- ☐ 15
- ☒ 16
- ☐ 17

Anmerkung: Deutschland gliedert sich in **16 Bundesländer**, die eigene staatliche Verantwortung tragen und zum Teil auf eine lange Tradition zurückblicken können. In alphabetischer Reihenfolge sind es die Länder Bayern, Baden-Württemberg, Berlin, Brandenburg, Bremen, Hamburg, Hessen, Mecklenburg-Vorpommern, Niedersachsen, Nordrhein-Westfalen, Rheinland-Pfalz, Saarland, Sachsen, Sachsen-Anhalt, Schleswig-Holstein und Thüringen.

25. Was ist kein Bundesland der Bundesrepublik Deutschland?

- ☒ Elsass-Lothringen
- ☐ Nordrhein-Westfalen
- ☐ Mecklenburg-Vorpommern
- ☐ Sachsen-Anhalt

Anmerkung: Die **Geschichte Elsass-Lothringens**, einer Region am westlichen Rande des deutschen Sprachraumes, ist geprägt vom Einfluss zweier großer Kulturräume Europas: des germanischen (deutschen) und romanischen (französischen). Nach der Völkerwanderung war das Gebiet zunächst in die Strömungen der deutschen Geschichte einbezogen, geriet aber seit der Neuzeit zunehmend unter die politische Kontrolle des französischen Königreichs. Seit der Französischen Revolution verstärkten sich die Spannungen, und die Region wechselte schließlich zwischen 1850 und 1945 viermal zwischen Deutschland und Frankreich die Nationalität. Heute gehört Elsass-Lothringen zu Frankreich.

26. Deutschland ist …

- ☐ eine kommunistische Republik.
- ☒ ein demokratischer und sozialer Bundesstaat.
- ☐ eine kapitalistische und soziale Monarchie.
- ☐ ein sozialer und sozialistischer Bundesstaat.

Anmerkung: Name und Staatsform Deutschlands sind in Artikel 20 Absatz 1 GG festgelegt: „Die Bundesrepublik Deutschland ist ein **demokratischer und sozialer Bundesstaat**."

27. Deutschland ist …

- ☐ ein sozialistischer Staat.
- ☒ ein Bundesstaat.
- ☐ eine Diktatur.
- ☐ eine Monarchie.

Anmerkung: Zu dieser Frage vgl. auch Frage 26.

Als **Bundesstaat** gliedert sich Deutschland in **16 Bundesländer,** die eigene staatliche Verantwortung tragen und zum Teil auf eine lange Tradition zurückblicken können. Sie haben ihre eigenen Regierungen und gesetzgeberische Zuständigkeiten im Rahmen der Zuweisungen des Grundgesetzes.

Zu den einzelnen Bundesländern vgl. Frage 24.

28. Wer wählt in Deutschland die Abgeordneten zum Bundestag?

- ☐ das Militär
- ☐ die Wirtschaft
- ☒ das wahlberechtigte Volk
- ☐ die Verwaltung

Anmerkung: „Alle Staatsgewalt geht vom Volke aus." – So steht es in Artikel 20 Absatz 2 GG. Das **Volk** übt diese Staatsgewalt in Wahlen und Abstimmungen aus. Die wahlberechtigten Bürgerinnen und Bürger bestimmen auf diese Weise die Zusammensetzung des Parlaments, in Deutschland also des Deutschen Bundestages. Der Bundestag wiederum wählt den Bundeskanzler, bestimmt also die Zusammensetzung der Bundesregierung mit.

29. Welches Tier ist das Wappentier der Bundesrepublik Deutschland?

- ☐ Löwe
- ☒ Adler
- ☐ Bär
- ☐ Pferd

Anmerkung: Vgl. Frage 21.

30. Was ist kein Merkmal unserer Demokratie?

- ☐ regelmäßige Wahlen
- ☒ Pressezensur
- ☐ Meinungsfreiheit
- ☐ verschiedene Parteien

Anmerkung: Artikel 5 GG, der die Pressefreiheit garantiert, bestimmt in Absatz 1 Satz 3 GG ausdrücklich und unzweideutig: „Eine **Zensur** findet nicht statt."

31. Die Zusammenarbeit von Parteien zur Bildung einer Regierung nennt man in Deutschland

- ☐ Einheit.
- ☒ Koalition.
- ☐ Ministerium.
- ☐ Fraktion.

Anmerkung: Kann keine der Parteien, die sich zu einer bestimmten Wahl gestellt haben, die Mehrheit der abgegebenen Stimmen auf sich vereinigen, so bleibt – neben einer zumeist allenfalls übergangsweise praktizierbaren Minderheitsregierung – nur die Suche nach **Koalitionspartnerschaften**. Als Basis der Zusammenarbeit vereinbaren die Parteien, die miteinander koalieren wollen, einen Koalitionsvertrag.

32. Was ist keine staatliche Gewalt in Deutschland?

- ☐ Gesetzgebung
- ☐ Regierung
- ☒ Presse
- ☐ Rechtsprechung

Anmerkung: Die Theorie der Trennung staatlicher Gewalt in eine Legislative (Gesetzgebung), eine Exekutive (Verwaltung) und eine Judikative (Rechtsprechung) geht zurück auf den Franzosen Montesquieu (1689–1755). Die Gewaltenteilung soll Machtmissbrauch verhindern. Zugleich soll gegenseitige Kontrolle eine Machtbalance schaffen. Sie dient damit letztlich dem Schutz und der Freiheit des Einzelnen.

Die **Presse** ist keine staatliche Gewalt; sie ist im Gegenteil von der Staatsmacht unabhängig. Artikel 5 Absatz 1 Satz 2 und 3 GG gewährleisten die Pressefreiheit ausdrücklich und garantieren, dass eine Zensur nicht stattfindet.

33. Welche Aussage ist richtig? In Deutschland …

- ☒ sind Staat und Religionsgemeinschaften voneinander getrennt.
- ☐ bilden die Religionsgemeinschaften den Staat.
- ☐ ist der Staat abhängig von den Religionsgemeinschaften.
- ☐ bilden Staat und Religionsgemeinschaften eine Einheit.

Anmerkung: In Deutschland besteht grundsätzlich eine **Trennung von Staat und Kirche.** Grundlage des Verhältnisses zwischen Staat und Religionsgemeinschaften ist die Regelung in Artikel 4 GG, wonach die Freiheit des Glaubens, des Gewissens und der religiösen oder weltanschaulichen Bekenntnisse unverletzlich und die ungestörte Religionsausübung gewährleistet ist.

Es besteht damit keine Staatskirche, also keine Verbindung zwischen staatlicher und kirchlicher Verwaltung. Jede Religionsgemeinschaft ordnet und verwaltet ihre Angelegenheiten selbstständig – natürlich innerhalb der Schranken der für alle geltenden Gesetze. Darüber hinaus besteht eine Art partnerschaftliches Verhältnis; so unterstützt der Staat die Kirchen etwa beim Einziehen der Kirchensteuer oder beim Schutz kirchlicher Einrichtungen. Andererseits gibt es etwa eine Reihe kirchlicher Einrichtungen wie Kindergärten, Schulen, Krankenhäuser oder Pflegeheime, an deren Finanzierung sich der Staat beteiligt.

34. Was ist Deutschland nicht?

- ☐ eine Demokratie
- ☐ ein Rechtsstaat
- ☒ eine Monarchie
- ☐ ein Sozialstaat

Anmerkung: Name und Staatsform Deutschlands sind in Artikel 20 Absatz 11 GG festgelegt: „Die Bundesrepublik Deutschland ist ein demokratischer und sozialer Bundesstaat."

Mit dem Hinweis auf die „Republik" ist ausgeschlossen, dass Deutschland eine **Monarchie** ist oder werden kann. Zur Demokratie, wie sie das Grundgesetz vorgibt, gehört, dass eine Volksvertretung besteht, die in regelmäßigen, im Voraus festgelegten Abständen durch freie Wahlen abgelöst und neu legitimiert wird. Damit wird sichergestellt, dass das Volk der primäre Träger der Staatsgewalt ist.

35. Womit finanziert der deutsche Staat die Sozialversicherung?

- ☐ Kirchensteuern
- ☒ Sozialabgaben
- ☐ Spendengeldern
- ☐ Vereinsbeiträgen

Anmerkung: Die Sozialversicherung wird durch Beiträge finanziert. Umgangssprachlich werden sie auch als „**Sozialabgaben**" bezeichnet. Der Gesamtbeitrag setzt sich aus einem Arbeitnehmer- und einem Arbeitgeberanteil zusammen. Der Arbeitgeber kann die Arbeitnehmeranteile vom Lohn seiner Beschäftigten abziehen. Er muss der Stelle, die diese Beträge einzieht, Beitragsnachweise einreichen. Wer zu dem in der Sozialversicherung versicherten Personenkreis gehört und wer im Einzelnen versicherungspflichtig ist, ist im deutschen Sozialgesetzbuch geregelt.

36. Welche Maßnahme schafft in Deutschland soziale Sicherheit?

- ☒ die Krankenversicherung
- ☐ die Autoversicherung
- ☐ die Gebäudeversicherung
- ☐ die Haftpflichtversicherung

Anmerkung: In der gesetzlichen **Krankenversicherung** sind derzeit rund 85 Prozent der Bevölkerung in Deutschland bei Krankheit, Schwangerschaft und Mutterschaft versichert. Träger der gesetzlichen Krankenversicherung sind die gesetzlichen Krankenkassen.

Die Leistungen werden ganz überwiegend durch Beiträge der Versicherten finanziert. Für versicherungspflichtige Arbeitnehmer tragen Arbeitgeber und Arbeitnehmer den Beitrag je zur Hälfte.

37. Wie werden die Regierungschefs / Regierungschefinnen der meisten Bundesländer in Deutschland genannt?

- ☐ Erster Minister / Erste Ministerin
- ☐ Premierminister / Premierministerin
- ☐ Senator / Senatorin
- ☒ Ministerpräsident / Ministerpräsidentin

Anmerkung: Von der Bezeichnung „**Ministerpräsident / Ministerpräsidentin**" weichen für ihre Regierungschefs nur wenige Bundesländer ab. Das Land Hamburg wird von einem „Ersten Bürgermeister" regiert, der auch den Titel „Präsident des Senats" führt. Der Regierungschef des Landes Berlin heißt „Regierender Bürgermeister". Und im Land Bremen übt der „Präsident des Senats", der zugleich den Amtstitel „Bürgermeister" trägt, die Funktion des Ministerpräsidenten aus.

38. Die Bundesrepublik Deutschland ist ein demokratischer und sozialer …

- ☐ Staatenverbund.
- ☒ Bundesstaat.
- ☐ Staatenbund.
- ☐ Zentralstaat.

Anmerkung: Vgl. Frage 26.

39. Was hat jedes deutsche Bundesland?

- ☐ einen eigenen Außenminister / eine eigene Außenministerin
- ☐ eine eigene Währung
- ☐ eine eigene Armee
- ☒ eine eigene Regierung

Anmerkung: Als Bundesstaat kennt die Bundesrepublik Deutschland verschieden Ebenen staatlicher Befugnisse. Die staatliche Gewalt ist also zwischen dem Zentralstaat, dem „Bund", und den Gliedstaaten, den „Ländern", geteilt. Neben dem Bund, dem übergeordnete Aufgaben wie etwa die Außen- und Sicherheitspolitik, das Währungs-, Geld- und Münzwesen und andere den Gesamtstaat betreffende Angelegenheiten zugeordnet sind, nehmen die sechzehn Länder ihrerseits wichtige Aufgaben in eigener Verantwortung als oberste staatliche Instanz wahr.

Das deutsche Grundgesetz geht sogar von dem Grundsatz aus, dass das Ausüben staatlicher Befugnisse und das Erfüllen staatlicher Aufgaben Sache der Länder ist – **soweit** das Grundgesetz keine andere Regelung trifft oder zulässt. Somit hat jedes der sechzehn Länder natürlich auch eine **eigene Regierung**.

Zu den einzelnen Bundesländern vgl. Frage 24.

40. Mit welchen Worten beginnt die deutsche Nationalhymne?

- ☐ Völker, hört die Signale …
- ☒ Einigkeit und Recht und Freiheit …
- ☐ Freude schöner Götterfunken …
- ☐ Deutschland einig Vaterland …

Anmerkung: Der vollständige Text der deutschen Nationalhymne, die dritte Strophe des „Liedes der Deutschen", verfasst im Jahr 1841 von August Heinrich Hoffmann von Fallersleben zu einer Melodie von Joseph Haydn, lautet:

> Einigkeit und Recht und Freiheit
> Für das deutsche Vaterland!
> Danach lasst uns alle streben
> brüderlich mit Herz und Hand!
> Einigkeit und Recht und Freiheit
> Sind des Glückes Unterpfand.
> Blüh' im Glanze dieses Glückes,
> Blühe, deutsches Vaterland!

Mit den Worten „Freude, schöner Götterfunken ..." beginnt die heutige Europa-Hymne. Den Text der Hymne, die erste Strophe der „Ode an die Freude", hat der berühmte deutsche Dichter Friedrich von Schiller (1759–1805) verfasst.

41. Warum gibt es in einer Demokratie mehr als eine Partei?

- ☒ weil dadurch die unterschiedlichen Meinungen der Bürger und Bürgerinnen vertreten werden
- ☐ damit Bestechung in der Politik begrenzt wird
- ☐ um politische Demonstrationen zu verhindern
- ☐ um wirtschaftlichen Wettbewerb anzuregen

Anmerkung: In Deutschland ist die Mitwirkung der Parteien bei der politischen Willensbildung des Volkes verfassungsrechtlich in Artikel 21 GG festgelegt. Im Parteiengesetz sind die Parteien darüber hinaus ausdrücklich als „verfassungsrechtlich notwendiger Bestandteil der freiheitlichen demokratischen Grundordnung" anerkannt worden. Ihre besondere Aufgabe besteht in der „freien, dauerhaften Mitwirkung an der politischen Willensbildung des Volkes" (§ 1 Parteiengesetz). Sie sind damit konkret dazu aufgerufen, die **unterschiedlichen Meinungen der Bürgerinnen und Bürger** zu vertreten.

42. Wer beschließt in Deutschland ein neues Gesetz?

- ☐ die Regierung
- ☒ das Parlament
- ☐ die Gerichte
- ☐ die Polizei

Anmerkung: Das **Parlament,** in Deutschland also der Deutsche Bundestag, ist das für die Gesetzgebung des Bundes zentrale Verfassungsorgan. Bundesgesetze können nur in Kraft treten, wenn der Bundestag sie beschlossen hat.

Gesetzen, die in besonderer Weise die Belange der Bundesländer berühren, muss in vielen Fällen der Bundesrat zustimmen. In Artikel 50 GG heißt es dazu: „Durch den Bundesrat wirken die Länder bei der Gesetzgebung und Verwaltung des Bundes und in Angelegenheiten der Europäischen Union mit."

43. Wann kann in Deutschland eine Partei verboten werden?

- ☐ wenn ihr Wahlkampf zu teuer ist
- ☒ wenn sie gegen die Verfassung kämpft
- ☐ wenn sie Kritik am Staatsoberhaupt äußert
- ☐ wenn ihr Programm eine neue Richtung vorschlägt

Anmerkung: Grundlegende Regeln zu den Parteien finden sich in Artikel 21 GG.

Vgl. Anmerkung zu Frage 20.

44. Wen kann man als Bürger / Bürgerin in Deutschland nicht direkt wählen?

- ☐ Abgeordnete des EU-Parlaments
- ☒ den Bundespräsidenten / die Bundespräsidentin
- ☐ Landtagsabgeordnete
- ☐ Bundestagsabgeordnete

Anmerkung: Der **Bundespräsident** wird von der sogenannten Bundesversammlung auf fünf Jahre gewählt. Sie besteht aus den Mitgliedern des Deutschen Bundestages und einer gleichen Anzahl von Vertretern, die von den Parlamenten der 16 Bundesländer gewählt werden. Die Bundesversammlung wird vom Präsidenten des Deutschen Bundestages einberufen. Diese Regelungen finden sich in Artikel 54 GG.

Ihre Abgeordneten dagegen wählen die wahlberechtigten Bürgerinnen und Bürger in Deutschland direkt. Das gilt für die Landtage der 16 Bundesländer ebenso wie für den Deutschen Bundestag und das Europäische Parlament, die Volksvertretung der derzeit 28 Staaten der Europäischen Union.

45. Zu welcher Versicherung gehört die Pflegeversicherung?

- ☒ Sozialversicherung
- ☐ Unfallversicherung
- ☐ Hausratversicherung
- ☐ Haftpflicht- und Feuerversicherung

Anmerkung: In der **sozialen Pflegeversicherung** werden etwa 85 Prozent der Bevölkerung in Deutschland gegen das Risiko abgesichert, pflegebedürftig zu werden. Mit der Pflegeversicherung, die zum überwiegenden Teil im deutschen Sozialgesetzbuch geregelt ist, wollte man pflegebedürftige Menschen nicht mehr allein der Sozialhilfe überlassen, sondern ihren Schutz verbessern. Zugleich sollte die Allgemeinheit gegen finanzielle Belastungen durch nicht ausreichende Vorsorge Einzelner geschützt werden.

46. Der deutsche Staat hat viele Aufgaben. Welche Aufgabe gehört dazu?

- ☒ Er baut Straßen und Schulen.
- ☐ Er verkauft Lebensmittel und Kleidung.
- ☐ Er versorgt alle Einwohner und Einwohnerinnen kostenlos mit Zeitungen.
- ☐ Er produziert Autos und Busse.

Anmerkung: Der Bau und das Instandhalten öffentlicher **Straßen** und Wege ist eine öffentliche Aufgabe. Sie obliegt dem Staat. In Deutschland wird bei den Straßen unterschieden zwischen Bundesfernstraßen, also den Autobahnen und Bundesstraßen, für die der Bund zu sorgen hat, und den Landstraßen, für die die Länder die Verantwortung – und die Kosten – tragen. Schließlich gibt es Kreis- und Gemeinde- bzw. Ortsstraßen; hier müssen sich die Städte und Gemeinden darum kümmern, dass ihre Straßen und Wege gebaut und ausgebessert werden und verkehrssicher sind.

Auch das Schulwesen und die Schulaufsicht sind in Deutschland Staatsaufgaben. Damit ist auch der **Aufbau von Schulen** eine öffentliche Angelegenheit. Zuständig sind hier grundsätzlich die Bundesländer.

47. Der deutsche Staat hat viele Aufgaben. Welche Aufgabe gehört nicht dazu?

- ☒ Er bezahlt für alle Staatsangehörigen Urlaubsreisen.
- ☐ Er zahlt Kindergeld.
- ☐ Er unterstützt Museen.
- ☐ Er fördert Sportler und Sportlerinnen.

Anmerkung: Die Finanzierung von **Urlaubsreisen** ist grundsätzlich eine rein private Angelegenheit.

48. Welches Organ gehört nicht zu den Verfassungsorganen Deutschlands?

☐ der Bundesrat
☐ der Bundespräsident / die Bundespräsidentin
☒ die Bürgerversammlung
☐ die Regierung

Anmerkung: Als Oberste Organe der Bundesrepublik Deutschland nennt das Grundgesetz den Deutschen Bundestag, den Bundesrat, den Bundespräsidenten, die Bundesregierung und das Bundesverfassungsgericht.

Die **Bürgerversammlung**, die sich auf kommunaler Ebene organisiert, fällt nicht unter die Verfassungsorgane. Nach den Gemeindeordnungen der meisten Bundesländer können bzw. müssen Bürgerversammlungen durchgeführt werden, um Angelegenheiten des örtlichen Bereichs mit allen Gemeindebürgern und -bürgerinnen erörtern zu können.

49. Wer bestimmt in Deutschland die Schulpolitik?

☐ die Lehrer und Lehrerinnen
☒ die Bundesländer
☐ das Familienministerium
☐ die Universitäten

Anmerkung: In Deutschland haben die **Bundesländer** das Recht der Gesetzgebung – allerdings nur, soweit das Grundgesetz nicht dem Bund Gesetzgebungsbefugnisse zuweist. Eine solche ausdrückliche Zuweisung ist für den Bereich der Schulpolitik sowie für den gesamten Bereich der Bildungs- und Kulturpolitik nicht getroffen worden. Man spricht daher auch von der „Kulturhoheit der Länder".

50. Die Wirtschaftsform in Deutschland nennt man …

☐ freie Zentralwirtschaft.
☒ soziale Marktwirtschaft.
☐ gelenkte Zentralwirtschaft.
☐ Planwirtschaft.

Anmerkung: Die Wirtschaftsordnung der Bundesrepublik Deutschland ist die **soziale Marktwirtschaft.** Sie bejaht im Grundsatz das freie Spiel des Wettbewerbs und lehnt die Planwirtschaft ab, die erfahrungsgemäß wertvolle Antriebskräfte wie Initiative, Leistungswillen oder Verantwortungsbewusstsein einengt. Dem Staat aber wird im Wirtschaftsleben eine wichtige Ordnungsaufgabe zugestanden. Er hat die Bedingungen und den wirtschaftsrechtlichen Rahmen vorzugeben. So sorgt er – neben einem gewissen Ausgleich innerhalb des Wettbewerbs – dafür, dass soziale Anforderungen gewahrt werden.

Das Konzept der Sozialen Marktwirtschaft entstand in Deutschland kurz nach dem Zweiten Weltkrieg. Durchgesetzt hat es seinerzeit der Wirtschaftsminister und spätere Bundeskanzler Ludwig Erhard.

51. Zu einem demokratischen Rechtsstaat gehört es nicht, dass …

- ☐ Menschen sich kritisch über die Regierung äußern können.
- ☐ Bürger friedlich demonstrieren gehen dürfen.
- ☒ Menschen von einer Privatpolizei ohne Grund verhaftet werden.
- ☐ jemand ein Verbrechen begeht und deshalb verhaftet wird.

Anmerkung: In Artikel 2 GG sind die persönlichen Freiheitsrechte verbrieft. In Absatz 2 Satz 2 und 3 GG heißt es: „Die Freiheit der Person ist unverletzlich. In diese Rechte darf nur auf Grund eines Gesetzes eingegriffen werden."

So liegt es im Wesen des Rechtstaates, dass Eingriffe wie etwa eine Verhaftung nur in engen, von den Gesetzen gezogenen Grenzen unter konkreten Voraussetzungen erlaubt sind. Das Polizeirecht und das allgemeine Ordnungsrecht regeln die – staatlichen – Aufgaben, deren Ziel es ist, Gefahren für die öffentliche Sicherheit und Ordnung abzuwehren. **Private Sicherheitsdienste** können sich auf diese Regelungen nicht berufen.

52. Was bedeutet „Volkssouveränität"? Alle Staatsgewalt geht vom …

- ☒ Volke aus.
- ☐ Bundestag aus.
- ☐ preußischen König aus.
- ☐ Bundesverfassungsgericht aus.

Anmerkung: „Alle Staatsgewalt geht vom Volke aus." – So steht es in Artikel 20 Absatz 2 GG. Damit ist Deutschland eine demokratische Republik. **Das Volk** übt diese Staatsgewalt in Wahlen und

Abstimmungen aus. Es bestimmt auf diese Weise die Zusammensetzung des Parlaments, in Deutschland also des Deutschen Bundestages. Der Bundestag wiederum wählt den Bundeskanzler, bestimmt also die Zusammensetzung der Bundesregierung mit.

53. Was bedeutet „Rechtsstaat" in Deutschland?

- ☐ Der Staat hat Recht.
- ☐ Es gibt nur rechte Parteien.
- ☐ Die Bürger und Bürgerinnen entscheiden über Gesetze.
- ☒ Der Staat muss die Gesetze einhalten.

Anmerkung: Was den „Rechtsstaat" ausmacht, wird in Artikel 20 Absatz 3 GG in wenigen klaren Worten auf den Punkt gebracht: „Die Gesetzgebung ist an die verfassungsmäßige Ordnung, die vollziehende Gewalt und die Rechtsprechung sind an Gesetz und Recht gebunden."

Der Rechtsstaat steht im Gegensatz zum Polizeistaat. Dort ist die Macht der Verwaltung so erweitert, dass ihm ein starkes Einmischen in das Privatleben der Bürgerinnen und Bürger möglich ist. Den Rechtsstaat dagegen kennzeichnen die **Bindung der Verwaltung und der Justiz an Recht und Gesetz** und die Bindung der Gesetzgebung an die Verfassung.

54. Was ist keine staatliche Gewalt in Deutschland?

- ☐ Legislative
- ☐ Judikative
- ☐ Exekutive
- ☒ Direktive

Anmerkung: Die Theorie der Trennung staatlicher Gewalt in eine Legislative (Gesetzgebung), eine Exekutive (Verwaltung) und eine Judikative (Rechtsprechung) geht zurück auf den Franzosen Montesquieu (1689–1755). Die Gewaltenteilung soll Machtmissbrauch verhindern. Zugleich soll gegenseitige Kontrolle eine Machtbalance schaffen. Sie dient damit letztlich dem Schutz und der Freiheit des Einzelnen.

Die **Direktive** ist keine staatliche Gewalt; von ihr ist weder im deutschen Grundgesetz noch in anderen verfassungsrelevanten Regelungen die Rede.

55. Was zeigt dieses Bild?

- ☒ den Bundestagssitz in Berlin
- ☐ das Bundesverfassungsgericht in Karlsruhe
- ☐ das Bundesratsgebäude in Berlin
- ☐ das Bundeskanzleramt in Berlin

Anmerkung: Das Bild zeigt das geschichtsträchtige Reichstagsgebäude. Es wurde von 1884 bis 1894 unter dem Architekten Paul Wallot erbaut. Nach dem Zweiten Weltkrieg führte das Gebäude, in unmittelbarer Nähe zur Mauer im Westteil Berlins gelegen, ein Schattendasein. Am 20. Dezember 1990, nach der Wiedervereinigung Deutschlands, trat das erste aus gesamtdeutschen freien Wahlen hervorgegangene Parlament im Reichstag zusammen. Nach dem Beschluss vom 20. Juni 1991, den Parlamentssitz von Bonn nach Berlin zu verlegen, fiel auch die Entscheidung, das Gebäude künftig für die Plenarsitzungen des Deutschen Bundestages zu nutzen. Damit ist der Reichstag heute zugleich **„Sitz des Deutschen Bundestages"**.

56. Welches Amt gehört in Deutschland zur Gemeindeverwaltung?

- ☐ Pfarramt
- ☒ Ordnungsamt
- ☐ Finanzamt
- ☐ Auswärtiges Amt

Anmerkung: Artikel 28 Absatz 2 GG garantiert den Gemeinden das Recht auf eigenständige Verwaltung ihrer örtlichen Angelegenheiten. Diese Autonomie bringt es auch mit sich, dass **Ordnungsämter** sich um die Belange der Bürgerinnen und Bürger zu kümmern haben.

Die Finanzverwaltung obliegt in Deutschland überwiegend den Bundesländern. Oberste Instanz ist das jeweilige Landesfinanzministerium, darunter ist die Oberfinanzdirektion angesiedelt, und als örtliche Behörden fungieren die Finanzämter.

Das Auswärtige Amt ist das für auswärtige Angelegenheiten der Bundesrepublik Deutschland zuständige Bundesministerium.

Pfarrämter sind kirchliche Einrichtungen; Kirche und Staat sind in Deutschland grundsätzlich voneinander getrennt.

57. Wer wird meistens zum Präsidenten / zur Präsidentin des Deutschen Bundestages gewählt?

- ☐ der / die älteste Abgeordnete im Parlament
- ☐ der Ministerpräsident / die Ministerpräsidentin des größten Bundeslandes
- ☐ ein ehemaliger Bundeskanzler / eine ehemalige Bundeskanzlerin
- ☒ ein Abgeordneter / eine Abgeordnete der stärksten Fraktion

Anmerkung: Der Bundestagspräsident steht dem Deutschen Bundestag vor, wahrt die Rechte des Parlaments, vertritt es nach außen und steht an der Spitze der Bundestagsverwaltung. Er wird für die Dauer der Wahlperiode, in der Regel also auf vier Jahre gewählt und leitet die Plenarsitzungen. Meistens gehört er der Fraktion an, die für die jeweilige Legislaturperiode die **meisten Sitze im Bundestag** errungen hat.

58. Wer ernennt in Deutschland die Minister / die Ministerinnen der Bundesregierung?

- ☐ der Präsident / die Präsidentin des Bundesverfassungsgerichtes
- ☒ der Bundespräsident / die Bundespräsidentin
- ☐ der Bundesratspräsident / die Bundesratspräsidentin
- ☐ der Bundestagspräsident / die Bundestagspräsidentin

Anmerkung: Die Bundesminister, also die Mitglieder des Bundeskabinetts, werden auf Vorschlag des Bundeskanzlers **vom Bundespräsidenten** ernannt und entlassen. Diese Regelung findet sich in Artikel 64 Absatz 1 GG.

59. Welche Parteien wurden in Deutschland 2007 zur Partei „Die Linke"?

- ☐ CDU und SSW
- ☒ PDS und WASG
- ☐ CSU und FDP
- ☐ Bündnis 90 / Die Grünen und SPD

Anmerkung: Die „Sozialistische Einheitspartei Deutschlands" – **SED** – war die bestimmende politische Kraft in der ehemaligen DDR. In der Folge der friedlichen Revolution in der DDR im Herbst

1989 benannte sie sich um in „Partei des demokratischen Sozialismus" – **PDS.** Nach den ersten gesamtdeutschen Wahlen nach der Wiedervereinigung Deutschlands am 2. Dezember 1990 war sie erstmals im Deutschen Bundestag vertreten.

Die „Wahlalternative Arbeit und soziale Gerechtigkeit" – **WASG** – entstand 2004 aus einer Kritik an der Sozialpolitik der damaligen Bundesregierung. Noch vor der Bundestagswahl 2005 vereinbarten PDS, inzwischen umbenannt in „Die Linkspartei. PDS", und WASG eine Zusammenarbeit mit dem Ziel, sich zu einem Linksbündnis zusammenzuschließen. Am 16. Juni 2007 wurde die Fusion beider Parteien unter dem gemeinsamen neuen Namen „Die Linke" vollzogen.

60. In Deutschland gehören der Bundestag und der Bundesrat zur …

- ☐ Exekutive.
- ☒ Legislative.
- ☐ Direktive.
- ☐ Judikative.

Anmerkung: Der Deutsche Bundestag ist das für die Gesetzgebung des Bundes zentrale Verfassungsorgan. Bundesgesetze können nur in Kraft treten, wenn der Bundestag sie beschlossen hat.

Gesetzen, die in besonderer Weise die Interessen der Bundesländer berühren, muss in vielen Fällen der Bundesrat zustimmen. In Artikel 50 GG heißt es dazu: „Durch den Bundesrat wirken die Länder bei der Gesetzgebung und Verwaltung des Bundes und in Angelegenheiten der Europäischen Union mit." Beide Verfassungsorgane gehören damit zur gesetzgebenden Gewalt, der **Legislative.**

Die Theorie der Trennung staatlicher Gewalt in eine Legislative (Gesetzgebung), eine Exekutive (Verwaltung) und eine Judikative (Rechtsprechung) geht zurück auf den Franzosen Montesquieu (1689–1755). Die Gewaltenteilung soll Machtmissbrauch verhindern. Zugleich soll gegenseitige Kontrolle eine Machtbalance schaffen. Sie dient damit letztlich dem Schutz und der Freiheit des Einzelnen.

61. Was bedeutet „Volkssouveränität"?

- ☐ Der König / die Königin herrscht über das Volk.
- ☐ Das Bundesverfassungsgericht steht über der Verfassung.

- ☐ Die Interessenverbände üben die Souveränität zusammen mit der Regierung aus.
- ☒ Die Staatsgewalt geht vom Volke aus.

Anmerkung: Vgl. Frage 52.

62. Wenn das Parlament eines deutschen Bundeslandes gewählt wird, nennt man das …

- ☐ Kommunalwahl.
- ☒ Landtagswahl.
- ☐ Europawahl.
- ☐ Bundestagswahl.

Anmerkung: Die Bundesstaatliche Ordnung, die Gliederung des Staates in Bund und Länder, kennzeichnet den Aufbau der Bundesrepublik Deutschland. Unabhängig von den Wahlen zum deutschen Bundestag wählen die Länder ihre eigenen Landesparlamente, die **Landtage.** In den Ländern Berlin, Bremen und Hamburg, also in den sogenannten Stadtstaaten, tragen die Landtage andere Namen. Dort spricht man von Senats- oder Bürgerschaftswahlen.

63. Was gehört in Deutschland nicht zur Exekutive?

- ☐ die Polizei
- ☒ die Gerichte
- ☐ das Finanzamt
- ☐ die Ministerien

Anmerkung: Die **Gerichte** gehören zur Judikative. In Artikel 92 GG heißt es: „Die rechtsprechende Gewalt ist den Richtern anvertraut; sie wird durch das Bundesverfassungsgericht, durch die ... Bundesgerichte und die Gerichte der Länder ausgeübt.“

64. Die Bundesrepublik Deutschland ist heute gegliedert in …

- ☐ vier Besatzungszonen.
- ☐ einen Oststaat und einen Weststaat.
- ☐ 16 Kantone.
- ☒ Bund, Länder und Kommunen.

Anmerkung: Als Bundesstaat kennt die Bundesrepublik Deutschland verschiedene Ebenen staatlicher Befugnisse. Die staatliche Gewalt ist also zwischen dem Zentralstaat, dem **„Bund“**, und den Gliedstaaten, den **„Ländern“**, geteilt. Neben dem Bund, dem übergeordnete Aufgaben wie etwa die Außen- und Sicherheitspolitik, das Währungs-, Geld- und Münzwesen und andere den Gesamtstaat betreffende Angelegenheiten zugeordnet sind, nehmen die sechzehn Länder ihrerseits wichtige Aufgaben in eigener Verantwortung als oberste staatliche Instanz wahr.

Das deutsche Grundgesetz geht sogar von dem Grundsatz aus, dass das Ausüben staatlicher Befugnisse und das Erfüllen staatlicher Aufgaben Sache der Länder ist – **soweit** das Grundgesetz keine andere Regelung trifft oder zulässt.

Für die Ebene der **Städte und Gemeinden** gilt darüber hinaus der Grundsatz der „kommunalen Selbstverwaltung". Dazu bestimmt Artikel 28 Absatz 2 Satz 1 GG: „Den Gemeinden muss das Recht gewährleistet sein, alle Angelegenheiten der örtlichen Gemeinschaft im Rahmen der Gesetze in eigener Verantwortung zu regeln."

65. Es gehört nicht zu den Aufgaben des Deutschen Bundestages, …

☐ Gesetze zu entwerfen.
☐ die Bundesregierung zu kontrollieren.
☐ den Bundeskanzler / die Bundeskanzlerin zu wählen.
☒ das Bundeskabinett zu bilden.

Anmerkung: Die Bundesminister, also die Mitglieder des **Bundeskabinetts,** werden auf Vorschlag des Bundeskanzlers vom Bundespräsidenten ernannt und entlassen. Die Aufgabe des Deutschen Bundestages beschränkt sich auf die Wahl des Bundeskanzlers. Diese Regelungen finden sich in Artikel 64 Absatz 1 und Artikel 63 Absatz 1 GG.

66. Wer schrieb den Text zur deutschen Nationalhymne?

☐ Friedrich von Schiller
☐ Clemens Brentano
☐ Johann Wolfgang von Goethe
☒ Heinrich Hoffmann von Fallersleben

Anmerkung: Zu dieser Frage vgl. Frage 40.

67. Was ist in Deutschland vor allem eine Aufgabe der Bundesländer?

☐ Verteidigungspolitik
☐ Außenpolitik
☐ Wirtschaftspolitik
☒ Schulpolitik

Anmerkung: Schulpolitik und Schulrecht sind in Deutschland grundsätzlich Sache der Bundesländer. Das Schulrecht umfasst den Aufbau von Schulen, die Schulpflicht, das Eltern- und das Lehrerrecht sowie Regelungen über Privatschulen.

Vgl. Anmerkung zu Frage 49.

68. Warum kontrolliert der Staat in Deutschland das Schulwesen?

- ☐ weil es in Deutschland nur staatliche Schulen gibt
- ☐ weil alle Schüler und Schülerinnen einen Schulabschluss haben müssen
- ☐ weil es in den Bundesländern verschiedene Schulen gibt
- ☒ weil es nach dem Grundgesetz seine Aufgabe ist

Anmerkung: Nach dem deutschen **Grundgesetz** ist der Staat an der Erziehung der Kinder beteiligt: „Das gesamte Schulwesen steht unter der Aufsicht des Staates." – so Artikel 7 Absatz 1 GG.

69. Die Bundesrepublik Deutschland hat einen dreistufigen Verwaltungsaufbau. Wie heißt die unterste politische Stufe?

- ☐ Stadträte
- ☐ Landräte
- ☒ Gemeinden
- ☐ Bezirksämter

Anmerkung: Vgl. Frage 64.

70. Der deutsche Bundespräsident Gustav Heinemann gibt Helmut Schmidt 1974 die Ernennungsurkunde zum deutschen Bundeskanzler. Was gehört zu den Aufgaben des deutschen Bundespräsidenten / der deutschen Bundespräsidentin?

- ☐ Er / Sie führt die Regierungsgeschäfte.
- ☐ Er / Sie kontrolliert die Regierungspartei.
- ☐ Er / Sie wählt die Minister / Ministerinnen aus.
- ☒ Er / Sie schlägt den Kanzler / die Kanzlerin zur Wahl vor.

Anmerkung: Artikel 63 Absatz 1 GG lautet: „ Der Bundeskanzler wird **auf Vorschlag des Bundespräsidenten** vom Bundestage ohne Aussprache gewählt."

Der Bundespräsident führt nicht die Regierungsgeschäfte. Nach Artikel 55 Absatz 1 GG ist es ihm ausdrücklich verwehrt, der Regierung oder einer gesetzgebenden Körperschaft des Bundes anzugehören. Er wählt auch die Minister und Ministerinnen nicht aus; sie werden jedoch – so Artikel 64 Absatz 1 GG – auf Vorschlag des Bundeskanzlers von ihm ernannt.

71. Wo hält sich der deutsche Bundeskanzler / die deutsche Bundeskanzlerin am häufigsten auf? Am häufigsten ist er / sie

- ☐ in Bonn, weil sich dort das Bundeskanzleramt und der Bundestag befinden.
- ☐ auf Schloss Meseberg, dem Gästehaus der Bundesregierung, um Staatsgäste zu empfangen.
- ☐ auf Schloss Bellevue, dem Amtssitz des Bundespräsidenten / der Bundespräsidentin, um Staatsgäste zu empfangen.
- ☒ in Berlin, weil sich dort das Bundeskanzleramt und der Bundestag befinden.

Anmerkung: Mit der Wiedervereinigung Deutschlands am 3. Oktober 1990 wurde Berlin wieder zur deutschen Hauptstadt.

Im sogenannten Berlin / Bonn-Gesetz vom 20. Juni 1991 regelte der Deutsche Bundestag den Umzug von Parlament und Teilen der Bundesregierung von ihren Standorten in der bisherigen Bundeshauptstadt Bonn nach Berlin. Das Gesetz legte fest, welche Bundesministerien in die neue Hauptstadt umziehen sollten.

1999 erreichte die Umsetzung dieses Gesetzes ihren Höhepunkt: Der **Bundestag** zog in das Reichstagsgebäude in Berlin ein. Zugleich zogen viele Bundesministerien sowie auch das **Bundeskanzleramt** nach **Berlin** um. Verschiedene Bundesministerien verblieben jedoch in Teilen in Bonn.

72. Wie heißt der jetzige Bundeskanzler / die jetzige Bundeskanzlerin von Deutschland?

- ☐ Gerhard Schröder
- ☐ Jürgen Rüttgers
- ☐ Klaus Wowereit
- ☒ Angela Merkel

Anmerkung: Am 22. November 2005 wurde **Angela Merkel** erstmals zur Bundeskanzlerin der Bundesrepublik Deutschland gewählt. 2009 sowie 2013 und zuletzt 2017 wurde sie für eine jeweils weitere vierjährige Amtszeit wiedergewählt. Ihr Vorgänger, Gerhard Schröder, regierte von 1998 bis 2005.

73. Die beiden größten Fraktionen im Deutschen Bundestag heißen zurzeit …

- ☒ CDU / CSU und SPD.
- ☐ Die Linke und Bündnis 90 / Die Grünen.
- ☐ FDP und SPD.
- ☐ Die Linke und FDP.

Anmerkung: Im 19. Deutschen Bundestag 2017 bis 2021 gibt es sechs Fraktionen: die größte ist die **CDU/CSU-Fraktion** mit 246 Abgeordneten. Die **SPD-Fraktion** ist mit 153 Abgeordneten die zweitgrößte, gefolgt von der Fraktion der Alternative für Deutschland (AfD) mit 92 (ursprünglich 94), der FDP mit 80, der Linkspartei mit 69 und der Fraktion von Bündnis 90/Die Grünen mit 67 Parlamentariern.

Insgesamt sitzen im 19. Deutschen Bundestag 709 Abgeordnete. Durch sog. Ausgleichs- und Überhangmandate liegt diese Zahl deutlich höher als in zurückliegenden Legislaturperioden.

Um eine Fraktion zu bilden, bedarf es mindestens fünf Prozent der Mitglieder des Bundestages, die meist derselben Partei angehören.

74. Wie heißt das Parlament für ganz Deutschland?

- ☐ Bundesversammlung
- ☐ Volkskammer
- ☒ Bundestag
- ☐ Bundesgerichtshof

Anmerkung: Das Parlament der Bundesrepublik Deutschland ist der **Deutsche Bundestag.** Er spielt im politischen System eine zentrale Rolle, denn er wird direkt vom Volk gewählt, von dem – laut Artikel 20 Absatz 2 GG – „alle Staatsgewalt“ ausgeht.

Die Bundesversammlung tritt nur zu dem alleinigen Zweck zusammen, den Bundespräsidenten zu wählen. Der Bundesgerichtshof ist Teil der rechtsprechenden Gewalt und hat mit dem Parlament nichts zu tun. Und „Volkskammer“ hieß das Parlament der DDR, also der ehemaligen Deutschen Demokratischen Republik, die am 3. Oktober 1990 aufgehört hat zu bestehen.

75. Wie heißt Deutschlands Staatsoberhaupt?

- ☒ Frank-Walter Steinmeier
- ☐ Norbert Lammert
- ☐ Wolfgang Thierse
- ☐ Edmund Stoiber

Anmerkung: Am 12. Februar 2017 wählte die Bundesversammlung (siehe Anmerkung zu Frage 86) den bisherigen Außenminister und Sozialdemokraten **Frank-Walter Steinmeier** zum neuen Bundespräsidenten. Sein Vorgänger Joachim Gauck, Theologe und couragierter ehemaliger DDR-Bürgerrechtler, übte das Amt des Bundespräsidenten von 2012 bis 2017 aus.

Frank-Walter Steinmeier erhielt bereits im ersten Wahlgang die große Mehrheit der Stimmen. Seine Vereidigung vor den Mitgliedern von Bundestag und Bundesrat fand am 22. März 2017 statt. Steinmeier ist der zwölfte Präsident der Bundesrepublik Deutschland.

76. Was bedeutet die Abkürzung CDU in Deutschland?

- ☐ Christliche Deutsche Union
- ☐ Club Deutscher Unternehmer
- ☐ Christlicher Deutscher Umweltschutz
- ☒ Christlich Demokratische Union

Anmerkung: Die **„Christlich Demokratische Union“** – kurz: CDU – entstand kurz nach dem Zweiten Weltkrieg aus verschiedenen spontanen, voneinander unabhängigen Gruppierungen. Diese dezentralen Gründungen schlossen sich nach und nach zu einer „Union“ zusammen, erst 1949 auf Länderebene, 1950 dann als Bundesverband. Gemeinsam mit der CSU in Bayern gewann die CDU 1949 die erste Bundestagswahl; ihr Vorsitzender, Konrad Adenauer, wurde erster Bundeskanzler der Bundesrepublik Deutschland. Mit Ludwig Erhard, Kurt-Georg Kiesinger und Helmut Kohl stellte die CDU in den folgenden Jahrzehnten weitere Bundeskanzler. Die amtierende Kanzlerin, Angela Merkel, gehört ebenfalls der CDU an.

77. Was ist die Bundeswehr?

- ☐ die deutsche Polizei
- ☐ ein deutscher Hafen
- ☐ eine deutsche Bürgerinitiative
- ☒ die deutsche Armee

Anmerkung: Der Auftrag der Bundeswehr ist in der Verfassung umrissen: Nach Artikel 87a GG stellt der Bund **Streitkräfte zur Verteidigung** auf. Die Polizei wird dagegen von den Bundesländern organisiert.

78. Was bedeutet die Abkürzung SPD?

- ☐ Sozialistische Partei Deutschlands
- ☐ Sozialpolitische Partei Deutschlands
- ☒ Sozialdemokratische Partei Deutschlands
- ☐ Sozialgerechte Partei Deutschlands

Anmerkung: Die **„Sozialdemokratische Partei Deutschlands"** – kurz: SPD – wurde bereits 1869 von August Bebel und Wilhelm Liebknecht gegründet. 1912 ist sie im Reichstag stärkste Partei. Der SPD-Vorsitzende Friedrich Ebert wird 1919 erster Reichspräsident. In der Bundesrepublik Deutschland stellte die SPD die Bundeskanzler Willy Brandt, Helmut Schmidt und Gerhard Schröder.

79. Was bedeutet die Abkürzung FDP in Deutschland?

- ☐ Friedliche Demonstrative Partei
- ☐ Freie Deutschland Partei
- ☐ Führende Demokratische Partei
- ☒ Freie Demokratische Partei

Anmerkung: Die **„Freie Demokratische Partei"** – kurz: FDP – entstand am 11. Dezember 1948 unter der Führung von Theodor Heuss aus dem Zusammenschluss der im September 1945 in der sowjetisch besetzen Zone gegründeten „Liberal-Demokratischen Partei" und liberalen Parteigründungen in den Westzonen. Mit Heuss stellte sie 1949 den ersten Bundespräsidenten der Bundesrepublik Deutschland. 1974 wurde mit Walter Scheel ein weiteres Mitglied der FDP Bundespräsident.

80. Welches Gericht in Deutschland ist zuständig für die Auslegung des Grundgesetzes?

- ☐ Oberlandesgericht
- ☐ Amtsgericht
- ☒ Bundesverfassungsgericht
- ☐ Verwaltungsgericht

Anmerkung: Das **Bundesverfassungsgericht** ist ein Verfassungsorgan und allen übrigen Verfassungsorganen gegenüber selbständig und unabhängig. Seine Zuständigkeiten sind in Artikel 93 GG festgelegt. So entscheidet es unter anderem über die Auslegung des Grundgesetzes bei Streitigkeiten über den Umfang der Rechte und Pflichten der obersten Bundesorgane.

Darüber hinaus steht es jedermann offen, sich mit einer sogenannten Verfassungsbeschwerde unmittelbar an das Bundesverfassungsgericht zu wenden, wenn er glaubt, durch Maßnahmen der öffentlichen Gewalt in einem seiner Grundrechte verletzt zu sein.

81. Wer wählt den Bundeskanzler / die Bundeskanzlerin in Deutschland?

- ☐ der Bundesrat
- ☐ die Bundesversammlung
- ☐ das Volk
- ☒ der Bundestag

Anmerkung: Die Wahl des Bundeskanzlers ist in Artikel 63 GG geregelt. In Absatz 1 heißt es: „Der Bundeskanzler wird auf Vorschlag des Bundespräsidenten **vom Bundestage** ohne Aussprache gewählt." In Absatz 2 heißt es weiter: „Gewählt ist, wer die Stimmen der Mehrheit der Mitglieder des Bundestages auf sich vereinigt. Der Gewählte ist vom Bundespräsidenten zu ernennen."

Vom Volk gewählt wird in Deutschland der Deutsche Bundestag. Die Bundesversammlung hat ausschließlich die Aufgabe, den Bundespräsidenten zu wählen.

82. Wer leitet das deutsche Bundeskabinett?

- ☐ der Bundestagspräsident / die die Bundestagspräsidentin
- ☐ Bundespräsident / Bundespräsidentin
- ☐ der Bundesratspräsident / die Bundesratspräsidetin
- ☒ der Bundeskanzler / die Bundeskanzlerin

Anmerkung: Als Bundeskabinett bezeichnet man die Bundesregierung. Es setzt sich aus dem Bundeskanzler und den Bundesministern zusammen. Das Kabinett übt in Deutschland auf der obersten Staatsebene, der sog. Bundesebene, die Exekutivgewalt aus.

Das höchste Amt im Bundeskabinett hat der Bundeskanzler / die Bundeskanzlerin inne, der / die die Richtlinien der Politik der Bundesregierung bestimmt. Dementsprechend obliegt ihm / ihr auch die Leitung der Kabinettsitzungen.

83. Wer wählt den deutschen Bundeskanzler / die deutsche Bundeskanzlerin?

- ☐ das Volk
- ☐ die Bundesversammlung
- ☒ der Bundestag
- ☐ die Bundesregierung

Anmerkung: Vgl. Frage 81.

84. Welche Hauptaufgabe hat der deutsche Bundespräsident / die deutsche Bundespräsidentin? Er / Sie …

- ☐ regiert das Land.
- ☐ entwirft die Gesetze.
- ☒ repräsentiert das Land.
- ☐ überwacht die Einhaltung der Gesetze.

Anmerkung: Der Bundespräsident ist als Oberhaupt der Bundesrepublik Deutschland nicht für die Politik verantwortlich. Seine Befugnisse entsprechen denen eines Staatsoberhauptes. Er hat weitgehend **repräsentative Aufgaben** zu erfüllen und übt als neutrale Kraft und Hüter der Verfassung eine ausgleichende Funktion aus.

85. Wer bildet den deutschen Bundesrat?

- ☐ die Abgeordneten des Bundestages
- ☐ die Minister und Ministerinnen der Bundesregierung
- ☒ die Regierungsvertreter der Bundesländer
- ☐ die Parteimitglieder

Anmerkung: Der Bundesrat ist eines der fünf ständigen Verfassungsorgane der Bundesrepublik Deutschland. Er besteht aus **Mitgliedern der Regierungen der 16 Bundesländer.** Neben Bundespräsident, Bundestag, Bundesregierung und Bundesverfassungsgericht ist der Bundesrat als Vertretung der Länder das föderative Bundesorgan. Der Föderalismus, die Gliederung des Staates in Bund und Länder, kennzeichnet den Aufbau der Bundesrepublik Deutschland.

86. Wer wählt in Deutschland den Bundespräsidenten / die Bundespräsidentin?

- ☒ die Bundesversammlung
- ☐ der Bundesrat
- ☐ das Bundesparlament
- ☐ das Bundesverfassungsgericht

Anmerkung: Der Bundespräsident wird von der sogenannten **Bundesversammlung** auf fünf Jahre gewählt. Sie besteht aus den Mitgliedern des Deutschen Bundestages und einer gleichen Anzahl von Vertretern, die von den Parlamenten der 16 Bundesländer gewählt werden. Die Bundesversammlung wird vom Präsidenten des Deutschen Bundestages einberufen. Diese Regelungen finden sich in Artikel 54 GG.

87. Wer ist das Staatsoberhaupt der Bundesrepublik Deutschland?

- ☐ der Bundeskanzler / die Bundeskanzlerin
- ☒ der Bundespräsident / die Bundespräsidentin
- ☐ der Bundesratspräsident / die Bundesratspräsidentin
- ☐ der Bundestagspräsident / die Bundestagspräsidentin

Anmerkung: Vgl. Frage 75.

Der **Bundespräsident** ist als Oberhaupt der Bundesrepublik Deutschland nicht für die Politik verantwortlich. Er hat weitgehend repräsentative Aufgaben zu erfüllen und übt als neutrale Kraft und Hüter der Verfassung eine ausgleichende Funktion aus.

88. Die parlamentarische Opposition im Deutschen Bundestag …

- ☒ kontrolliert die Regierung.
- ☐ entscheidet, wer Bundesminister / Bundesministerin wird.
- ☐ bestimmt, wer im Bundesrat sitzt.
- ☐ schlägt die Regierungschefs / Regierungschefinnen der Länder vor.

Anmerkung: Für die staatsrechtliche Entwicklung der westlichen Länder Europas und Nordamerikas ist es charakteristisch, dass die Willensbildung im Staat durch mehrere Parteien getragen und gebündelt wird. In Deutschland hat das Grundgesetz den Parteien diese Aufgabe ausdrücklich zugewiesen. In einem Mehrparteiensystem, wie es sich in vielen europäischen Ländern herausgebildet hat, wird die Regierung häufig von mehreren Parteien in Form von „Koalitionen" gestützt, während die nicht an der Regierung beteiligten Parteien ihr als Opposition gegenübertreten. Die Opposition spielt im parlamentarischen System des Mehrparteienstaates eine bedeutsame Rolle. Ihr obliegt stets eine wichtige **Kontrollfunktion.**

89. Wie nennt man in Deutschland die Vereinigung von Abgeordneten einer Partei im Parlament?

- ☐ Verband
- ☐ Ältestenrat
- ☒ Fraktion
- ☐ Opposition

Anmerkung: Die **Fraktionen** gehören zu den wichtigsten politischen Schaltstellen des Parlaments. In ihnen schließen sich jeweils alle Abgeordnete einer Partei – oder, wie bei der CDU / CSU, verwandter Parteien – zusammen. Zur Bildung einer Fraktion muss es eine Partei auf mindestens fünf Prozent der Mitglieder des Bundestages bringen. Im aktuellen 19. Deutschen Bundestag 2017 bis 2021 gibt es sechs Fraktionen: die CDU / CSU-Fraktion mit 246 Abgeordneten, die SPD-Fraktion mit 153 Abgeordneten, die Fraktion der Alternative für Deutschland (AfD) mit 92, die Fraktion der FDP mit 80, die Fraktion der Linkspartei mit 69 und die Fraktion von Bündnis 90 / Die Grünen mit 67 Parlamentariern.

90. Die deutschen Bundesländer wirken an der Gesetzgebung des Bundes mit durch …

- ☒ den Bundesrat.
- ☐ die Bundesversammlung.
- ☐ den Bundestag.
- ☐ die Bundesregierung.

Anmerkung: Der **Bundesrat** ist eines der fünf ständigen Verfassungsorgane der Bundesrepublik Deutschland. Er besteht aus Mitgliedern der Regierungen der **16 Bundesländer**. Neben Bundespräsident, Bundestag, Bundesregierung und Bundesverfassungsgericht ist der Bundesrat als Vertretung der Länder das föderative Bundesorgan.

„Durch den Bundesrat wirken die Länder bei der Gesetzgebung und Verwaltung des Bundes und in Angelegenheiten der Europäischen Union mit." – So steht es in Artikel 50 GG. Dieses Mitwirkungsrecht gewinnt hohe Bedeutung bei Gesetzen des Bundes, die in besonderer Weise die Interessen der Länder berühren. Solche Gesetze können nur in Kraft treten, wenn der Bundesrat ausdrücklich zustimmt.

91. In Deutschland kann ein Regierungswechsel in einem Bundesland Auswirkungen auf die Bundespolitik haben. Das Regieren wird …

- ☐ schwieriger, wenn sich dadurch die Mehrheit im Bundestag ändert.
- ☐ leichter, wenn dadurch neue Parteien in den Bundesrat kommen.
- ☒ schwieriger, wenn dadurch die Mehrheit im Bundesrat verändert wird.
- ☐ leichter, wenn es sich um ein reiches Bundesland handelt.

Anmerkung: „Durch den Bundesrat wirken die Länder bei der Gesetzgebung und Verwaltung des Bundes und in Angelegenheiten der Europäischen Union mit." – So steht es in Artikel 50 GG.

Dieses Mitwirkungsrecht gewinnt hohe Bedeutung bei Gesetzen des Bundes, die in besonderer Weise die Interessen der Länder berühren. Solche Gesetzte können nur in Kraft treten, wenn der Bundesrat ausdrücklich zustimmt. Da der Bundesrat aus Mitgliedern der Regierungen der **16 Bundesländer** besteht, ist es für die Bundespolitik wichtig, welche Regierungsmehrheiten in den einzelnen Ländern bestehen – und welcher Einfluss damit auf Entscheidungen des Bundesrates genommen wird. Ein Regierungswechsel in einem Bundesland kann daher Entscheidungsprozesse auf der Ebene der **Bundespolitik** von Fall zu Fall durchaus **schwieriger** machen.

92. Was bedeutet die Abkürzung CSU in Deutschland?

- ☐ Christlich Sichere Union
- ☐ Christlich Süddeutsche Union
- ☐ Christlich Sozialer Unternehmerverband
- ☒ Christlich Soziale Union

Anmerkung: Die **„Christlich Soziale Union"** – CSU – stellt sich ausschließlich im Freistaat Bayern zur Wahl. Sie ist in diesem Bundesland seit 1949 und bis heute die stärkste Partei. Gegründet wurde die CSU Ende 1945 / Anfang 1946.

93. Je mehr „Zweitstimmen" eine Partei bei einer Bundestagswahl bekommt, desto…

- ☐ weniger Erststimmen kann sie haben.
- ☐ mehr Direktkandidaten der Partei ziehen ins Parlament ein.
- ☐ größer ist das Risiko, eine Koalition bilden zu müssen.
- ☒ mehr Sitze erhält die Partei im Parlament.

Anmerkung: Bei den Wahlen zum Deutschen Bundestag werden Mehrheits- und Verhältniswahlrecht miteinander kombiniert. Jeder Wähler hat dort zwei Stimmen:

Mit der **Erststimme** wählt er den Kandidaten seines Wahlkreises nach dem relativen Mehrheitswahlrecht: Gewählt ist, wer die meisten Stimmen erhält.

Mit der **Zweitstimme** wählt der Wähler die Landesliste einer Partei, die ihre Kandidaten für jedes Bundesland in einer bestimmten Reihenfolge benennt.

Der Bundestag setzt sich dann zusammen aus Abgeordneten, die in den 299 Wahlkreisen direkt gewählt wurden, und weiteren 299 Abgeordneten, die über die Landeslisten der Parteien in das Parlament einziehen.

Mit den Landeslisten verfolgt das deutsche Wahlrecht das Ziel, dass alle Parteien gemäß ihrem Zweitstimmen-Anteil im Bundestag repräsentiert sind. Das bedeutet: Die Verteilung der Sitze im Bundestag entspricht dem Anteil der auf die Parteien entfallenden Zweitstimmen. Die abgegebenen Zweitstimmen sind also maßgeblich für die Zusammensetzung des Parlaments.

94. Ab welchem Alter darf man in Deutschland an der Wahl zum Deutschen Bundestag teilnehmen?

- ☐ 16
- ☒ 18
- ☐ 21
- ☐ 23

Anmerkung: Vgl. Frage 108.

95. Was gilt für die meisten Kinder in Deutschland?

- ☐ Wahlpflicht
- ☒ Schulpflicht
- ☐ Schweigepflicht
- ☐ Religionspflicht

Anmerkung: In Deutschland besteht grundsätzlich **Schulpflicht,** Die Schulpflicht ist in den Bundesländern durch Schulgesetzte geregelt. Sie beginnt nach Vollendung des sechsten Lebensjahres. Nach den Regelungen der Länder müssen Kinder und Jugendliche mindestens zwölf Jahre lang die Schule besuchen. Jugendliche, die nach neun Schuljahren nicht (mehr) eine Vollzeitschule besuchen, müssen die Berufsschule besuchen. Die Berufsschulpflicht dauert in der Regel drei Jahre.

Eine Wahlpflicht gibt es in Deutschland nicht, ebenso wenig eine Religionspflicht. Eine Schweigepflicht gilt für bestimmte Berufe wie etwa für Ärzte, nicht jedoch für Kinder.

96. Was muss jeder deutsche Staatsbürger / jede deutsche Staatsbürgerin ab dem 16. Lebensjahr besitzen?

- ☐ einen Reisepass
- ☒ einen Personalausweis
- ☐ einen Sozialversicherungsausweis
- ☐ einen Führerschein

Anmerkung: Die Pflicht, ab der Vollendung des 16. Lebensjahres einen **Personalausweis** zu besitzen, ist in § 1 Personalausweisgesetz festgelegt.

Der Erwerb eines Führerscheins ist eine rein freiwillige Angelegenheit.

97. Was bezahlt man in Deutschland automatisch, wenn man fest angestellt ist?

- ☒ Sozialversicherung
- ☐ Sozialhilfe
- ☐ Kindergeld
- ☐ Wohngeld

Anmerkung: Die **Sozialversicherung** wird durch Beiträge finanziert. Der Gesamtbeitrag setzt sich aus einem Arbeitnehmer- und einem Arbeitgeberanteil zusammen. Der Arbeitgeber kann – und wird in der Regel – die Arbeitnehmeranteile vom Lohn seiner Beschäftigten abziehen. Er muss der Stelle, die diese Beträge einzieht, Beitragsnachweise einreichen. Wer zu dem in der Sozialversicherung versicherten Personenkreis gehört und wer im Einzelnen versicherungspflichtig ist, ist im deutschen Sozialgesetzbuch geregelt.

98. Wenn Abgeordnete im Deutschen Bundestag ihre Fraktion wechseln, …

- ☐ dürfen sie nicht mehr an den Sitzungen des Parlaments teilnehmen.
- ☒ kann die Regierung ihre Mehrheit verlieren.
- ☐ muss der Bundespräsident / die Bundespräsidentin zuvor sein / ihr Einverständnis geben.
- ☐ dürfen die Wähler / Wählerinnen dieser Abgeordneten noch einmal wählen.

Anmerkung: Als **Fraktionswechsel** bezeichnet man die Möglichkeit eines Abgeordneten in einem Parlament, von einer Fraktion in eine andere zu wechseln.

Fraktionswechsel hat es in der Geschichte des Deutschen Bundestages mehrfach gegeben. Ein Fall, der Aufsehen erregte, ereignete sich während der sechsten Legislaturperiode. Abgeordnete der SPD und der FDP traten zur CDU / CSU über; damit verlor 1972 die seinerzeit regierende sozial-liberale Koalition ihre Mehrheit, und es wurden vorzeitige Neuwahlen unumgänglich. Über die Zulässigkeit eines solchen Verfahrens wird diskutiert. Wechselt nämlich ein Abgeordneter, der über eine Parteiliste ins Parlament gekommen ist, die Fraktion, so nimmt er Wählerstimmen mit, die ursprünglich einer anderen Partei gehört haben.

99. Wer bezahlt in Deutschland die Sozialversicherungen?

- ☒ Arbeitgeber / Arbeitgeberinnen und Arbeitnehmer / Arbeitnehmerinnen
- ☐ nur Arbeitnehmer / Arbeitnehmerinnen
- ☐ alle Staatsangehörigen
- ☐ nur Arbeitgeber / Arbeitgeberinnen

Anmerkung: Die Sozialversicherung wird durch Beiträge finanziert. Der Gesamtbeitrag setzt sich aus einem **Arbeitnehmer-** und einem **Arbeitgeberanteil** zusammen. Der Arbeitgeber kann die Arbeitnehmeranteile vom Lohn seiner Beschäftigten abziehen. Er muss der Stelle, die diese Beträge einzieht, Beitragsnachweise einreichen. Wer zu dem in der Sozialversicherung versicherten Personenkreis gehört und wer im Einzelnen versicherungspflichtig ist, ist im deutschen Sozialgesetzbuch geregelt.

100. Was gehört nicht zur gesetzlichen Sozialversicherung?

- ☒ die Lebensversicherung
- ☐ die gesetzliche Rentenversicherung
- ☐ die Arbeitslosenversicherung
- ☐ die Pflegeversicherung

Anmerkung: Bei der gesetzlichen Sozialversicherung handelt es sich um ein System von Pflichtversicherungen. Die Sozialversicherung möchte Personen schützen, die bei privaten Versicherungen nicht oder nur zu sehr hohen Tarifen aufgenommen würden. Daher besteht in der Regel Versicherungspflicht. Man nennt dieses System inoffiziell auch „Soziales Netz", weil es Schutz für die einzelne Person vor sozialen Notlagen bietet.

Der Abschluss einer **privaten Lebensversicherung** dagegen ist reine Privatsache und jedermann freigestellt.

Leistungen der Sozialversicherung werden weder privat noch durch Steuergelder, sondern durch Beiträge zum jeweiligen Versicherungsträger, der jedoch staatlich kontrolliert wird, finanziert. Die Sozialversicherungen werden von öffentlich-rechtlichen Körperschaften getragen und sind gegliedert in

- gesetzliche Rentenversicherung
- gesetzliche Krankenversicherung
- gesetzliche Arbeitslosenversicherung bei der Bundesagentur für Arbeit
- gesetzliche Unfallversicherung
- gesetzliche Pflegeversicherung

Die Beiträge werden meist nach den Bruttolöhnen und -gehältern berechnet. Die Versicherungen werden durch Arbeitgeber- und Arbeitnehmer-Beiträge zu bestimmten Teilen finanziert. Die Versicherungsbeiträge werden für beide Seiten vom Arbeitgeber an die Krankenkasse abgeführt.

Die gesetzlichen Sozialversicherungen wurden mit der Entstehung der Großindustrie gegen Ende des 19. Jahrhunderts ins Leben gerufen. Im Jahr 1883 führte Reichskanzler Otto von Bismarck gegen die Bedenken seiner Berater gesetzliche Krankenversicherungen in Deutschland ein. Sie waren überwiegend auf die Arbeiterschaft ausgerichtet.

101. Gewerkschaften sind Interessenverbände der ...

- ☐ Jugendlichen.
- ☒ Arbeitnehmer und Arbeitnehmerinnen.
- ☐ Rentner und Rentnerinnen.
- ☐ Arbeitgeber und Arbeitgeberinnen.

Anmerkung: Arbeitsrechtliche Koalitionen und Interessenverbände haben im Arbeitsleben eine große Bedeutung. Man unterscheidet zwischen Arbeitgeberverbänden einerseits und **Verbänden der Arbeitnehmerinnen und Arbeitnehmern** andererseits. Letztere heißen Gewerkschaften.

102. Womit kann man in der Bundesrepublik Deutschland geehrt werden, wenn man auf politischem, wirtschaftlichem, kulturellem, geistigem oder sozialem Gebiet eine besondere Leistung erbracht hat? Mit dem ...

- ☒ Bundesverdienstkreuz.
- ☐ Bundesadler
- ☐ Vaterländischen Verdienstorden.
- ☐ Ehrentitel „Held der Deutschen Demokratischen Republik".

Anmerkung: Der **Verdienstorden der Bundesrepublik Deutschland**, umgangssprachlich **Bundesverdienstkreuz** oder **Bundesverdienstorden** genannt, ist die einzige allgemeine Verdienstauszeichnung der Bundesrepublik Deutschland. Die deutschen Bundesländer – außer Hamburg und Bremen – haben daneben eigene Verdienstorden.

Der Verdienstorden der Bundesrepublik Deutschland wurde am 7. September 1951 vom damaligen Bundespräsidenten Theodor Heuss gestiftet. In dem „Erlaß über die Stiftung des Verdienstordens der Bundesrepublik Deutschland heißt es u.a.: „Er wird verliehen für Leistungen, die im Bereich der politischen, der wirtschaftlich-sozialen und der geistigen Arbeit dem Wiederaufbau des Vaterlandes dienten, und soll eine Auszeichnung all derer bedeuten, deren Wirken zum friedlichen Aufstieg der Bundesrepublik Deutschland beiträgt."

Jedes Jahr werden auf Vorschlag mehrere Tausend Menschen ausgezeichnet. Insgesamt wurde die Auszeichnung seit 1951 rund 254.000 Mal (Stand: Januar 2016) verliehen.

103. Was wird in Deutschland als „Ampelkoalition" bezeichnet? Die Zusammenarbeit …

- ☐ der Bundestagsfraktionen von CDU und CSU.
- ☒ von SPD, FDP und Bündnis 90 / Die Grünen in einer Regierung.
- ☐ von CSU, Die LINKE und Bündnis 90 / Die Grünen in einer Regierung.
- ☐ der Bundestagsfraktionen von CDU und SPD.

Anmerkung: Mit Ampelkoalition wird in der Deutschland üblicherweise eine Regierungskoalition der Parteien SPD, FDP und Bündnis 90 / Die Grünen bezeichnet, da die traditionellen Farben dieser Parteien den Farben einer Verkehrsampel (rot für die SPD, gelb für die FDP und grün für das Bündnis 90 / Die Grünen) entsprechen. Ausgehend von der ursprünglichen Bedeutung der Koalition dieser drei Parteien hat der Begriff inzwischen einige Varianten entwickelt und bezeichnet mitunter auch andere Bündniskonstellationen.

104. Eine Frau in Deutschland verliert ihre Arbeit. Was darf nicht der Grund für diese Entlassung sein?

- ☐ Die Frau ist lange krank und arbeitsunfähig.
- ☐ Die Frau kam oft zu spät zur Arbeit.
- ☐ Die Frau erledigt private Sachen während der Arbeitszeit.
- ☒ Die Frau bekommt ein Kind und ihr Chef weiß das.

Anmerkung: Schwangere und junge Mütter stehen ebenso wie Eltern in Elternzeit unter einem besonderen Kündigungsschutz. So ist die ordentliche Kündigung von Arbeitnehmerinnen **während der Schwangerschaft und während der ersten vier Monate nach der Entbindung unzulässig,** wenn dem Arbeitgeber die Schwangerschaft im Zeitpunkt der Kündigung bekannt war oder sie ihm innerhalb von zwei Wochen nach der Kündigung mitgeteilt wird.

105. Was ist eine Aufgabe von Wahlhelfern / Wahlhelferinnen in Deutschland?

- ☐ Sie helfen alten Menschen bei der Stimmabgabe in der Wahlkabine.
- ☐ Sie schreiben die Wahlbenachrichtigungen vor der Wahl.
- ☐ Sie geben Zwischenergebnisse an die Medien weiter.
- ☒ Sie zählen die Stimmen nach dem Ende der Wahl.

Anmerkung: Wahlhelferinnen und Wahlhelfer **zählen nach dem Ende einer Wahl die abgegebenen Stimmen aus.**

106. In Deutschland helfen ehrenamtliche Wahlhelfer und Wahlhelferinnen bei den Wahlen. Was ist eine Aufgabe von Wahlhelfern / Wahlhelferinnen?

- ☐ Sie helfen Kindern und alten Menschen beim Wählen.
- ☐ Sie schreiben Karten und Briefe mit der Angabe des Wahllokals.
- ☐ Sie geben Zwischenergebnisse an Journalisten weiter.
- ☒ Sie zählen die Stimmen nach dem Ende der Wahl.

Anmerkung: Vgl. oben Frage 105.

107. Für wie viele Jahre wird der Bundestag in Deutschland gewählt?

- ☐ 2 Jahre
- ☒ 4 Jahre
- ☐ 6 Jahre
- ☐ 8 Jahre

Anmerkung: Der Deutsche Bundestag wird auf **vier Jahre** gewählt. Die jeweils vierjährige Wahlperiode – man spricht auch von „Legislaturperiode" – ist in Artikel 39 Absatz 1 GG festgelegt worden.

108. Bei einer Bundestagswahl in Deutschland darf jeder wählen, der …

- ☐ in der Bundesrepublik Deutschland wohnt und wählen möchte.
- ☒ Bürger / Bürgerin der Bundesrepublik Deutschland ist und mindestens 18 Jahre alt ist.
- ☐ seit mindestens 3 Jahren in der Bundesrepublik Deutschland lebt.
- ☐ Bürger / Bürgerin der Bundesrepublik Deutschland ist und mindestens 21 Jahre alt ist.

Anmerkung: Aktiv wahlberechtigt ist jeder, der die deutsche Staatsangehörigkeit besitzt und das vorgeschriebene Wahlalter erreicht hat. Das Wahlalter ist in Artikel 38 Absatz 2 GG festgelegt: „Wahlberechtigt ist, wer das **achtzehnte** Lebensjahr vollendet hat; wählbar ist, wer das Alter erreicht hat, mit dem die Volljährigkeit eintritt."

109. Wie oft gibt es normalerweise Bundestagswahlen in Deutschland?

- ☐ alle drei Jahre
- ☒ alle vier Jahre
- ☐ alle fünf Jahre
- ☐ alle sechs Jahre

Anmerkung: Vgl. Frage 107.

110. Für wie viele Jahre wird der Bundestag in Deutschland gewählt?

- ☐ 2 Jahre
- ☐ 3 Jahre
- ☒ 4 Jahre
- ☐ 5 Jahre

Anmerkung: Vgl. Frage 107.

111. In Deutschland darf man wählen. Was bedeutet das?

- ☒ Alle deutschen Staatsangehörigen dürfen wählen, wenn sie das Mindestalter erreicht haben.
- ☐ Nur verheiratete Personen dürfen wählen.
- ☐ Nur Personen mit einem festen Arbeitsplatz dürfen wählen.
- ☐ Alle Einwohner und Einwohnerinnen in Deutschland müssen wählen.

Anmerkung: In Deutschland besteht **Wahlrecht,** nicht Wahlpflicht. Aktiv wahlberechtigt ist jeder Deutsche, der das 18. Lebensjahr vollendet hat – völlig unabhängig von seinem Familienstand oder seiner beruflichen Situation.

112. Die Wahlen in Deutschland sind …

- ☐ speziell.
- ☒ geheim.
- ☐ berufsbezogen.
- ☐ geschlechtsabhängig.

Anmerkung: Für die Wahlen zum Deutschen Bundestag bestimmt Artikel 38 Absatz 1 Satz 1 GG: „Die Abgeordneten des Deutschen Bundestages werden in allgemeiner, unmittelbarer, freier, gleicher und **geheimer** Wahl gewählt."

Dass für die Wahlen zu den Landtagen der **16 Bundesländer,** aber auch zu den Volksvertretungen in den Kreisen, Städten und Gemeinden entsprechende Bestimmungen zu gelten haben, stellt Artikel 28 Absatz 1 Satz 2 GG sicher: „In den Ländern, Kreisen und Gemeinden muss das Volk eine Vertretung haben, die aus allgemeinen, unmittelbaren, freien, gleichen und **geheimen** Wahlen hervorgegangen ist."

113. Wahlen in Deutschland gewinnt die Partei, die …

- [x] die meisten Stimmen bekommt.
- [ ] die meisten Männer mehrheitlich gewählt haben.
- [ ] die meisten Stimmen bei den Arbeitern / Arbeiterinnen bekommen hat.
- [ ] die meisten Erststimmen für ihren Kanzlerkandidaten / ihre Kanzlerkandidatin erhalten hat.

Anmerkung: Bei Wahlen in Deutschland hat jeder Bürger und jede Bürgerin jeweils stets eine Stimme – unabhängig von ihrer beruflichen Stellung. Gewonnen hat, wer **die meisten Stimmen** bekommt. Ob aber Parteien oder Kandidaten gewählt werden, hängt vom Wahlsystem ab.

Bei den Wahlen zum Deutschen Bundestag werden Mehrheits- und Verhältniswahlrecht miteinander kombiniert. Jeder Wähler hat dort zwei Stimmen:

- mit der **ersten** Stimme wählt er den Kandidaten seines Wahlkreises nach relativem Mehrheitswahlrecht: gewählt ist, wer die meisten Stimmen erhält;
- mit der **zweiten** Stimme wählt der Wähler die Landesliste einer Partei, die ihre Kandidaten für jedes Bundesland in einer bestimmten Reihenfolge benennt.

Der Bundestag setzt sich dann zusammen aus Abgeordneten, die in den 299 Wahlkreisen direkt gewählt wurden, und weiteren 299 Abgeordneten, die über die Landeslisten der Parteien in das Parlament einziehen. Diese Zahlen können sich ändern, wenn von Fall zu Fall zusätzliche Abgeordnetenmandate gewährt werden; man spricht dann von sog. Überhang- bzw. Ausgleichsmandaten.

Das deutsche Wahlrecht verfolgt mit den Landeslisten das Ziel, dass alle Parteien gemäß ihren Stimmenanteilen im Bundestag repräsentiert sind. Zum anderen gibt die Direktwahl im Wahlkreis den Bürgerinnen und Bürgern die Chance, sich für bestimmte Politiker zu entscheiden, die die Interessen auch des heimatlichen Umfeldes im Blick haben.

114. An demokratischen Wahlen in Deutschland teilzunehmen ist …

- ☐ eine Pflicht.
- ☒ ein Recht.
- ☐ ein Zwang.
- ☐ eine Last.

Anmerkung: Vgl. Frage 111.

115. Was bedeutet „aktives Wahlrecht" in Deutschland?

- ☐ Man kann gewählt werden.
- ☐ Man muss wählen gehen.
- ☒ Man kann wählen.
- ☐ Man muss zur Auszählung der Stimmen gehen.

Anmerkung: Vgl. Frage 111.

116. Wenn Sie bei einer Bundestagswahl in Deutschland wählen dürfen, heißt das …

- ☐ aktive Wahlkampagne.
- ☐ aktives Wahlverfahren.
- ☐ aktiver Wahlkampf.
- ☒ aktives Wahlrecht.

Anmerkung: Vgl. Frage 111.

117. Wie viel Prozent der Zweitstimmen müssen Parteien mindestens bekommen, um in den Deutschen Bundestag gewählt zu werden?

- ☐ 3 %
- ☐ 4 %
- ☒ 5 %
- ☐ 6 %

Anmerkung: „Fünf-Prozent-Hürde" – so nennt man inoffiziell eine Sperrklausel, wonach nur diejenigen Parteien in das Parlament einziehen, die mindestens fünf Prozent der abgegebenen gültigen Zweitstimmen oder drei Direktmandate erreichen. Ziel dieser Regelung ist es, eine Zersplitterung des politischen Spektrums zu vermeiden und regierungsfähige Mehrheiten zu ermöglichen.

118. Was regelt das Wahlrecht in Deutschland?

- ☐ Wer wählen darf, muss wählen.
- ☐ Alle die wollen, können wählen.
- ☐ Wer nicht wählt, verliert das Recht zu wählen.
- ☒ Wer wählen darf, kann wählen.

Anmerkung: Vgl. Frage 111.

119. Wahlen in Deutschland sind frei. Was bedeutet das?

- ☐ Alle verurteilten Straftäter / Straftäterinnen dürfen nicht wählen.
- ☐ Wenn ich wählen gehen möchte, muss mein Arbeitgeber / meine Arbeitgeberin mir frei geben.
- ☒ Jede Person kann ohne Zwang entscheiden, ob sie wählen möchte und wen sie wählen möchte.
- ☐ Ich kann frei entscheiden, wo ich wählen gehen möchte.

Anmerkung: Vgl. Frage 112.

120. Das Wahlsystem in Deutschland ist ein …

- ☐ Zensuswahlrecht.
- ☐ Dreiklassenwahlrecht.
- ☒ Mehrheits- und Verhältniswahlrecht.
- ☐ allgemeines Männerwahlrecht.

Anmerkung: Vgl. Frage 113.

121. Eine Partei möchte in den Deutschen Bundestag. Sie muss aber einen Mindestanteil an Wählerstimmen haben. Das heißt …

- ☒ 5 %-Hürde.
- ☐ Zulassungsgrenze.
- ☐ Basiswert.
- ☐ Richtlinie.

Anmerkung: Vgl. Frage 117.

122. Welchem Grundsatz unterliegen Wahlen in Deutschland? Wahlen in Deutschland sind

- ☒ frei, gleich, geheim.
- ☐ offen, sicher, frei.
- ☐ geschlossen, gleich, sicher.
- ☐ sicher, offen, freiwillig.

Anmerkung: Vgl. Frage 112.

123. Was ist in Deutschland die „5 %-Hürde"?

- ☐ Abstimmungsregelung im Bundestag für kleine Parteien
- ☐ Anwesenheitskontrolle im Bundestag für Abstimmungen
- ☒ Mindestanteil an Wählerstimmen, um ins Parlament zu kommen
- ☐ Anwesenheitskontrolle im Bundesrat für Abstimmungen

Anmerkung: Vgl. Frage 117.

124. Die Bundestagswahl in Deutschland ist die Wahl …

- ☐ des Bundeskanzlers / der Bundeskanzlerin.
- ☐ der Parlamente der Länder.
- ☒ des Parlaments für Deutschland.
- ☐ des Bundespräsidenten / der Bundespräsidentin.

Anmerkung: In Deutschland trägt das **Parlament** den Namen „Deutscher Bundestag". Grundlegende Regeln für die Bundestagswahl finden sich in den Artikeln 38 und 39 GG. Die Abgeordneten des Deutschen Bundestages werden in allgemeiner, unmittelbarer, freier, gleicher und geheimer Wahl auf jeweils vier Jahre gewählt.

125. In einer Demokratie ist eine Funktion von regelmäßigen Wahlen, …

- ☐ die Bürger und Bürgerinnen zu zwingen, ihre Stimme abzugeben.
- ☒ nach dem Willen der Wählermehrheit den Wechsel der Regierung zu ermöglichen.
- ☐ im Land bestehende Gesetze beizubehalten.
- ☐ den Armen mehr Macht zu geben.

Anmerkung: Die **Abwählbarkeit** der Regierung und ihr **Wechsel** entsprechend dem Wählervotum ist ein fundamentales Merkmal der Demokratie, das sie besonders markant etwa von der Diktatur abgrenzt. Nach den Worten des Bundesverfassungsgerichts „gehört es zu den grundlegenden Prinzipien des freiheitlichen demokratischen Rechtsstaates, dass die Volksvertretungen in regelmäßigen, im Voraus bestimmten Abständen durch Wahlen abgelöst und neu legitimiert werden."

126. Was bekommen wahlberechtigte Bürger und Bürgerinnen in Deutschland vor einer Wahl?

- ☒ eine Wahlbenachrichtigung von der Gemeinde
- ☐ eine Wahlerlaubnis vom Bundespräsidenten / von der Bundespräsidentin
- ☐ eine Benachrichtigung von der Bundesversammlung
- ☐ eine Benachrichtigung vom Pfarramt

Anmerkung: Alle wahlberechtigten Bürgerinnen und Bürger erhalten eine **schriftliche Wahlbenachrichtigung** ihrer Gemeinde über den Tag der Wahl und das Wahllokal, wo sie ihre Stimme abgeben können. Zugleich liegt rund zwei Wochen vor dem Wahltag das Wählerverzeichnis zur Einsichtnahme beim Einwohnermeldeamt aus, worin alle Wahlberechtigten der Gemeinde aufgeführt sind.

127. Warum gibt es die 5%-Hürde im Wahlgesetz der Bundesrepublik Deutschland? Es gibt sie, weil …

- ☐ die Programme von vielen kleinen Parteien viele Gemeinsamkeiten haben.
- ☐ die Bürger und Bürgerinnen bei vielen kleinen Parteien die Orientierung verlieren können.
- ☒ viele kleine Parteien die Regierungsbildung erschweren.
- ☐ die kleinen Parteien nicht so viel Geld haben, um die Politiker und Politikerinnen zu bezahlen.

Anmerkung: Vgl. Frage 117.

128. Parlamentsmitglieder, die von den Bürgern und Bürgerinnen gewählt werden, nennt man

- ☒ Abgeordnete.
- ☐ Kanzler / Kanzlerinnen.
- ☐ Botschafter / Botschafterinnen.
- ☐ Ministerpräsidenten / Ministerpräsidentinnen.

Anmerkung: Für die Wahlen zum Deutschen Bundestag bestimmt Artikel 38 Absatz 1 Satz 1 GG: „Die **Abgeordneten** des Deutschen Bundestages werden in allgemeiner, unmittelbarer, freier, gleicher und geheimer Wahl gewählt."

129. Vom Volk gewählt wird in Deutschland …

- ☐ der Bundeskanzler / die Bundeskanzlerin.
- ☐ der Ministerpräsident / die Ministerpräsidentin eines Bundeslandes.
- ☒ der Bundestag.
- ☐ der Bundespräsident / die Bundespräsidentin.

Anmerkung: Vgl. Frage 52.

Den Bundespräsidenten wählt in Deutschland die Bundesversammlung; sie besteht aus den Mitgliedern des Bundestages und einer gleichen Anzahl von Mitgliedern, die von den Volksvertretern der Länder gewählt werden.

Die Ministerpräsidenten der Bundesländer werden von den Landesparlamenten, den sogenannten Landtagen, gewählt; wie bei der Bundestagswahl werden auch bei den Landtagswahlen Parteien gewählt.

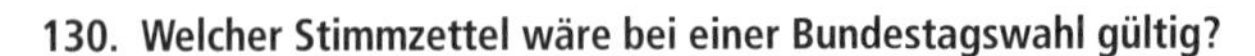

130. Welcher Stimmzettel wäre bei einer Bundestagswahl gültig?

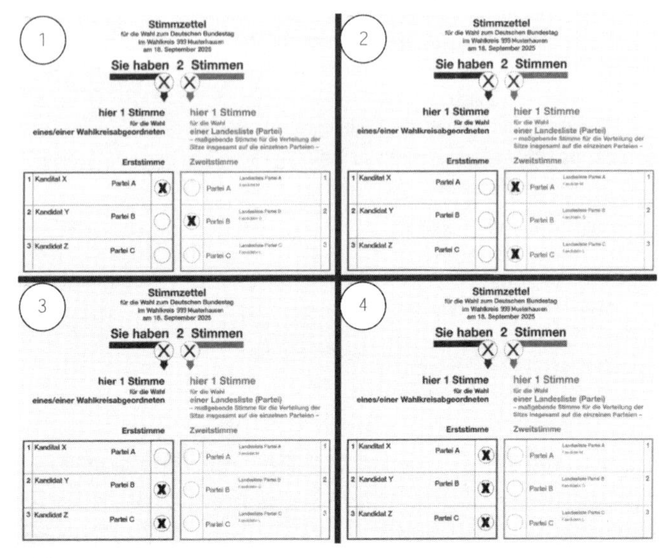

☒ 1
☐ 2
☐ 3
☐ 4

Anmerkung: Jedem Wähler steht **nur eine** Erst- und **nur eine** Zweitstimme zu.

Vgl. Frage 113.

131. In Deutschland ist ein Bürgermeister / eine Bürgermeisterin …

☐ der Leiter / die Leiterin einer Schule.
☐ der Chef / die Chefin einer Bank.
☒ das Oberhaupt einer Gemeinde.
☐ der / die Vorsitzende einer Partei.

Anmerkung: Der Bürgermeister ist der **Vorsteher einer Gemeinde** oder einer Stadt. Seine Stellung und sein Aufgabenbereich sind in den Gemeindeordnungen der einzelnen Bundesländer in verschiedener Ausprägung geregelt. In kreisfreien Städten führt er die Amtsbezeichnung Oberbürgermeister.

132. Viele Menschen in Deutschland arbeiten in ihrer Freizeit ehrenamtlich. Was bedeutet das?

- ☐ Sie arbeiten als Soldaten / Soldatinnen.
- ☒ Sie arbeiten freiwillig und unbezahlt in Vereinen und Verbänden.
- ☐ Sie arbeiten in der Bundesregierung.
- ☐ Sie arbeiten in einem Krankenhaus und verdienen dabei Geld.

Anmerkung: Freiwilliges, am Gemeinwohl orientiertes, nicht auf materiellen Gewinn ausgerichtetes Engagement hat in Deutschland eine lange Tradition. Man findet es in zahlreichen Bereichen des sozialen, gesellschaftlichen und politischen Lebens. Kennzeichen des bürgerschaftliches Engagements sind Fantasie und Vielfalt.

Viele Menschen engagieren sich in diesem Zusammenhang ehrenamtlich, übernehmen **freiwillig und unentgeltlich** Aufgaben für die Allgemeinheit. Man findet sie in **Vereinen** und **Verbänden,** Kirchen, in gemeinnützigen Organisationen, in Selbsthilfegruppen, in Stiftungen und Unternehmen mit gemeinnütziger Zielsetzung oder in Bürgerinitiativen.

133. Was ist bei Bundestags- und Landtagswahlen in Deutschland erlaubt?

- ☐ Der Ehemann wählt für seine Frau mit.
- ☒ Man kann durch Briefwahl seine Stimme abgeben.
- ☐ Man kann am Wahltag telefonisch seine Stimme abgeben.
- ☐ Kinder ab dem Alter von 14 Jahren dürfen wählen.

Anmerkung: Die **Briefwahl** gibt denjenigen Wahlberechtigten, die am Wahltag an der persönlichen Stimmabgabe in ihrem Wahllokal verhindert sind, die Gelegenheit, dennoch ihre Stimme abzugeben. Hierzu fordert man mit einem Formular, das sich in der automatisch von der Gemeinde zugesandten Wahlbenachrichtigung befindet, die entsprechenden Unterlagen für eine Briefwahl an. Man erhält dann seinen amtlichen Stimmzettel postalisch zugesandt. Er ist auszufüllen und so rechtzeitig zurückzusenden, dass er dem Wahlleiter spätestens am Wahltag brieflich vorliegt.

Aktiv wahlberechtigt ist jeder Deutsche, der das 18. Lebensjahr vollendet hat.

Die Stimmabgabe ist an die Person gebunden; für seinen Ehepartner zu wählen ist nicht möglich – ebenso wenig wie etwa eine telefonische Stimmabgabe.

134. Man will die Buslinie abschaffen, mit der Sie immer zur Arbeit fahren. Was können Sie machen, um die Buslinie zu erhalten?

- ☒ Ich beteilige mich an einer Bürgerinitiative für die Erhaltung der Buslinie oder gründe selber eine Initiative.
- ☐ Ich werde Mitglied in einem Sportverein und trainiere Rad fahren.
- ☐ Ich wende mich an das Finanzamt, weil ich als Steuerzahler / Steuerzahlerin ein Recht auf die Buslinie habe.
- ☐ Ich schreibe einen Brief an das Forstamt der Gemeinde.

Anmerkung: Freiwilliges, am Gemeinwohl orientiertes, nicht auf materiellen Gewinn ausgerichtetes Engagement hat in Deutschland eine lange Tradition. Man findet es in zahlreichen Bereichen des sozialen, gesellschaftlichen und politischen Lebens. Kennzeichen des bürgerschaftliches Engagements sind Fantasie und Vielfalt. Man findet es in Vereinen und Verbänden, Kirchen, in gemeinnützigen Organisationen, in Selbsthilfegruppen, in Stiftungen und Unternehmen mit gemeinnütziger Zielsetzung oder eben auch in **Bürgerinitiativen.**

135. Wen vertreten die Gewerkschaften in Deutschland?

- ☐ große Unternehmen
- ☐ kleine Unternehmen
- ☐ Selbstständige
- ☒ Arbeitnehmer und Arbeitnehmerinnen

Anmerkung: Arbeitsrechtliche Koalitionen, also Arbeitgeberverbände einerseits und – für die **Arbeitnehmerinnen und Arbeitnehmer** – die Gewerkschaften andererseits, haben im Arbeitsleben eine große Bedeutung. Knapp ein Drittel der Arbeitnehmer in Deutschland ist gewerkschaftlich organisiert.

Artikel 9 Absatz 3 GG garantiert die sogenannte Koalitionsfreiheit, also das Recht, „zur Wahrung und Förderung der Arbeits- und Wirtschaftsbedingungen Vereinigungen zu bilden."

Der Staat hat es den Vereinigungen der Arbeitnehmer und Arbeitgeber übertragen, selbstständig Löhne und Arbeitsbedingungen auszuhandeln. Ihnen steht damit die sogenannte Tarifautonomie zu.

136. Sie gehen in Deutschland zum Arbeitsgericht bei …

- ☐ falscher Nebenkostenabrechnung.
- ☒ ungerechtfertigter Kündigung durch Ihren Chef / Ihre Chefin.
- ☐ Problemen mit den Nachbarn / Nachbarinnen.
- ☐ Schwierigkeiten nach einem Verkehrsunfall.

Anmerkung: Der Kündigungsschutz soll Arbeitnehmer vor **ungerechtfertigten Kündigungen** bewahren. Ein allgemeiner Kündigungsschutz gilt bei ordentlichen Kündigungen von Arbeitnehmerinnen und Arbeitnehmern, die länger als sechs Monate in demselben Betrieb beschäftigt sind. Der Schutz gilt nicht in Betrieben, die in der Regel nur zehn oder weniger Beschäftigte haben. Wer Kündigungsschutzklage erheben will, muss das innerhalb von drei Wochen nach Zugang der schriftlichen Kündigung vor dem Arbeitsgericht tun.

Probleme mit Nachbarn fallen in den Zuständigkeitsbereich der Zivilgerichte. Das gleiche gilt für Fragen zu Nebenkostenabrechnungen, die im Mietrecht geregelt sind. Bei Schwierigkeiten nach Verkehrsunfällen können je nach der Frage, die sich stellt, verschiedene Gerichte zuständig sein, in keinem Fall aber die Arbeitsgerichte.

137. Welches Gericht ist in Deutschland bei Konflikten in der Arbeitswelt zuständig?

- ☐ das Familiengericht
- ☐ das Strafgericht
- ☒ das Arbeitsgericht
- ☐ das Amtsgericht

Anmerkung: Die **Arbeitsgerichte** in Deutschland sind zuständig für Fragen, die das Verhältnis zwischen Arbeitgebern und Arbeitnehmern betreffen. So können Beschäftige hier beispielsweise bei ungerechtfertigter Kündigung durch ihren Chef eine Kündigungsschutzklage erheben.

138. Was kann ich in Deutschland machen, wenn mir mein Arbeitgeber / meine Arbeitgeberin zu Unrecht gekündigt hat?

- ☐ weiter arbeiten und freundlich zum Chef / zur Chefin sein
- ☐ ein Mahnverfahren gegen den Arbeitgeber / die Arbeitgeberin führen
- ☒ Kündigungsschutzklage erheben
- ☐ den Arbeitgeber / die Arbeitgeberin bei der Polizei anzeigen

Anmerkung: Vgl. oben Frage 136.

139. Wann kommt es in Deutschland zu einem Prozess vor Gericht? Wenn jemand …

- ☐ zu einer anderen Religion übertritt.
- ☒ eine Straftat begangen hat und angeklagt wird.
- ☐ eine andere Meinung als die der Regierung vertritt.
- ☐ sein Auto falsch geparkt hat und es abgeschleppt wird.

Anmerkung: Wer im Verdacht steht, eine **Straftat begangen** zu haben, und angeklagt wird, dem droht ein gerichtliches Verfahren vor dem Strafgericht, also ein Strafprozess.

140. Was macht ein Schöffe / eine Schöffin in Deutschland? Er / Sie …

- ☒ entscheidet mit Richtern / Richterinnen über Schuld und Strafe.
- ☐ gibt Bürgern / Bürgerinnen rechtlichen Rat.
- ☐ stellt Urkunden aus.
- ☐ verteidigt den Angeklagten / die Angeklagte.

Anmerkung: Schöffen sind eine traditionelle Einrichtung des deutschen Rechts. Als **ehrenamtliche Richter und Richterinnen** wirken sie **an Strafgerichten** mit. Ihre Bedeutung ist vielfältig; sie nehmen als Repräsentanten der Bevölkerung an der Rechtsprechung teil und bringen neben Sachkunde auch nichtjuristische Bewertungen und Überlegungen in die gerichtlichen Entscheidungen ein.

Angeklagte Personen werden vor den Strafgerichten durch Strafverteidiger vertreten. Für rechtlichen Rat stehen Rechtsanwälte zur Verfügung.

141. Wer berät in Deutschland Personen bei Rechtsfragen und vertritt sie vor Gericht?

- ☒ ein Rechtsanwalt / eine Rechtsanwältin
- ☐ ein Richter / eine Richterin
- ☐ ein Schöffe / eine Schöffin
- ☐ ein Staatsanwalt / eine Staatsanwältin

Anmerkung: Als unabhängige Berater und Vertreter in allen Rechtsangelegenheiten sind in Deutschland mehr als 100.000 **Rechtsanwälte** und **Rechtsanwältinnen** tätig. Als Rechtsbeistände und Vertreter ihrer Mandanten vor Gericht wirken sie wesentlich an der Rechtspflege mit. Sie haben besondere Berufspflichten, die von den Rechtsanwaltskammern und Anwaltskammern überwacht werden.

Die Tätigkeit als Rechtsanwalt setzt die Befähigung zum Richteramt voraus. Das bedeutet, sie müssen ein juristisches Studium und eine anschließende praktische Ausbildung absolviert und beides mit einer staatlichen Prüfung abgeschlossen haben.

142. Was ist die Hauptaufgabe eines Richters / einer Richterin in Deutschland? Ein Richter / eine Richterin …

- ☐ vertritt Bürger und Bürgerinnen vor einem Gericht.
- ☒ arbeitet an einem Gericht und spricht Urteile.
- ☐ ändert Gesetze.
- ☐ betreut Jugendliche vor Gericht.

Anmerkung: Ein Richter / eine Richterin gehört zur rechtsprechenden Gewalt, also zur Judikative. Er / sie ist ein unabhängiges Organ der Rechtspflege und **spricht im Namen des Staates Urteile.**

Voraussetzungen für eine Berufung in das Richteramt sind die deutsche Staatsangehörigkeit sowie die Gewähr, dass die Bewerber jederzeit für die freiheitlich-demokratische Grundordnung im Sinne des Grundgesetzes eintreten.

143. Ein Richter / eine Richterin in Deutschland gehört zur …

- ☒ Judikative.
- ☐ Exekutive.
- ☐ Operative.
- ☐ Legislative.

Anmerkung: Nach der klaren Regelung in Artikel 92 GG ist „die rechtsprechende Gewalt“ – auch **Judikative** genannt – „den Richtern anvertraut.“

144. Ein Richter / eine Richterin gehört in Deutschland zur …

- ☐ vollziehenden Gewalt.
- ☒ rechtsprechenden Gewalt.
- ☐ planenden Gewalt.
- ☐ gesetzgebenden Gewalt.

Anmerkung: Vgl. oben Frage 143.

145. In Deutschland wird die Staatsgewalt geteilt. Für welche Staatsgewalt arbeitet ein Richter / eine Richterin? Für die …

- ☒ Judikative.
- ☐ Exekutive.
- ☐ Presse.
- ☐ Legislative.

Anmerkung: Vgl. Frage 143.

146. Wie nennt man in Deutschland ein Verfahren vor einem Gericht?

- ☐ Programm
- ☐ Prozedur
- ☐ Protokoll
- ☒ Prozess

Anmerkung: Ein Verfahren vor Gericht nennt man **Prozess.** Man unterscheidet zwischen Zivilprozessen, wo Bürger sich gegen Bürger wenden, Strafprozessen, wo der Staat den Bürger zur Rechenschaft zieht, und Verwaltungsprozessen, in denen sich Bürger gegen den Staat wenden. Bei Streitigkeiten zwischen Arbeitnehmern und Arbeitgebern kommt es zu Prozessen vor den Arbeitsgerichten. In sozialrechtlichen Angelegenheiten schließlich entscheiden Sozialgerichte.

147. Was ist die Arbeit eines Richters / einer Richterin in Deutschland?

- ☐ Deutschland regieren
- ☒ Recht sprechen
- ☐ Pläne erstellen
- ☐ Gesetze erlassen

Anmerkung: Ein Richter / eine Richterin **spricht Recht.** Das ist nicht nur in Deutschland so. Für Deutschland ist diese klare Regelung in Artikel 92 GG niedergelegt: „Die rechtsprechende Gewalt ist den Richtern anvertraut."

148. Was ist eine Aufgabe der Polizei in Deutschland?

- ☐ das Land zu verteidigen
- ☐ die Bürgerinnen und Bürger abzuhören
- ☐ die Gesetze zu beschließen
- ☒ die Einhaltung von Gesetzen zu überwachen

Anmerkung: Hauptaufgabe der Polizei ist es, Gefahren für die öffentliche Sicherheit und Ordnung abzuwehren. Dazu gehört es auch, die **Einhaltung von Gesetzen zu überwachen.** Darüber hinaus wirkt die Polizei bei der Verfolgung von Straftaten und Ordnungswidrigkeiten mit.

149. Wer kann Gerichtsschöffe / Gerichtsschöffin in Deutschland werden?

- ☐ alle in Deutschland geborenen Einwohner / Einwohnerinnen über 18 Jahre
- ☒ alle deutschen Staatsangehörigen älter als 24 und jünger als 70 Jahre
- ☐ alle Personen, die seit mindestens 5 Jahren in Deutschland leben
- ☐ nur Personen mit einem abgeschlossenen Jurastudium

Anmerkung: Schöffen sind eine traditionelle Einrichtung des deutschen Rechts. Das Amt als ehrenamtliche Richter oder Richterinnen an Strafgerichten kann **jeder Deutsche** ausüben, der bei Amtsantritt **das 25. Lebensjahr vollendet** und **nicht älter als 70 Jahre** ist. Ferner dürfen sie nicht wegen einer vorsätzlichen Straftat zu einer Freiheitsstrafe von mehr als sechs Monaten verurteilt sein. Auch darf ihnen nicht durch ein Gerichtsurteil die Fähigkeit zur Bekleidung öffentlicher Ämter aberkannt worden sein. Ein abgeschlossenes Jurastudium ist nicht erforderlich, um in das Schöffenamt berufen zu werden.

Die Bedeutung der Gerichtsschöffen ist vielfältig; sie nehmen als Repräsentanten der Bevölkerung an der Rechtsprechung teil und bringen neben Sachkunde auch nichtjuristische Bewertungen und Überlegungen in die gerichtlichen Entscheidungen ein.

150. Ein Gerichtsschöffe / eine Gerichtsschöffin in Deutschland ist …

- ☐ der Stellvertreter / die Stellvertreterin des Stadtoberhaupts.
- ☒ ein ehrenamtlicher Richter / eine ehrenamtliche Richterin.
- ☐ ein Mitglied eines Gemeinderats.
- ☐ eine Person, die Jura studiert hat.

Anmerkung: Vgl. Frage 149.

151. Wer baute die Mauer in Berlin?

- ☐ Großbritannien
- ☒ die DDR
- ☐ die Bundesrepublik Deutschland
- ☐ die USA

Anmerkung: Vgl. Frage 188.

152. Wann waren die Nationalsozialisten mit Adolf Hitler in Deutschland an der Macht?

- ☐ 1918 bis 1923
- ☐ 1932 bis 1950
- ☒ 1933 bis 1945
- ☐ 1945 bis 1989

Anmerkung: Am **30. Januar 1933** wurde Adolf Hitler zum Reichskanzler des Deutschen Reiches ernannt. Mit dem Ende des Zweiten Weltkrieges endete am **8. Mai 1945** auch die nationalsozialistische Gewalt- und Willkürherrschaft.

153. Was war am 8. Mai 1945?

- ☐ Tod Adolf Hitlers
- ☐ Beginn des Berliner Mauerbaus
- ☐ Wahl von Konrad Adenauer zum Bundeskanzler
- ☒ Ende des Zweiten Weltkriegs in Europa

Anmerkung: Der **Zweite Weltkrieg** begann am 1. September 1939. In Europa **endete** er am **8. Mai 1945** mit der Kapitulation Deutschlands.

154. Wann war der Zweite Weltkrieg zu Ende?

- ☐ 1933
- ☒ 1945
- ☐ 1949
- ☐ 1961

Anmerkung: Vgl. Frage 153.

155. Wann waren die Nationalsozialisten in Deutschland an der Macht?

- ☐ 1888 bis 1918
- ☐ 1921 bis 1934
- ☒ 1933 bis 1945
- ☐ 1949 bis 1963

Anmerkung: Vgl. Frage 152.

156. In welchem Jahr wurde Hitler Reichskanzler?

- ☐ 1923
- ☐ 1927
- ☒ 1933
- ☐ 1936

Anmerkung: Am **30. Januar 1933** wurde Adolf Hitler zum Reichskanzler des Deutschen Reiches ernannt.

157. Die Nationalsozialisten mit Adolf Hitler errichteten 1933 in Deutschland …

- ☒ eine Diktatur.
- ☐ einen demokratischen Staat.
- ☐ eine Monarchie.
- ☐ ein Fürstentum.

Anmerkung: Vgl. oben Frage 156.

Hitler errichtete in Deutschland 1933 eine **Diktatur:** Er setzte die Grundrechte praktisch außer Kraft und verbot Gewerkschaften und

Parteien – bis auf seine eigene. Er hob die Pressefreiheit auf und ging gegen missliebige Personen mit rücksichtslosem Terror vor. Tausende Menschen verschwanden ohne Gerichtsverfahren in Konzentrationslagern. Gezielt wurden Juden verfolgt.

Mit dem Ende des Zweiten Weltkriegs endete am 8. Mai 1945 auch die nationalsozialistische Gewalt- und Willkürherrschaft.

158. Das „Dritte Reich" war eine ...

- ☒ Diktatur.
- ☐ Demokratie.
- ☐ Monarchie.
- ☐ Räterepublik.

Anmerkung: Vgl. Frage 157.

159. Was gab es in Deutschland nicht während der Zeit des Nationalsozialismus?

- ☒ freie Wahlen
- ☐ Pressezensur
- ☐ willkürliche Verhaftungen
- ☐ Verfolgung der Juden

Anmerkung: Vgl. Frage 157.

160. Welcher Krieg dauerte von 1939 bis 1945?

- ☐ der Erste Weltkrieg
- ☒ der Zweite Weltkrieg
- ☐ der Vietnamkrieg
- ☐ der Golfkrieg

Anmerkung: Vgl. Frage 153.

161. Was kennzeichnete den NS-Staat? Eine Politik ...

- ☒ des staatlichen Rassismus
- ☐ der Meinungsfreiheit
- ☐ der allgemeinen Religionsfreiheit
- ☐ der Entwicklung der Demokratie

Anmerkung: Vgl. auch Frage 157.

Es herrschte **staatlicher Rassismus.** Gezielt wurden Juden verfolgt. Bereits 1933 wurden sie aus dem öffentlichen Leben ausgegrenzt. 1935 wurden sie mit den Nürnberger Gesetzen staatsbürgerlich rechtlos gestellt und der Willkür ausgeliefert. Millionen von ihnen wurden – vor allem in den nach 1939 während des Zweiten Weltkrieges eroberten Ostgebieten – in wenigen Jahren ermordet.

Mit dem Ende des Zweiten Weltkrieges endete am 8. Mai 1945 auch die nationalsozialistische Gewalt- und Willkürherrschaft.

162. Claus Schenk Graf von Stauffenberg wurde bekannt durch …

- ☐ eine Goldmedaille bei den Olympischen Spielen 1936.
- ☐ den Bau des Reichstagsgebäudes.
- ☐ den Aufbau der Wehrmacht.
- ☒ das Attentat auf Hitler am 20. Juli 1944.

Anmerkung: Claus Schenk Graf von Stauffenberg versteckte am **20. Juli 1944** unter hohem persönlichen Risiko eine Kofferbombe unter Hitlers Schreibtisch. Die Bombe detonierte auch wie geplant; der Diktator überlebte das **Attentat** jedoch leicht verletzt. Über viertausend Menschen ließ er daraufhin hinrichten, unter ihnen auch Graf von Stauffenberg.

Hätte Graf von Stauffenberg den Krieg, wie es sein Plan war, zu diesem Zeitpunkt beenden können, so hätten Millionen Menschen, die bis zum Kriegsende 1945 noch den Tod fanden, gerettet werden können.

163. In welchem Jahr zerstörten die Nationalsozialisten Synagogen und jüdische Geschäfte in Deutschland?

- ☐ 1925
- ☐ 1930
- ☒ 1938
- ☐ 1945

Anmerkung: Am **9. November 1938** wurden Synagogen und andere jüdische Einrichtungen in einem Pogrom, der sog. Reichspogromnacht, zerstört.

164. Was passierte am 9. November 1938 in Deutschland?

- ☐ Mit dem Angriff auf Polen beginnt der Zweite Weltkrieg.
- ☐ Die Nationalsozialisten verlieren eine Wahl und lösen den Reichstag auf.
- ☒ Jüdische Geschäfte und Synagogen werden durch Nationalsozialisten und ihre Anhänger zerstört.
- ☐ Hitler wird Reichspräsident und lässt alle Parteien verbieten.

Anmerkung: Vgl. oben Frage 163.

165. Wie hieß der erste Bundeskanzler der Bundesrepublik Deutschland?

- ☒ Konrad Adenauer
- ☐ Kurt Georg Kiesinger
- ☐ Helmut Schmidt
- ☐ Willy Brandt

Anmerkung: Der erste Bundeskanzler der Bundesrepublik Deutschland, **Konrad Adenauer** (1876–1967), wurde am 15. September 1949 vom Deutschen Bundestag gewählt. Er regierte vierzehn Jahre lang. Am 15. Oktober 1963 trat er als Bundeskanzler zurück.

166. Bei welchen Demonstrationen in Deutschland riefen die Menschen „Wir sind das Volk"?

- ☐ beim Arbeiteraufstand 1953 in der DDR
- ☐ bei den Demonstrationen 1968 in der Bundesrepublik Deutschland
- ☐ bei den Anti-Atomkraft-Demonstrationen in der Bundesrepublik Deutschland
- ☒ bei den Montagsdemonstrationen 1989 in der DDR

Anmerkung: Vgl. Frage 206.

167. Welche Länder wurden nach dem Zweiten Weltkrieg in Deutschland als „Alliierte Besatzungsmächte" bezeichnet?

- ☐ Sowjetunion, Großbritannien, Polen, Schweden
- ☐ Frankreich, Sowjetunion, Italien, Japan
- ☐ USA, Sowjetunion, Spanien, Portugal
- ☒ USA, Sowjetunion, Großbritannien, Frankreich

Anmerkung: Die **USA,** die damalige **Sowjetunion, Großbritannien** und **Frankreich** waren die vier Mächte, die Deutschland nach dem Zweiten Weltkrieg 1945 besetzten und es in vier Besatzungszonen aufteilten.

168. Welches Land war keine „Alliierte Besatzungsmacht" in Deutschland?

- ☐ USA
- ☐ Sowjetunion
- ☐ Frankreich
- ☒ Japan

Anmerkung: Vgl. oben Frage 167.

Japan hatte 1941 die USA angegriffen und zählte in den Folgejahren des Zweiten Weltkrieges zu den Kriegsgegnern dieser vier Staaten.

169. Wann wurde die Bundesrepublik Deutschland gegründet?

- ☐ 1939
- ☐ 1945
- ☒ 1949
- ☐ 1951

Anmerkung: Am **23. Mai 1949** trat die neue deutsche Verfassung, das „Grundgesetz für die Bundesrepublik Deutschland", in Kraft. Damit war die Bundesrepublik Deutschland gegründet.

170. Was gab es während der Zeit des Nationalsozialismus in Deutschland?

- ☒ das Verbot von Parteien
- ☐ das Recht auf freie Entfaltung der Persönlichkeit
- ☐ Pressefreiheit
- ☐ den Schutz der Menschenwürde

Anmerkung: Am 14. Juli 1933, nur wenige Monate nach der nationalsozialistischen Machtergreifung, wurden alle Parteien bis auf die Nationalsozialistische Deutsche Arbeiterpartei (NSDAP) verboten. Damit vollendeten die Nationalsozialisten die totale Gleichschaltung des politischen Lebens in Deutschland. Mit dem eher harmlos klingenden Gesetz „Gegen die Neubildung von Parteien" sicherte sich die NSDAP mit ihren nur knapp zwei Millionen Mitgliedern das Monopol im Land. Die anderen politischen Parteien der ersten deutschen Republik – an der Parlamentswahl im Jahr 1932 hatten noch 29 Parteien teilgenommen – gab es nicht mehr. Für die Aufrechterhaltung oder Neubildung einer Partei drohten nun Gefängnisstrafen.

Die meisten Deutschen ließen sich damals von den Nazis überrumpeln. Viele hatten die Kaiserzeit noch nicht überwunden und glaubten immer noch an eine übergeordnete staatstragende Autorität: Reichspräsident Paul von Hindenburg wurde noch verehrt wie der frühere Kaiser. Allerdings bekam er im hohen Alter von 86 Jahren die aktuelle Entwicklung kaum noch vollständig mit. Der politische Widerstand gegen den Nazi-Staat konnte immer mehr gebrochen werden.

171. Soziale Marktwirtschaft bedeutet, die Wirtschaft …

- ☐ steuert sich allein nach Angebot und Nachfrage.
- ☐ wird vom Staat geplant und gesteuert, Angebot und Nachfrage werden nicht berücksichtigt.
- ☐ richtet sich nach der Nachfrage im Ausland.
- ☒ richtet sich nach Angebot und Nachfrage, aber der Staat sorgt für einen sozialen Ausgleich.

Anmerkung: Die Soziale Marktwirtschaft ist das tragende Ordnungsprinzip, nach dem das Wirtschaftsleben in der Bundesrepublik Deutschland gestaltet worden ist. Hier wird das Prinzip des freien Marktes mit der Idee der **sozialen Absicherung** verknüpft. Auf diese Weise sollen gesellschaftlich unerwünschte Effekte, die das freie Spiel des Wettbewerbs mit sich bringen kann, verhindert oder gemindert werden. Die eigenverantwortliche Vorsorge wird durch ein soziales Netz ergänzt, das bei individuellen Notlagen aufgrund von Alter, Invalidität, Krankheit oder Arbeitslosigkeit zum Tragen kommt.

Das Konzept der Sozialen Marktwirtschaft entstand in Deutschland kurz nach dem Zweiten Weltkrieg. Durchgesetzt hat es seinerzeit der Wirtschaftsminister und spätere Bundeskanzler Ludwig Erhard.

172. In welcher Besatzungszone wurde die DDR gegründet? In der …

- ☐ amerikanischen Besatzungszone.
- ☐ französischen Besatzungszone.
- ☐ britischen Besatzungszone.
- ☒ sowjetischen Besatzungszone.

Anmerkung: Die USA, die damalige Sowjetunion, Großbritannien und Frankreich waren die vier Mächte, die Deutschland nach dem Zweiten Weltkrieg 1945 besetzten und es in vier Besatzungszonen aufteilten. Die westlichen Zonen wurden Großbritannien, den USA und Frankreich unterstellt. Aus dem Zusammenschluss dieser drei Zonen entstand am 23. Mai 1949 die Bundesrepublik Deutschland. Auf dem Boden der östlichen Zone, die der **Sowjetunion** unterstand, wurde am 7. Oktober 1949 die DDR gegründet.

Die Hauptstadt Berlin wurde in vier Sektoren aufgeteilt; jedem dieser Siegermächte wurde einer der Sektoren unterstellt – der USA der südliche, Großbritannien der westliche, Frankreich der nördliche und der Sowjetunion der östliche Sektor der Stadt. Nach der Teilung

Deutschlands in zwei Staaten erklärte die DDR den Ostteil Berlins zu ihrer Hauptstadt.

173. Die Bundesrepublik Deutschland ist ein Gründungsmitglied …

- ☐ des Nordatlantikpakts (NATO).
- ☐ der Vereinten Nationen (VN).
- ☒ der Europäischen Union (EU).
- ☐ des Warschauer Pakts.

Anmerkung: Mit der Unterzeichnung der sogenannten „Römischen Verträge" wurden am 25. März 1957 die Grundlagen der heutigen **Europäischen Union (EU)** geschaffen. Sechs Staaten – nämlich Belgien, die Bundesrepublik Deutschland, Frankreich, Italien, Luxemburg und die Niederlande – gründeten die „Europäische Wirtschaftsgemeinschaft" und die „Europäische Atomgemeinschaft".

Der NATO trat die Bundesrepublik Deutschland 1955 bei. Dem Warschauer Pakt, der 1955 gegründeten Militärallianz der Staaten Osteuropas, hat sie zu keiner Zeit angehört.

Die Vereinten Nationen wurden 1945 gegründet. Die Bundesrepublik Deutschland trat ebenso wie die DDR am 18. September 1978 bei. Seit der Wiedervereinigung Deutschlands am 3. Oktober 1990 ist das vereinte Deutschland in den Vereinten Nationen vertreten.

174. Wann wurde die DDR gegründet?

- ☐ 1947
- ☒ 1949
- ☐ 1953
- ☐ 1956

Anmerkung: Mit der Verkündung der Verfassung der Deutschen Demokratischen Republik (DDR) am **7. Oktober 1949** war die Trennung zwischen Ost- und Westdeutschland auch juristisch vollzogen. Es gab nun, nach Gründung der Bundesrepublik Deutschland am 23. Mai 1949, zwei deutsche Staaten, die beide den Anspruch erhoben, Kern und Modell eines wiederherzustellenden Gesamtdeutschlands zu sein. Am 3. Oktober 1990 wurden beide Teile Deutschlands friedlich wiedervereinigt.

175. Wie viele Besatzungszonen gab es in Deutschland nach dem Zweiten Weltkrieg?

☐ 3
☒ 4
☐ 5
☐ 6

Anmerkung: Vgl. Frage 167.

176. Wie waren die Besatzungszonen Deutschlands nach 1945 verteilt?

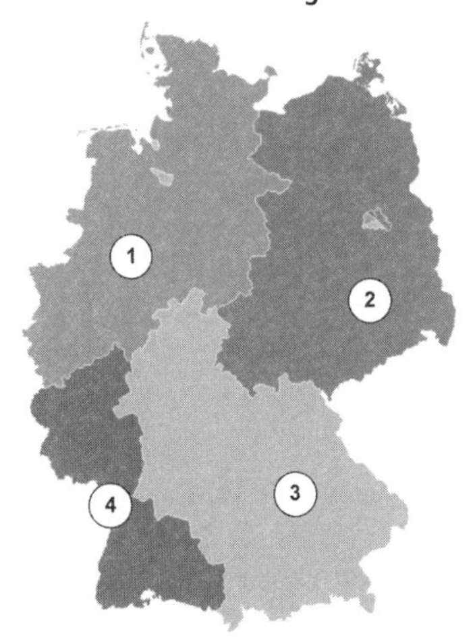

☐ 1=Großbritannien, 2=Sowjetunion, 3=Frankreich, 4=USA
☐ 1=Sowjetunion, 2=Großbritannien, 3=USA, 4=Frankreich
☒ 1=Großbritannien, 2=Sowjetunion, 3=USA, 4=Frankreich
☐ 1=Großbritannien, 2=USA, 3=Sowjetunion, 4=Frankreich

Anmerkung: Die westlichen Zonen wurden **Großbritannien (Zone 1)**, den **USA (Zone 3)** und **Frankreich (Zone 4)** unterstellt. Aus diesen drei Zonen entstand am 23. Mai 1949 die Bundesrepublik Deutschland. Auf dem Boden der östlichen Zone, die der **Sowjetunion** unterstand **(Zone 2)**, wurde am 7. Oktober 1949 die DDR gegründet.

Die Hauptstadt Berlin wurde in vier Sektoren aufgeteilt; jedem dieser Siegermächte wurde einer der Sektoren unterstellt, und zwar der USA der südliche, Großbritannien der westliche, Frankreich der nördliche und der Sowjetunion der östliche Sektor der Stadt.

177. Welche deutsche Stadt wurde nach dem Zweiten Weltkrieg in vier Sektoren aufgeteilt?

- ☐ München
- ☒ Berlin
- ☐ Dresden
- ☐ Frankfurt / Oder

Anmerkung: Die Hauptstadt **Berlin** wurde in vier Sektoren aufgeteilt; jedem dieser Siegermächte wurde einer der Sektoren unterstellt, und zwar der USA der südliche, Großbritannien der westliche, Frankreich der nördliche und der Sowjetunion der östliche Sektor der Stadt. Nach der Teilung Deutschlands in zwei Staaten erklärte die DDR den Ostteil Berlins zu ihrer Hauptstadt.

178. Vom Juni 1948 bis zum Mai 1949 wurden die Bürger und Bürgerinnen von West-Berlin durch eine Luftbrücke versorgt. Welcher Umstand war dafür verantwortlich?

- ☐ Für Frankreich war eine Versorgung der West-Berliner Bevölkerung mit dem Flugzeug kostengünstiger.
- ☐ Die amerikanischen Soldaten / Soldatinnen hatten beim Landtransport Angst vor Überfällen.
- ☐ Für Großbritannien war die Versorgung über die Luftbrücke schneller.
- ☒ Die Sowjetunion unterbrach den gesamten Verkehr auf dem Landwege.

Anmerkung: Nach dem Zweiten Weltkrieg war Deutschland in vier Besatzungszonen aufgeteilt. Auch Berlin, das mitten in der sowjetisch besetzten Zone lag, war in drei West- und einen Ostsektor geteilt worden. Die Sowjetunion strebte nun unverhohlen an, abredewidrig die *ganze* Stadt in ihr Besatzungsgebiet einzugliedern.

Die Westmächte ließen es auf eine Machtprobe ankommen. Sie setzten 1948 nicht nur für ihre drei Zonen, sondern **auch für das westliche Berlin** eine Währungsreform durch. Die **Sowjetunion** antwortete darauf mit einer vollständigen Blockade Berlins, das ja von ihrer Besatzungszone umschlossen war: Sie **sperrte den Zug-, Straßen- und Wasserverkehr von Westdeutschland** her. Um die Bevölkerung der Westsektoren Berlins zu versorgen, bauten die USA seit Juni 1948 eine „Luftbrücke“ auf. Bis September 1949 brachten sie etwa 2,3 Millionen Tonnen Güter mit Flugzeugen, von den Berlinern liebevoll „Rosinenbomber“ genannt, in die bedrohte Stadt.

179. Wie endete der Zweite Weltkrieg in Europa offiziell?

- ☐ mit dem Tod Adolf Hitlers
- ☒ durch die bedingungslose Kapitulation Deutschlands
- ☐ mit dem Rückzug der Deutschen aus den besetzten Gebieten
- ☐ durch eine Revolution in Deutschland

Anmerkung: Der Zweite Weltkrieg in Europa **endete** am 8. Mai 1945 mit der **Kapitulation** Deutschlands.

Eine Woche zuvor, am 30. April 1945, hatte Adolf Hitler in seinem Bunker in Berlin Selbstmord begangen.

180. Der erste Bundeskanzler der Bundesrepublik Deutschland war …

- ☐ Ludwig Erhard.
- ☐ Willy Brandt.
- ☒ Konrad Adenauer.
- ☐ Gerhard Schröder.

Anmerkung: Vgl. Frage 165.

181. Was wollte Willy Brandt mit seinem Kniefall 1970 im ehemaligen jüdischen Ghetto in Warschau ausdrücken?

- ☐ Er hat sich den ehemaligen Alliierten unterworfen.
- ☒ Er bat Polen und die polnischen Juden um Vergebung.
- ☐ Er zeigte seine Demut vor dem Warschauer Pakt.
- ☐ Er sprach ein Gebet am Grab des Unbekannten Soldaten.

Anmerkung: Der spontane, protokollarisch nicht vorgesehene „Kniefall“ von Bundeskanzler Willy Brandt bei seinem Besuch in Warschau 1970 ist als menschlich bemerkenswerte Geste der Achtung vor den Opfern des Aufstandes im sogenannten Warschauer Ghetto 1944 in die Zeitgeschichte eingegangen. Sie wurde auch als **Bitte um Vergebung** gedeutet.

182. Welche Parteien wurden 1946 zwangsweise zur SED vereint, der Einheitspartei der späteren DDR?

- ☒ KPD und SPD
- ☐ SPD und CDU
- ☐ CDU und FDP
- ☐ KPD und CSU

Anmerkung: Unter kommunistischem Zwang erfolgte am 21. / 22. April 1946 in Ostteil Berlins die Vereinigung von **KPD und SPD** zur Sozialistischen Einheitspartei Deutschlands – SED. Sie entwickelte sich in der sowjetisch besetzten Zone Deutschlands und später in der DDR unter dem Einfluss der sowjetischen Besatzungsmacht zur führenden Partei. Mitunter beschrieb man die SED als „Staatspartei". Aufgrund des zentralen Einflusses der SED auf das gesamte politische System der DDR charakterisierte man das Regime auch als eine „Parteidiktatur".

183. Wann war in der Bundesrepublik Deutschland das „Wirtschaftswunder"?

- ☐ 40er Jahre
- ☒ 50er Jahre
- ☐ 70er Jahre
- ☐ 80er Jahre

Anmerkung: Das Bild, das sich in Europa – und besonders in Deutschland – am Ende des Zweiten Weltkriegs bot, war ein Bild der Verwüstung und des Jammers. Städte waren zerbombt, Menschen litten Hunger, die Wirtschaft lag am Boden. Dennoch erlebte das Land schon **in den 1950er Jahren** einen beispiellosen Aufschwung. Ludwig Erhard, der erste Wirtschaftsminister der Bundesrepublik Deutschland, entwarf das Konzept der Sozialen Marktwirtschaft und setzte es in die konkrete Wirtschaftsordnung um. Das freie Spiel des Wettbewerbs gab privater Initiative Raum, setzte immense Kräfte frei, belebte die Märkte. Es wurde wieder verdient und konsumiert, angepackt und aufgebaut. Das Prinzip des freien Marktes wurde aber mit der Idee der sozialen Absicherung verknüpft. Diese Kombination schuf individuelle Sicherheit und förderte die Bereitschaft, sich für den Aufbau des Landes einzusetzen.

184. Was nannten die Menschen in Deutschland sehr lange „Die Stunde Null"?

- ☐ Damit wird die Zeit nach der Wende im Jahr 1989 bezeichnet.
- ☐ Damit wurde der Beginn des Zweiten Weltkrieges bezeichnet.
- ☒ Darunter verstand man das Ende des Zweiten Weltkrieges und den Beginn des Wiederaufbaus.
- ☐ Damit ist die Stunde gemeint, in der die Uhr von der Sommerzeit auf die Winterzeit umgestellt wird.

Anmerkung: Die „Stunde Null" für das Deutschland der Nachkriegszeit schlug mit der Kapitulation am 8. / 9. Mai 1945. **Der Zweite Weltkrieg war zu Ende,** es war die Zeit für einen **Neuanfang.**

185. Wofür stand der Ausdruck „Eiserner Vorhang"? Für die Abschottung ...

- ☒ des Warschauer Pakts gegen den Westen.
- ☐ Norddeutschlands gegen Süddeutschland.
- ☐ Nazi-Deutschlands gegen die Alliierten.
- ☐ Europas gegen die USA.

Anmerkung: Der **Warschauer Pakt** wurde am 14. Mai 1955 als Militärallianz der Staaten Osteuropas gegründet. Er war eine Antwort auf die Gründung der NATO im Jahre 1949, in der sich die Länder Westeuropas und Nordamerikas zusammengeschlossen hatten, um der Expansionspolitik der damaligen Sowjetunion zu begegnen. Die folgenden Jahrzehnte der Konfrontation zwischen den beiden „Lagern" oder „Blöcken" werden oft als „Ost-West-Konflikt" oder „Kalter Krieg" beschrieben. Nach dem Fall des „Eisernen Vorhangs" löste sich der Warschauer Pakt am 30. Juni 1991 auf.

186. Im Jahr 1953 gab es in der DDR einen Aufstand, an den lange Zeit in der Bundesrepublik Deutschland ein Feiertag erinnerte. Wann war das?

- ☐ 1. Mai
- ☒ 17. Juni
- ☐ 20. Juli
- ☐ 9. November

Anmerkung: Am **17. Juni 1953** kam es in der DDR zu einem Volksaufstand, der, von Ostberlin ausgehend, den gesamten sowjetisch besetzen Teil Deutschlands erfasste. Russische Panzer fuhren auf, schlugen den elementaren Ausbruch der Verzweiflung blutig nieder und retteten so das Regime der DDR.

187. Welcher deutsche Staat hatte eine schwarz-rot-goldene Flagge mit Hammer, Zirkel und Ährenkranz?

- ☐ Preußen
- ☐ Bundesrepublik Deutschland
- ☐ „Drittes Reich"
- ☒ DDR

Anmerkung: DDR steht für „Deutsche Demokratische Republik". Sie war entstanden aus der Besatzung Deutschlands nach 1945. Ihr Gebiet stand zunächst unter sowjetischer Verwaltung. 1949 wurde sie – kurz nachdem sich die drei westlichen Besatzungszonen als Bundesrepublik Deutschland konstituiert hatten – als „sozialistischer Staat der Arbeiter und Bauern" gegründet. Am 3. Oktober 1990 konnten sich die beiden deutschen Staaten friedlich und im Einvernehmen mit allen Nachbarn in Ost und West wieder zu einem Staat vereinigen.

188. In welchem Jahr wurde die Mauer in Berlin gebaut?

- ☐ 1953
- ☐ 1956
- ☐ 1959
- ☒ 1961

Anmerkung: Am **13. August 1961** baute die DDR eine Mauer mitten durch Berlin und zog einen Todesstreifen entlang der Grenze zwischen den beiden deutschen Staaten. Damit sollte der Flüchtlingsstrom aus der DDR nach Westen gestoppt werden. Diese Mauer wurde im Laufe der Jahre immer mehr perfektioniert. Erst 28 Jahre später gelang es den Bürgerinnen und Bürgern der DDR mit einer friedlichen Revolution, das Regime der DDR in die Knie zu zwingen. Am 9. November 1989 erzwangen sie die Öffnung der Mauer in Berlin. Bald darauf war die DDR Geschichte.

189. Wann baute die DDR die Mauer in Berlin?

☐ 1919
☐ 1933
☒ 1961
☐ 1990

Anmerkung: Vgl. oben Frage 188.

190. Was bedeutet die Abkürzung DDR?

☐ Dritter Deutscher Rundfunk
☐ Die Deutsche Republik
☐ Dritte Deutsche Republik
☒ Deutsche Demokratische Republik

Anmerkung: Die **Deutsche Demokratische Republik – DDR –** wurde am 7. Oktober **1949** gegründet. Damit war die Trennung zwischen Ost- und Westdeutschland auch rechtlich vollzogen. Es gab nun, nach der Gründung der Bundesrepublik Deutschland am 23. Mai 1949, zwei deutsche Staaten, die beide den Anspruch erhoben, Kern und Modell eines wieder herzustellenden Gesamtdeutschlands zu sein. Am 3. Oktober 1990 wurden beide Teile Deutschlands friedlich wiedervereinigt.

191. Wann wurde die Mauer in Berlin für alle geöffnet?

☐ 1987
☒ 1989
☐ 1992
☐ 1995

Anmerkung: Am Abend des **9. November 1989** gab die DDR-Führung eine neue, freizügige Ausreiseregelung bekannt, die einen ungeheuren Erwartungsdruck der Bewohner der DDR und die Öffnung der Grenzübergangsstellen in Berlin auslöste. In dieser Nacht spielten sich unbeschreibliche Freudenszenen auf den Grenzstraßen und auf dem Kurfürstendamm in West-Berlin ab. Die Mauer, die die Stadt seit 1961 in zwei Teile getrennt hatte, war damit faktisch gefallen.

192. Welches heutige deutsche Bundesland gehörte früher zum Gebiet der DDR?

☒ Brandenburg
☐ Bayern
☐ Saarland
☐ Hessen

Anmerkung: Die ehemalige DDR war in Bezirke gegliedert. Nach der friedlichen Revolution im Herbst 1989 bildeten sich auf dem Gebiet der DDR fünf Länder, anknüpfend an zumeist alte Traditionen und geschichtliche Gebietseinheiten, nämlich **Brandenburg,** Mecklenburg-Vorpommern, Sachsen, Sachsen-Anhalt und Thüringen. Am 3. Oktober 1990 sind sie der Bundesrepublik Deutschland beigetreten. Deutschland war – nach vier Jahrzehnten willkürlicher Teilung – friedlich wiedervereinigt.

193. Von 1961 bis 1989 war Berlin …

- ☐ ohne Bürgermeister.
- ☐ ein eigener Staat.
- ☒ durch eine Mauer geteilt.
- ☐ nur mit dem Flugzeug erreichbar.

Anmerkung: Vgl. Frage 188.

194. Am 3. Oktober feiert man in Deutschland den Tag der Deutschen …

- ☒ Einheit.
- ☐ Nation.
- ☐ Bundesländer.
- ☐ Städte.

Anmerkung: Nach der friedlichen Revolution im östlichen Teil Deutschlands, der Deutschen Demokratischen Republik – DDR – im Herbst 1989 bildeten sich auf diesem Gebiet fünf Länder, anknüpfend an zum Teil alte Traditionen und geschichtliche Gebietseinheiten, nämlich Brandenburg, Mecklenburg-Vorpommern, Sachsen, Sachsen-Anhalt und Thüringen. Am **3. Oktober 1990** sind sie der Bundesrepublik Deutschland beigetreten. Deutschland war – nach vier Jahrzehnten willkürlicher Teilung – friedlich wiedervereinigt. Dieser Tag ist als **Tag der Deutschen Einheit** seither alljährlich ein bundesweiter Feiertag.

195. Welches heutige deutsche Bundesland gehörte früher zum Gebiet der DDR?

- ☐ Hessen
- ☒ Sachsen-Anhalt
- ☐ Nordrhein-Westfalen
- ☐ Saarland

Anmerkung: Vgl. Frage 192.

196. Warum nennt man die Zeit im Herbst 1989 in der DDR „Die Wende"? In dieser Zeit veränderte sich die DDR politisch …

☒ von einer Diktatur zur Demokratie.
☐ von einer liberalen Marktwirtschaft zum Sozialismus.
☐ von einer Monarchie zur Sozialdemokratie.
☐ von einem religiösen Staat zu einem kommunistischen Staat.

Anmerkung: Die gewaltfreie Revolution in der DDR, die sich seit dem Sommer 1989 ständig verstärkte, brachte die Chance auf die jahrzehntgelang erstrebte Auflösung der **diktatorischen Strukturen** in der DDR. In Leipzig und anderen Städten demonstrierten Woche für Woche Tausende Menschen für eine demokratische Neuordnung. Die missverständliche Bekanntgabe einer neuen, freizügigen Ausreiseregelung am 9. November 1989 löste bei den Menschen in der DDR einen ungeheuren Erwartungsdruck und eine nicht mehr zu kontrollierende Öffnung der Grenzübergangsstellen in der geteilten Stadt Berlin aus. Die Mauer war gefallen. Der politische Umsturz in der DDR war nicht mehr aufzuhalten. Erstmals seit 40 Jahren konnten die Bürgerinnen und Bürger der DDR am 18. März 1990 ihre Volkskammer frei wählen. Die DDR stand erstmals auf einer **demokratischen Basis.** Im August 1990 sprach sich die Volkskammer für den schnellstmöglichen Beitritt zur Bundesrepublik Deutschland aus. Am 3. Oktober 1990 wurde die Wiedervereinigung Deutschlands als demokratischer und sozialer Bundesstaat feierlich vollzogen.

197. Welches heutige deutsche Bundesland gehörte früher zum Gebiet der DDR?

☒ Thüringen
☐ Hessen
☐ Bayern
☐ Bremen

Anmerkung: Vgl. Frage 192.

198. Welches heutige deutsche Bundesland gehörte früher zum Gebiet der DDR?

☐ Bayern
☐ Niedersachsen
☒ Sachsen
☐ Baden-Württemberg

Anmerkung: Vgl. Frage 192.

199. Mit der Abkürzung „Stasi" meinte man in der DDR …

- ☐ das Parlament.
- ☒ das Ministerium für Staatssicherheit.
- ☐ eine regierende Partei.
- ☐ das Ministerium für Volksbildung.

Anmerkung: Das **Ministerium für Staatssicherheit** – kurz MfS oder „Stasi" genannt – der ehemaligen DDR hatte Überwachungs- und Bespitzelungsaufgaben. Der in der DDR herrschende Zentralismus brachte es mit sich, dass letztlich alle politischen Abläufe völlig von der Verwaltungsspitze abhängig waren und kontrolliert wurden. Die „Sozialistische Einheitspartei Deutschlands" (SED) war die bestimmende Kraft in der DDR.

200. Welches heutige deutsche Bundesland gehörte früher zum Gebiet der DDR?

- ☐ Hessen
- ☐ Schleswig-Holstein
- ☒ Mecklenburg-Vorpommern
- ☐ Saarland

Anmerkung: Vgl. Frage 192.

201. Welche der folgenden Auflistungen enthält nur Bundesländer, die zum Gebiet der früheren DDR gehörten?

- ☐ Niedersachsen, Nordrhein-Westfalen, Hessen, Schleswig-Holstein, Brandenburg
- ☒ Mecklenburg-Vorpommern, Brandenburg, Sachsen, Sachsen-Anhalt, Thüringen
- ☐ Bayern, Baden-Württemberg, Rheinland-Pfalz, Thüringen, Sachsen
- ☐ Sachsen, Thüringen, Hessen, Niedersachsen, Brandenburg

Anmerkung: Vgl. Frage 192.

202. Zu wem gehörte die DDR im „Kalten Krieg"?

- ☐ zu den Westmächten
- ☒ zum Warschauer Pakt
- ☐ zur NATO
- ☐ zu den blockfreien Staaten

Anmerkung: Die DDR war ein Mitgliedstaat des **Warschauer Paktes.** Der Warschauer Pakt wurde am 14. Mai 1955 als Militärallianz der Staaten Osteuropas gegründet. Er war eine Antwort auf die Gründung der NATO im Jahre 1949, in der sich die Länder Westeuropas und Nordamerikas, also die „Westmächte", zusammengeschlossen hatten, um der Expansionspolitik der damaligen Sowjetunion zu begegnen. Die folgenden Jahrzehnte der Konfrontation zwischen den beiden „Lagern" oder „Blöcken" werden oft als „Ost-West-Konflikt" oder „Kalter Krieg" beschrieben. Nach dem Fall des „Eisernen Vorhangs" löste sich der Warschauer Pakt am 30. Juni 1991 auf.

203. Wie hieß das Wirtschaftssystem der DDR?

- ☐ Marktwirtschaft
- ☒ Planwirtschaft
- ☐ Angebot und Nachfrage
- ☐ Kapitalismus

Anmerkung: Nach ihrer Verfassung war die DDR ein „sozialistischer Staat der Arbeiter und Bauern". Für das Wirtschaftssystem galt der Grundsatz der Planung und Leitung der Volkswirtschaft, also die **Planwirtschaft.** Diese erkennt – im Gegensatz zur Marktwirtschaft – das Prinzip der Selbstregulierung der wirtschaftlichen Vorgänge nicht an. Vielmehr stellt der Staat einen Gesamtwirtschaftsplan auf, mit dem er systematisch die Wirtschaft beeinflusst.

204. Wie wurden die Bundesrepublik Deutschland und die DDR zu einem Staat?

- ☐ Die Bundesrepublik Deutschland hat die DDR besetzt.
- ☒ Die heutigen fünf östlichen Bundesländer sind der Bundesrepublik Deutschland beigetreten.
- ☐ Die westlichen Bundesländer sind der DDR beigetreten.
- ☐ Die DDR hat die Bundesrepublik Deutschland besetzt.

Anmerkung: Die Deutsche Demokratische Republik – kurz: DDR – hat am 3. Oktober 1990 aufgehört zu bestehen. An diesem Tag sind die auf ihrem Boden neu gebildeten **fünf Länder** Brandenburg, Mecklenburg-Vorpommern, Sachsen, Sachsen-Anhalt und Thüringen der Bundesrepublik Deutschland **beigetreten.** Deutschland war – nach vier Jahrzehnten willkürlicher Trennung – friedlich und im Einvernehmen mit allen Nachbarn in Ost und West wiedervereinigt.

205. Mit dem Beitritt der DDR zur Bundesrepublik Deutschland gehören die neuen Bundesländer nun auch …

- ☒ zur Europäischen Union.
- ☐ zum Warschauer Pakt.
- ☐ zur OPEC.
- ☐ zur Europäischen Verteidigungsgemeinschaft.

Anmerkung: Mit ihrem Beitritt zur Bundesrepublik Deutschland, also mit der Wiedervereinigung Deutschlands am 3. Oktober 1990, gehörten die auf dem Gebiet der DDR entstandenen fünf neuen Bundesländer zugleich auch der **Europäischen Union** an.

Im Warschauer Pakt, der Militärallianz der Staaten Osteuropas, war die DDR seit 1955 Mitglied; diese Mitgliedschaft endete mit der Wiedervereinigung.

Der Organisation erdölexportierender Länder – OPEC – gehörte weder die DDR noch die Bundesrepublik noch das wiedervereinte Deutschland zu irgendeiner Zeit an.

206. Was bedeutete im Jahr 1989 in Deutschland das Wort „Montagsdemonstration"?

- ☐ In der Bundesrepublik waren Demonstrationen nur am Montag erlaubt.
- ☒ Montags waren Demonstrationen gegen das DDR-Regime.
- ☐ Am ersten Montag im Monat trafen sich in der Bundesrepublik Deutschland Demonstranten.
- ☐ Montags demonstrierte man in der DDR gegen den Westen.

Anmerkung: Die **Montagsdemonstrationen gegen das DDR-Regime** spielten bei der friedlichen Revolution in der DDR im Herbst 1989 eine grundlegende Rolle. Zunächst schlossen sie sich an traditionelle Friedensgebete in der Leipziger Nikolaikirche an. Mit dem Ruf „Wir sind das Volk!" meldeten sich Woche für Woche Tausende zu Wort und protestierten gegen die politischen Verhältnisse. Sie forderten nicht nur Reisefreiheit; sie plädierten grundlegend für eine friedliche, demokratische Neuordnung ihres Staats und das Ende der SED-Herrschaft. Später wurde auch der Ruf nach einer Wiedervereinigung Deutschlands laut.

Ein Wendpunkt war der 9. Oktober 1989. In Leipzig hatte die Montagsdemonstration die Dimension einer Massenbewegung erreicht. Die Sicherheitskräfte der DDR waren zwar alarmiert und einsatzbereit, schritten aber gegen die etwa 70.000 friedlich demonstrierenden Bürgerinnen und Bürger nicht ein. Es gab weder Tote noch Verletzte; nicht ein einziger Stein wurde geworfen. Den Demonstranten in Leipzig war es gelungen, mit friedlichen Mitteln ein totalitäres Regime in die Schranken zu weisen. Am 16. Oktober kamen bereits

120.000 Demonstrierende in Leipzig zusammen, eine Woche später wuchs die Zahl auf 320.000.

Auch in vielen anderen Städten der DDR kam es im Herbst 1989 unter dem Eindruck der Ereignisse in Leipzig zu regelmäßigen Montagsdemonstrationen.

Neun Tage nach dem historischen Erfolg am 9. Oktober in Leipzig musste der Staatratsvorsitzende Erich Honecker zurücktreten. Am 9. November 1989 fiel die Mauer in Berlin. Am 3. Oktober 1990 wurde Deutschland – nach 40 Jahren willkürlicher Teilung in zwei Staaten – friedlich und im Einvernehmen mit allen Nachbarn in Ost und West wiedervereinigt.

207. In welchem Militärbündnis war die DDR Mitglied?

- ☐ in der NATO
- ☐ im Rheinbund
- ☒ im Warschauer Pakt
- ☐ im Europabündnis

Anmerkung: Vgl. Frage 202.

208. Was war die „Stasi"?

- ☐ der Geheimdienst im „Dritten Reich"
- ☐ eine berühmte deutsche Gedenkstätte
- ☒ der Geheimdienst der DDR
- ☐ ein deutscher Sportverein während des Zweiten Weltkrieges

Anmerkung: Vgl. Frage 199.

209. Welches war das Wappen der Deutschen Demokratischen Republik?

☐ 1
☐ 2
☐ 3
☒ 4

Anmerkung: Das Staatswappen der DDR zeigte in den traditionellen Farben schwarz-rot-gold **Hammer und Zirkel,** umgeben von einem **Ährenkranz** als Symbol des Bündnisses von Arbeitern, Bauern und Bildung. 1955 wurde es gesetzlich zum Staatswappen.

Am 31. Mai 1990, nach den ersten freien Wahlen in der DDR, beschloss die Volkskammer der DDR, das Wappen innerhalb einer Woche in und an öffentlichen Gebäuden zu entfernen. Bis zum offiziellen Ende der DDR am 3. Oktober 1990 mit dem Beitritt zur Bundesrepublik Deutschland fand es aber, beispielsweise auf Dokumenten, noch vielfältige Verwendung.

210. Was ereignete sich am 17. Juni 1953 in der DDR?

☐ der feierliche Beitritt zum Warschauer Pakt
☒ landesweite Streiks und ein Volksaufstand
☐ der 1. SED-Parteitag
☐ der erste Besuch Fidel Castros

Anmerkung: Vgl. Frage 186.

211. Welcher Politiker steht für die „Ostverträge"?

☐ Helmut Kohl
☒ Willy Brandt
☐ Michail Gorbatschow
☐ Ludwig Erhard

Anmerkung: Mit den „Ostverträgen" strebte Bundedeskanzler **Willy Brandt** an, die Bundesrepublik Deutschland – auf der Grundlage des Status quo in Europa – in die allgemeine Entspannung im Ost-West-Konflikt zu integrieren. Am 12. August 1970 unterzeichnete er den sogenannten Moskauer Vertrag, am 7. Dezember 1970 den sogenannten Warschauer Vertrag. Die Vertragspartner vereinbarten einen umfassenden Gewaltverzicht und erklärten, die Grenzen aller Staaten in Europa als unverletzlich zu betrachten – einschließlich der Westgrenze Polens (der „Oder-Neiße-Linie") sowie der innerdeutschen Grenze zwischen DDR und Bundesrepublik Deutschland.

Bereits zuvor hatte sich Brandt zur „Existenz von zwei Staaten in einer Nation“ bekannt. Für seine Bemühungen um Entspannung im Ost-West-Konflikt erhielt er im Oktober 1971 den Friedensnobelpreis.

Während der Amtszeit von Bundeskanzler Helmut Kohl fiel 1989 – nach der friedlichen Revolution der Menschen in der DDR – die Mauer in Berlin. Der sowjetische Staatspräsident Michail Gorbatschow erhielt für seine Verdienste um die Beendigung des „Kalten Krieges“ im Jahr 1990 den Friedensnobelpreis. Ludwig Erhard führte kurz nach dem Zweiten Weltkrieg in der Bundesrepublik Deutschland die Soziale Marktwirtschaft ein.

212. Wie heißt Deutschland mit vollem Namen?

- ☐ Bundesstaat Deutschland
- ☐ Bundesländer Deutschland
- ☒ Bundesrepublik Deutschland
- ☐ Bundesbezirk Deutschland

Anmerkung: Am 23. Mai 1949 trat das „Grundgesetz für die **Bundesrepublik Deutschland“** in Kraft. Damit stand der Name des neu gegründeten Staates im Westen Deutschlands fest. In Artikel 20 Absatz 1 GG heißt es: „Die Bundesrepublik Deutschland ist ein demokratischer und sozialer Bundesstaat.“ Mit der Wiedervereinigung am 3. Oktober 1990 gehört auch das Gebiet der ehemaligen DDR zum Geltungsbereich des Grundgesetztes und damit zur Bundesrepublik Deutschland.

213. Wie viele Einwohner hat Deutschland?

- ☐ 70 Millionen
- ☐ 78 Millionen
- ☒ 80 Millionen
- ☐ 90 Millionen

Anmerkung: Nach Schätzungen des Statistischen Bundesamtes lebten Ende 2016 in Deutschland **82,8 Millionen** Menschen.

214. Welche Farben hat die deutsche Flagge?

- ☒ schwarz-rot-gold
- ☐ rot-weiß-schwarz
- ☐ schwarz-rot-grün
- ☐ schwarz-gelb-rot

Anmerkung: Die Farben der Nationalflagge sind im deutschen Grundgesetz festgelegt worden. In Artikel 22 Absatz 2 GG heißt es: „Die Bundesflagge ist **schwarz-rot-gold**."

215. Wer wird als „Kanzler der Deutschen Einheit" bezeichnet?

- ☐ Gerhard Schröder
- ☒ Helmut Kohl
- ☐ Konrad Adenauer
- ☐ Helmut Schmidt

Anmerkung: Helmut Kohl wurde am 1. Oktober 1982 zum Bundeskanzler der Bundesrepublik Deutschland gewählt. Er regierte bis 1998. Im Sommer 1989 begann in der DDR die friedliche Revolution. Am 9. November 1989 – also während seiner Amtszeit – fiel in Berlin die Mauer, die die Stadt seit 1961 in zwei Teile getrennt hatte. Am 3. Oktober 1990 wurde Deutschland – nach vier Jahrzehnten willkürlicher Teilung in zwei Staaten – im Einvernehmen mit allen Nachbarstaaten friedlich wiedervereinigt.

216. Welches Symbol ist im Plenarsaal des Deutschen Bundestages zu sehen?

- ☒ der Bundesadler
- ☐ die Fahne der Stadt Berlin
- ☐ der Reichsadler
- ☐ die Reichskrone

Anmerkung: Vgl. Frage 21.

217. In welchem Zeitraum gab es die Deutsche Demokratische Republik (DDR)?

- ☐ 1919 bis 1927
- ☐ 1933 bis 1945
- ☐ 1945 bis 1961
- ☒ 1949 bis 1990

Anmerkung: Vgl. Frage 187.

218. Wie viele Bundesländer kamen bei der Wiedervereinigung 1990 zur Bundesrepublik Deutschland hinzu?

- ☐ 4
- ☒ 5
- ☐ 6
- ☐ 7

Anmerkung: Vgl. Frage 192.

219. Die Bundesrepublik Deutschland hat die Grenzen von heute seit …

- ☐ 1933.
- ☐ 1949.
- ☐ 1971.
- ☒ 1990.

Anmerkung: Vgl. Fragen 194 und 204.

220. Der 27. Januar ist in Deutschland ein offizieller Gedenktag. Woran erinnert dieser Tag?

- ☐ an das Ende des Zweiten Weltkrieges
- ☐ an die Verabschiedung des Grundgesetzes
- ☐ an die Wiedervereinigung Deutschlands
- ☒ an die Opfer des Nationalsozialismus

Anmerkung: Der 27. Januar ist als **Tag des Gedenkens an die Opfer des Nationalsozialismus** ein nationaler Gedenktag. Er erinnert an alle Opfer des totalitären nationalsozialistischen Regimes in den Jahren 1933 bis 1945. Am 27. Januar 1945 hatten Soldaten der Roten Armee die Überlebenden des Konzentrationslagers Auschwitz-Birkenau befreit.

1969 wurde dieser Gedenktag von Bundespräsident Roman Herzog eingeführt. In Deutschland werden an diesem Tag öffentliche Gebäude beflaggt und die Flaggen auf Halbmast gesetzt.

221. Deutschland ist Mitglied des Schengener Abkommens. Was bedeutet das?

- ☒ Deutsche können in viele Länder Europas ohne Passkontrolle reisen.
- ☐ Alle Menschen können ohne Passkontrolle in Deutschland einreisen.
- ☐ Deutsche können ohne Passkontrolle in jedes Land reisen.
- ☐ Deutsche können in jedem Land mit dem Euro bezahlen.

Anmerkung: Das „Übereinkommen betreffend den schrittweisen Abbau der Kontrollen an den gemeinsamen Grenzen" von 1985, das sog. Schengener Abkommen, hat den vollständigen Wegfall der systematischen Grenzkontrollen an den gegenseitigen Binnengrenzen der Teilnehmerstaaten zum Ziel. Heute gehören 25 europäische Länder zu diesem „Schengen-Raum".

Jeder Bürger der Europäischen Union kann die Binnengrenzen dieses Gebietes, also die gemeinsame Grenze zwischen zwei Schengen-Staaten, zu jeder Zeit und an jedem Ort **ohne Kontrollen** überqueren. Natürlich bleibt die Pflicht bestehen, einen gültigen Pass oder Personalausweis mit sich zu führen. Ausländer, die nicht Bürger der Europäischen Union sind, benötigen eine gültige Aufenthaltserlaubnis (Visum) für zumindest ein Schengen-Land; ihr Aufenthalt im Vertragsgebiet ist auf drei Monate begrenzt.

222. Welches Land ist ein Nachbarland von Deutschland?

- ☐ Ungarn
- ☐ Portugal
- ☐ Spanien
- ☒ Schweiz

Anmerkung: Deutschland hat neun unmittelbare Nachbarstaaten. Im Norden grenzt es an Dänemark, im Westen an die Niederlande, an Belgien, an Luxemburg und an Frankreich. Unsere südlichen Nachbarn sind die **Schweiz** und Österreich. Im Osten bestehen gemeinsame Grenzen zu Polen und Tschechien.

223. Welches Land ist ein Nachbarland von Deutschland?

- ☐ Rumänien
- ☐ Bulgarien
- ☒ Polen
- ☐ Griechenland

Anmerkung: Vgl. Frage 222.

224. Was bedeutet die Abkürzung EU?

- ☐ Europäische Unternehmen
- ☒ Europäische Union
- ☐ Einheitliche Union
- ☐ Euro Union

Anmerkung: EU steht als Abkürzung für die **Europäische Union.** Die Grundlagen der heutigen EU wurden am 25. März 1957 mit der Unterzeichnung der sogenannten „Römischen Verträge" gelegt. Den sechs Gründerstaaten von 1957, nämlich Belgien, der Bundesrepublik Deutschland, Frankreich, Italien, Luxemburg und den Niederlanden, folgten 1973 Dänemark, Irland und Großbritannien, 1981 Griechenland, 1986 Portugal und Spanien, 1995 Finnland, Österreich und Schweden, und 2004 – nach dem Ende der Teilung Europas in Ost und West – die zehn Staaten Estland, Lettland und Litauen, Tschechien, Ungarn und Polen, die Slowakei, Slowenien sowie Malta und Zypern. Heute zählt die EU – mit Bulgarien, Kroatien und Rumänien – 28 Mitgliedstaaten.

Am 23. Juli 2016 stimmten knapp 52 Prozent der britischen Wähler – bei einer Wahlbeteiligung von insgesamt 72 Prozent – in einem Referendum dafür, dass Großbritannien die Europäische Union verlassen soll. Bis zu einem für 2019 vorgesehenen tatsächlichen Austritt oder einem Abschluss entsprechender Verhandlungen aber bleibt Großbritannien vollwertiges EU-Mitglied.

Neunzehn dieser Mitgliedsländer haben sich darüber hinaus zu einer Euro-Zone zusammengeschlossen, in der der Euro das alleinige Zahlungsmittel ist. Sie wird mitunter auch „Euro-Raum" oder „Euro-Land" genannt. Das Wort „Euro-Union" gibt es nicht.

225. In welchem anderen Land gibt es eine große deutschsprachige Bevölkerung?

- ☐ Tschechien
- ☐ Norwegen
- ☐ Spanien
- ☒ Österreich

Anmerkung: Im Nachbarland **Österreich** wird überwiegend deutsch gesprochen. Deutsch ist dort als Amtssprache festgelegt. In einigen Landesteilen sind zusätzlich die slowenische oder die kroatische Sprache als Amtssprachen zugelassen.

226. Welche ist die Flagge der Europäischen Union?

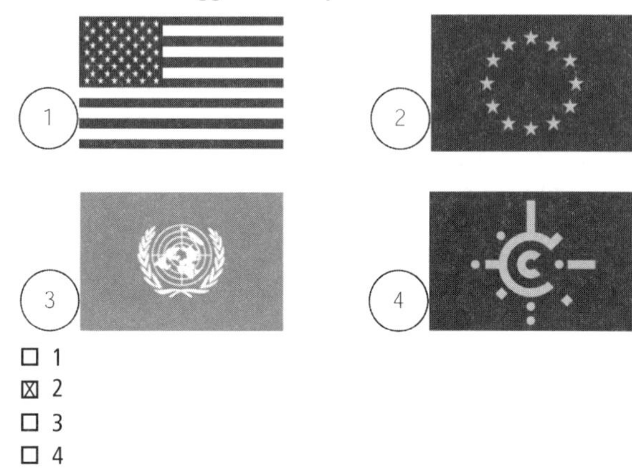

☐ 1
☒ 2
☐ 3
☐ 4

Anmerkung: Die **Europaflagge** – ein Kreis von zwölf goldenen Sternen auf azurblauem Grund – wurde 1955 vom Europarat ausgewählt und 1986 auch von der damaligen Europäischen Gemeinschaft, der heutigen **Europäischen Union,** übernommen.

227. Welches Land ist ein Nachbarland von Deutschland?

☐ Finnland
☒ Dänemark
☐ Norwegen
☐ Schweden

Anmerkung: Vgl. Frage 222.

228. Wie wird der Betritt der DDR zur Bundesrepublik Deutschland im Jahr 1990 allgemein genannt?

☐ NATO-Osterweiterung
☐ EU-Osterweiterung
☒ Deutsche Wiedervereinigung
☐ Europäische Gemeinschaft

Anmerkung: DDR steht für „Deutsche Demokratische Republik". Sie war entstanden aus der Besatzung Deutschlands nach 1945. Ihr Gebiet fiel unter sowjetische Verwaltung. 1949 wurde sie – kurz nachdem sich die drei westlichen Besatzungszonen als Bundesrepublik Deutschland konstituiert hatten – als „sozialistischer Staat der Arbeiter und Bauern" gegründet. Deutschland war damit in zwei Staaten geteilt. Am 3. Oktober 1990 konnten sich die beiden deutschen Staaten friedlich und im Einvernehmen mit allen Nachbarn in Ost und West zu einem Staat **wiedervereinigen**.

229. Welches Land ist ein Nachbarland von Deutschland?

- ☐ Spanien
- ☐ Bulgarien
- ☐ Norwegen
- ☒ Luxemburg

Anmerkung: Vgl. Frage 222.

230. Das Europäische Parlament wird regelmäßig gewählt, nämlich alle …

- ☒ 5 Jahre.
- ☐ 6 Jahre.
- ☐ 7 Jahre.
- ☐ 8 Jahre.

Anmerkung: Das Europäische Parlament, die Völkervertretung und gemeinsames Organ der Europäischen Union (EU) mit offiziellem Sitz in Straßburg wird **alle fünf Jahre** von den wahlberechtigten Bürgerinnen und Bürgern aller heute 28 Mitgliedstaaten direkt gewählt.

231. Was bedeutet der Begriff „europäische Integration"?

- ☐ Damit sind amerikanische Einwanderer in Europa gemeint.
- ☐ Der Begriff meint den Einwanderungsstopp nach Europa.
- ☐ Damit sind europäische Auswanderer in den USA gemeint.
- ☒ Der Begriff meint den Zusammenschluss europäischer Staaten zur EU.

Anmerkung: In der Sprache des Europäischen Einigungswerkes wird mit „Integration" der **Zusammenschluss souveräner europäischer Staaten in der europäischen Union – EU** – beschrieben. In diesem Sinn ist die Integration der heute 28 EU-Mitgliedsländer eine bisher einmalige Form des Zusammenfindens von Staaten, bei der Hoheitsrechte aufgegeben oder eingeschränkt und auf neue, überstaatliche Institutionen übertragen werden.

232. Wer wird bei der Europawahl gewählt?

- ☐ die Europäische Kommission
- ☐ die Länder, die in die EU eintreten dürfen
- ☒ die Abgeordneten des Europäischen Parlaments
- ☐ die europäische Verfassung

Anmerkung: Die Bezeichnung „Europawahl" ist unscharf. Gewählt wird natürlich nicht „Europa", sondern ein Parlament. Genauer: das **Europäische Parlament**. Und es ist auch nicht das Parlament „Europas", sondern die Völkervertretung und gemeinsames Organ der Europäischen Union. Hier spiegelt sich die Vielfalt der Union wider. Alle Mitgliedstaaten entsenden eine ihrer Größe entsprechende Zahl von Abgeordneten, die unmittelbar von den Bürgerinnen und Bürgern auf jeweils fünf Jahre gewählt werden.

233. Welches Land ist ein Nachbarland von Deutschland?

- ☒ Tschechien
- ☐ Bulgarien
- ☐ Griechenland
- ☐ Portugal

Anmerkung: Vgl. Frage 222.

234. Wo ist der Sitz des Europäischen Parlaments?

- ☐ London
- ☐ Paris
- ☐ Berlin
- ☒ Straßburg

Anmerkung: Das Europäische Parlament, die Völkervertretung und gemeinsames Organ der Europäischen Union (EU), hat seinen offiziellen Sitz in **Straßburg.** Dort finden zwölfmal im Jahr Plenartagungen statt. Die Abgeordnetenbüros befinden sich in Brüssel. Gewählt wird das Europäische Parlament alle fünf Jahre direkt von den wahlberechtigten Bürgerinnen und Bürgern aller 28 Mitgliedstaaten.

235. Der französische Staatspräsident François Mitterrand und der deutsche Bundeskanzler Helmut Kohl gedenken in Verdun gemeinsam der Toten beider Weltkriege. Welches Ziel der Europäischen Union wird bei diesem Treffen deutlich?

- ☐ Freundschaft zwischen England und Deutschland
- ☐ Reisefreiheit in alle Länder der EU
- ☒ Frieden und Sicherheit in den Ländern der EU
- ☐ einheitliche Feiertage in den Ländern der EU

Anmerkung: Die Grundlagen der heutigen Europäischen Union wurden in den „Römischen Verträgen" gelegt. Am 27. März 1957 wurden sie unterzeichnet. In der Präambel dokumentierten die sechs Gründerstaaten Belgien, die Bundessrepublik Deutschland, Frankreich, Italien, Luxemburg und die Niederlande ihre „Entschlossenheit, die Grundlagen für einen immer engeren Zusammenschluss der europäischen Völker zu schaffen". Sie bekannten sich zu dem Ziel, „durch gemeinsames Handeln den wirtschaftlichen und sozialen Fortschritt ihrer Länder zu sichern" und zeigten sich entschlossen, durch diesen Zusammenschluss „Frieden und Freiheit zu wahren und zu festigen …".

Im Dezember 2012 erhielt die Europäische Union in einer feierlichen Zeremonie den Friedensnobelpreis. Das Nobelkomitee würdigte die Leistung der EU und ihrer Bürger, über sechs Jahrzehnte zu einem friedlichen Europa beigetragen zu haben und zu einer Friedensmacht geworden zu sein. Ausdrücklich wurde die deutsch-französische Aussöhnung als herausragendes Ereignis in der Geschichte der Union hervorgehoben.

236. Wie viele Mitgliedstaaten hat die EU heute?

- ☐ 21
- ☐ 23
- ☐ 25
- ☒ 28

Anmerkung: Mit den Beitritten Bulgariens als 26. und Rumäniens als 27. Mitgliedstaat am 1. Januar 2007 sowie mit dem jüngsten Beitritt Kroatiens am 1. Juli 2013 zählt die Europäische Union (EU) heute **28 Mitgliedstaaten**:

Den sechs Gründerstaaten von 1957, nämlich Belgien, der Bundesrepublik Deutschland, Frankreich, Italien, Luxemburg und den Niederlanden, folgten 1973 Dänemark, Irland und Großbritannien, 1981 Griechenland, 1986 Portugal und Spanien, 1995 Finnland, Österreich und Schweden, und 2004 – nach dem Ende der Teilung Europas in Ost und West – die zehn Staaten Estland, Lettland und Litauen, Tschechien, Ungarn und Polen, die Slowakei, Slowenien sowie Malta und Zypern.

Am 23. Juli 2016 stimmten knapp 52 Prozent der britischen Wähler – bei einer Wahlbeteiligung von insgesamt 72 Prozent – in einem Referendum dafür, dass Großbritannien die Europäische Union verlassen soll. Bis zu einem für 2019 vorgesehenen tatsächlichen Austritt oder einem Abschluss entsprechender Verhandlungen aber bleibt Großbritannien vollwertiges EU-Mitglied.

237. 2007 wurde das 50-jährige Jubiläum der „Römischen Verträge" gefeiert. Was war der Inhalt der Verträge?

- ☐ Beitritt Deutschlands zur NATO
- ☒ Gründung der Europäischen Wirtschaftsgemeinschaft (EWG)
- ☐ Verpflichtung Deutschlands zu Reparationsleistungen
- ☐ Festlegung der Oder-Neiße-Linie als Ostgrenze

Anmerkung: Mit der Unterzeichnung der sogenannten „Römischen Verträge" wurden am 25. März 1957 in Rom die Grundlagen der heutigen Europäischen Union (EU) geschaffen. Sechs Staaten – nämlich Belgien, die Bundesrepublik Deutschland, Frankreich, Italien, Luxemburg und die Niederlande gründeten die **„Europäische Wirtschaftsgemeinschaft" (EWG)** und die „europäische Atomgemeinschaft" (Euratom).

Der am 4. April 1949 gegründeten NATO ist Deutschland bereits 1955 beigetreten.

Zur sogenannten Oder-Neiße-Linie, der neuen Ostgrenze Deutschlands, trafen die vier Siegermächte des Zweiten Weltkriegs erste Abmachungen im Potsdamer Abkommen vom 2. August 1945. Auf eine endgültigen Regelung der Grenzen in Mitteleuropa einigten sich dann die Sowjetunion, die USA, Großbritannien und Frankreich gemeinsam mit der Bundesrepublik Deutschland und der ihr beitretenden DDR in einem Vertrag vom 12. September 1990 – dem „Zwei plus Vier-Vertrag" – im Vorfeld der deutschen Wiedervereinigung. Mit diesem Vertrag erhielt das vereinte Deutschland seine volle Souveränität zurück.

238. An welchen Orten arbeitet das Europäische Parlament?

- ☐ Paris, London und Den Haag
- ☒ Straßburg, Luxemburg und Brüssel
- ☐ Rom, Bern und Wien
- ☐ Bonn, Zürich und Mailand

Anmerkung: Das Europäische Parlament, die Völkervertretung und gemeinsames Organ der Europäischen Union (EU), hat seinen offiziellen Sitz in **Straßburg.** Dort finden zwölfmal im Jahr Plenartagungen statt. Andererseits finden weitere Plenartagungen in **Brüssel** statt. Dort treten auch die parlamentarischen Ausschüsse zusammen. Das Generalsekretariat schließlich arbeitet in **Luxemburg.**

Gewählt wird das Europäische Parlament alle fünf Jahre direkt von den wahlberechtigten Bürgerinnen und Bürgern aller heute 28 Mitgliedstaaten.

239. Durch welche Verträge schloss sich die Bundesrepublik Deutschland mit anderen Staaten zur Europäischen Wirtschaftsgemeinschaft zusammen?

- ☐ durch die „Hamburger Verträge"
- ☒ durch die „Römischen Verträge"
- ☐ durch die „Pariser Verträge"
- ☐ durch die „Londoner Verträge"

Anmerkung: Vgl. Frage 237.

240. Seit wann bezahlt man in Deutschland mit dem Euro in bar?

- ☐ 1995
- ☐ 1998
- ☒ 2002
- ☐ 2005

Anmerkung: Nach dem Zweiten Weltkrieg setzten die drei Westmächte in den drei von ihnen kontrollierten Zonen Deutschlands die Deutsche Mark – DM – als Zahlungsmittel fest. Zuvor waren Versuche, zu einer einheitlichen Währung für alle vier Besatzungszonen zu gelangen, am Widerstand der Sowjetunion gescheitert.

Die Deutsche Mark erwarb sich in den folgenden fünf Jahrzehnten weltweit den Ruf einer stabilen Währung. Am 1. Januar 2002 wurde in zunächst 11, später in weiteren 8 Staaten der Europäischen Union der Euro eingeführt. In Deutschland, das sich von Anfang an an dieser gemeinsamen Währung beteiligte, löste der Euro die D-Mark ab. **Seit 1. März 2002 ist der Euro in Deutschland als alleiniges Zahlungsmittel in Münzen und Scheinen im Umlauf.**

241. Frau Seger bekommt ein Kind. Was muss sie tun, um Elterngeld zu erhalten?

- ☐ Sie muss an die Krankenkasse schreiben.
- ☒ Sie muss einen Antrag bei der Elterngeldstelle stellen.
- ☐ Sie muss nichts tun, denn sie bekommt automatisch Elterngeld.
- ☐ Sie muss das Arbeitsamt um Erlaubnis bitten.

Anmerkung: Das Elterngeld unterstützt Familien nach der Geburt eines Kindes. Das Elterngeld fängt einen Einkommenswegfall auf, wenn Eltern nach der Geburt für ihr Kind da sein wollen und ihre berufliche Arbeit unterbrechen oder einschränken.

Das Elterngeld wird an Väter und Mütter für maximal 14 Monate gezahlt; beide können den Zeitraum frei untereinander aufteilen. Ein Elternteil kann dabei mindestens zwei und höchstens zwölf Monate für sich in Anspruch nehmen; zwei weitere Monate gibt es, wenn sich auch der andere Elternteil an der Betreuung des Kindes beteiligt. Alleinerziehende, die das Elterngeld zum Ausgleich des wegfallenden Erwerbseinkommens beziehen, erhalten für die vollen 14 Monate Elterngeld.

Das Elterngeld muss rechtzeitig schriftlich bei der Elterngeldstelle **beantragt** werden. Das Elterngeld ist zwar eine Leistung des Bundes. Die Verwaltung des Elterngeldes liegt aber bei den Bundesländern und ist daher unterschiedlich geregelt. Teilweise sind die Landkreise zuständig, teilweise die Kommunen und manchmal auch besondere Behörden. Welche **Elterngeldstellen** bereitstehen, muss also von Land zu Land gesondert ermittelt werden.

Die Höhe des Elterngelds orientiert sich am durchschnittlich monatlich verfügbaren Erwerbseinkommen, welches der betreuende Elternteil im Jahr vor der Geburt hatte. Es beträgt mindestens 300 Euro und höchstens 1.800 Euro.

242. Wer entscheidet, ob ein Kind in Deutschland in den Kindergarten geht?

- ☐ der Staat
- ☐ die Bundesländer
- ☒ die Eltern / die Erziehungsberechtigten
- ☐ die Schulen

Anmerkung: „Pflege und Erziehung der Kinder sind das natürliche Recht der Eltern und die zuvörderst ihnen obliegende Pflicht." So steht es in Artikel 6 Absatz 2 des Grundgesetzes. Damit geht das elterliche Erziehungsrecht dem des Staates vor. Der Staat hat nur eine überwachende, unterstützende und ergänzende Funktion. Daher entscheiden **die Eltern** bzw. **die Erziehungsberechtigten** auch eigenständig und frei darüber, ob ihr Kind in einen Kindergarten gehen soll oder nicht.

243. Maik und Sybille wollen mit Freuden an ihrem deutschen Wohnort eine Demonstration auf der Straße abhalten. Was müssen sie vorher tun?

- ☒ Sie müssen die Demonstration anmelden.
- ☐ Sie müssen nichts tun. Man darf in Deutschland jeder Zeit überall demonstrieren.
- ☐ Sie können gar nichts tun, denn Demonstrationen sind in Deutschland grundsätzlich verboten.
- ☐ Maik und Sybille müssen einen neuen Verein gründen, weil nur Vereine demonstrieren dürfen.

Anmerkung: Alle Deutschen haben das grundsätzliche Recht, sich „ohne Anmeldung oder Erlaubnis friedlich und ohne Waffen zu versammeln". So steht es in Artikel 8 des Grundgesetzes.

Für Versammlungen und Demonstrationen unter freiem Himmel – also auch auf der Straße – aber gilt nach dem Versammlungsgesetz zusätzlich: Sie müssen bei der Ordnungsbehörde / Polizei **angemeldet** werden, und die Demonstrationsteilnehmer dürfen sich nicht uniformieren oder vermummen. Für den Fall, dass eine solche angemeldete Demonstration polizeilich verboten wird, können Rechtsmittel eingelegt werden.

244. Welchen Schulabschluss braucht man normalerweise, um an einer Universität in Deutschland ein Studium zu beginnen?

- ☒ das Abitur
- ☐ ein Diplom
- ☐ die Prokura
- ☐ eine Gesellenprüfung

Anmerkung: Das **Abitur** steht für den höchsten allgemeinbildenden Schulabschluss in Deutschland. Das Abitur- oder Reifezeugnis bescheinigt die Allgemeine Hochschulreife und ist die Zugangsberechtigung zu einem Studium an einer Universität oder Hochschule.

Im Unterschied zum Abitur beschränkt die Fachgebundene Hochschulreife – umgangssprachlich das „Fachabitur" – die Hochschulzugangsberechtigung auf bestimmte, meist fachgebundene Studiengänge.

245. Wer darf in Deutschland <u>nicht</u> als Paar zusammenleben?

- ☐ Hans (20 Jahre) und Marie (19 Jahre)
- ☐ Tom (20 Jahre) und Klaus (45 Jahre)
- ☐ Sofie (35 Jahre) und Lisa (40 Jahre)
- ☒ Anne (13 Jahre) und Tim (25 Jahre)

Anmerkung: Wenn gleichgeschlechtliche Partner als Paar zusammenleben wollen, ist das in Deutschland nicht nur seit langem erlaubt; das 2001 in Kraft getretene Lebenspartnerschaftsgesetz ermöglichte es ihnen darüber hinaus, ihrem Zusammenleben einen familienrechtlichen Status zu geben. Mit einer am 1. Oktober 2017 in Kraft getretenen Änderung des Bürgerlichen Gesetzbuches dürfen gleichgeschlechtliche Paare nun auch die **Ehe** miteinander eingehen.

Allerdings nicht als Paar zusammenleben darf man mit **Minderjährigen,** hier also mit der dreizehnjährigen Anne. In Deutschland ist man mit Vollendung des achtzehnten Lebensjahres volljährig. Zu beachten ist, dass in diesem Zusammenhang auch das deutsche Strafrecht Grenzen setzt und Personen unter vierzehn Jahren, also Kinder, besonders schützt. So stellt § 176 Strafgesetzbuch (StGB) etwa sexuelle Handlungen an oder mit Kindern unter Strafe.

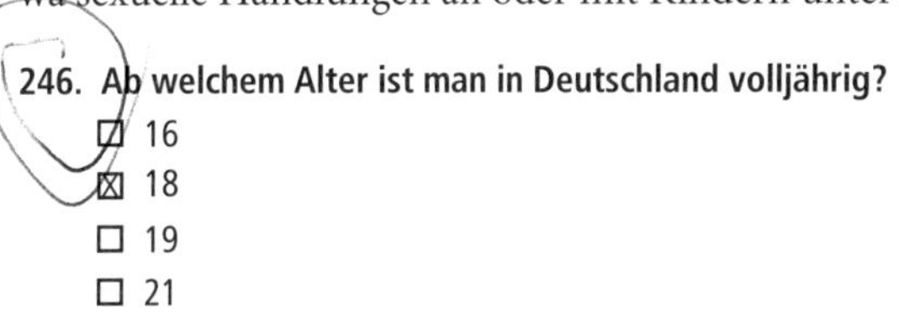

246. Ab welchem Alter ist man in Deutschland volljährig?

- ☐ 16
- ☒ 18
- ☐ 19
- ☐ 21

Anmerkung: In Deutschland ist man mit Vollendung des **achtzehnten Lebensjahres** volljährig.

247. Eine Frau ist schwanger. Sie ist kurz vor und nach der Geburt ihres Kindes vom Gesetz besonders geschützt. Wie heißt dieser Schutz?

- ☐ Elternzeit
- ☒ Mutterschutz
- ☐ Geburtsvorbereitung
- ☐ Wochenbett

Anmerkung: Die (werdende) Mutter und ihr Kind sollen vor Gefährdungen, Überforderungen und Gesundheitsschädigungen am Arbeitsplatz geschützt werden, ebenso vor finanziellen Einbußen sowie vor dem Verlust des Arbeitsplatzes während der Schwangerschaft und einige Zeit nach der Geburt. Diesen Zielen dient der **gesetzliche Mutterschutz.**

Das Mutterschutzgesetz gilt für alle (werdenden) Mütter, die in einem Arbeitsverhältnis stehen, das heißt auch für Heimarbeiterinnen, Hausangestellte, geringfügig Beschäftige und weibliche Auszubildende. Damit der Arbeitgeber die Mutterschutzbestimmungen einhalten kann, sollen Frauen dem Unternehmen ihre Schwangerschaft und den mutmaßlichen Tag der Entbindung mitteilen, sobald ihnen diese Tatsachen bekannt sind.

Werdende Mütter dürfen in den letzten 6 Wochen vor der Entbindung und bis zum Ablauf von 8 Wochen, bei Früh- und Mehrlingsgeburten bis zum Ablauf von 12 Wochen nach der Entbindung nicht beschäftigt werden. Vom Beginn der Schwangerschaft an bis zum Ablauf von vier Monaten nach der Entbindung ist die Kündigung des Arbeitsverhältnisses durch das Unternehmen bis auf wenige Ausnahmen unzulässig.

248. Die Erziehung der Kinder ist in Deutschland vor allem Aufgabe …

☐ des Staates.
☒ der Eltern.
☐ der Großeltern.
☐ der Schulen.

Anmerkung: „Pflege und Erziehung der Kinder sind das natürliche Recht **der Eltern** und die zuvörderst ihnen obliegende Pflicht." – So steht es in Artikel 6 Absatz 2 Satz 1 GG. Der Staat hat nur eine überwachende, eine unterstützende und ergänzende Funktion. Das Grundgesetz würdigt damit den hohen Wert privater Lebensgestaltung. Der Lebensbereich von Ehe und Familie soll eigenständig sein, in der eigenen Verantwortung bleiben und vor staatlicher Einwirkung geschützt sein.

249. Wer ist in Deutschland hauptsächlich verantwortlich für die Kindererziehung?

☐ der Staat
☒ die Eltern
☐ die Verwandten
☐ die Schulen

Anmerkung: Vgl. Frage 248.

250. In Deutschland hat man die besten Chancen auf einen gut bezahlten Arbeitsplatz, wenn man …

☐ katholisch ist.
☒ gut ausgebildet ist.
☐ eine Frau ist.
☐ Mitglied einer Partei ist.

Anmerkung: Für hochqualifizierte Fachkräfte aus aller Welt ist Deutschland ein attraktives Land zum Leben und Arbeiten. Gerade in den Branchen, in denen sich ein Fachkräftemangel abzeichnet, werden attraktive Gehälter und gute berufliche Weiterentwicklungsmöglichkeiten geboten. Insbesondere Ingenieure, Informatiker,

Naturwissenschaftler und gute Wirtschaftswissenschaftler haben exzellente Aussichten auf dem Arbeitsmarkt.

Hat man in einem dieser Bereiche auch noch Berufserfahrung, dann gehört man zu den begehrten hochqualifizierten Fachkräften und wird oft von vielen Unternehmen umworben.

251. Wenn man in Deutschland ein Kind schlägt, …

- ☐ geht das niemanden etwas an.
- ☐ geht das nur die Familie etwas an.
- ☐ kann man dafür nicht bestraft werden.
- ☒ kann man dafür bestraft werden.

Anmerkung: Schläge – selbstverständlich auch dann, wenn sie vielleicht sogar den eigenen Kindern gelten – können unter § 223 des Strafgesetzbuches (StGB) fallen und **als Körperverletzung bestraft** werden. In krassen Fällen der Misshandlung von Personen unter achtzehn Jahren, die der Führung und Obhut unterstehen, sieht § 225 StGB einen zusätzlichen Strafrahmen vor.

Auch ein Züchtigungsrecht der Eltern gegenüber ihren Kindern gibt es in Deutschland nicht. Es wurde im Jahr 2000 durch eine Änderung des Bürgerlichen Gesetzbuches (BGB) ausdrücklich abgeschafft. Kinder haben nun ein verbrieftes „Recht auf gewaltfreie Erziehung“: „Körperliche Bestrafungen, seelische Verletzungen und andere entwürdigende Maßnahmen sind unzulässig“ – so § 1631 Absatz 2 BGB.

252. In Deutschland …

- ☒ darf man zur gleichen Zeit nur mit einem Partner / einer Partnerin verheiratet sein.
- ☐ kann man mehrere Ehepartner / Ehepartnerinnen gleichzeitig haben.
- ☐ darf man nicht wieder heiraten, wenn man einmal verheiratet war.
- ☐ darf eine Frau nicht wieder heiraten, wenn ihr Mann gestorben ist.

Anmerkung: In Deutschland ist es verboten, **mit mehr als einem Ehepartner zur gleichen Zeit verheiratet** zu sein. Das Bürgerliche Gesetzbuch (BGB) schützt den Grundsatz der Einehe in § 1306: „Eine Ehe darf nicht geschlossen werden, wenn zwischen einer der Personen, die die Ehe miteinander eingehen wollen, und einer dritten Person eine Ehe oder eine Lebenspartnerschaft besteht.“

Die Doppelehe oder „Bigamie“ ist darüber hinaus in § 171 Strafgesetzbuch (StGB) unter Strafe gestellt.

Wer rechtskräftig geschieden oder verwitwet ist, darf selbstverständlich erneut heiraten.

253. Wo müssen Sie sich anmelden, wenn Sie in Deutschland umziehen?

- ☒ beim Einwohnermeldeamt
- ☐ beim Standesamt
- ☐ beim Ordnungsamt
- ☐ beim Gewerbeamt

Anmerkung: Das **Einwohnermeldeamt** hat die Aufgabe, die in seinem Zuständigkeitsbereich wohnenden Einwohner zu registrieren. Jeder Einwohner ist verpflichtet, seinen Zuzug und Wegzug bei dieser Meldebehörde anzuzeigen. Die Einwohnermeldeämter sind öffentlich. Sie geben auch Auskünfte, wenn etwa ein Gläubiger auf der Suche nach seinem Schuldner dessen (neue) Anschrift ermitteln will.

Vor dem Standesamt wird in Deutschland die Ehe geschlossen. Das Ordnungsamt ist für die öffentliche Ordnung zuständig, und bei Gewerbeämtern meldet man, wenn man sich selbständig wirtschaftlich betätigen will, sein Gewerbe an.

254. In Deutschland dürfen Ehepaare sich scheiden lassen. Meistens müssen sie dazu das „Trennungsjahr" einhalten. Was bedeutet das?

- ☐ Der Scheidungsprozess dauert ein Jahr.
- ☐ Mann und Frau sind ein Jahr verheiratet, dann ist die Scheidung möglich.
- ☐ Das Besuchsrecht für die Kinder gilt ein Jahr.
- ☒ Mann und Frau führen mindestens ein Jahr getrennt ihr eigenes Leben. Danach ist die Scheidung möglich.

Anmerkung: Die Scheidung kann nach dem Bürgerlichen Gesetzbuch ohne Rücksicht auf ein Verschulden verlangt werden, wenn die Ehe gescheitert ist. Das Scheitern der Ehe wird unwiderlegbar vermutet, wenn die Ehepartner drei Jahre getrennt gelebt haben. Sind aber beide Partner mit der Scheidung einverstanden, dann genügt eine **einjährige Trennungszeit.**

255. Bei Erziehungsproblemen können Eltern in Deutschland Hilfe erhalten vom …

- ☐ Ordnungsamt.
- ☐ Schulamt.
- ☒ Jugendamt.
- ☐ Gesundheitsamt.

Anmerkung: Das **Jugendamt** soll die Eltern bei der Erziehung ihrer Kinder unterstützen. Bei Anhaltspunkten für eine Gefährdung des Wohls des Kindes ist das Jugendamt sogar verpflichtet, eine Schutzfunktion zu übernehmen und einzuschreiten.

256. Ein Ehepaar möchte in Deutschland ein Restaurant eröffnen. Was braucht es dazu unbedingt?

- ☐ eine Erlaubnis der Polizei
- ☐ eine Genehmigung einer Partei
- ☐ eine Genehmigung des Einwohnermeldeamts
- ☒ eine Gaststättenerlaubnis von der zuständigen Behörde

Anmerkung: In Deutschland gilt schon seit 1869 der Grundsatz der Gewerbefreiheit. Jedermann kann ein Gewerbe betreiben, sich also selbständig wirtschaftlich betätigen, um Gewinne zu erzielen. Wer speziell Getränke und Speisen zum Verzehr an einem festen Ort anbietet – also ein Restaurant oder auch nur eine Imbissbude betreiben will – benötigt grundsätzlich eine **gaststättenrechtliche Erlaubnis.** Sie wird nur zuverlässigen Gewerbetreibenden erteilt. Verschiedene Regeln sind einzuhalten, die etwa den Ausschank von alkoholischen Getränken oder Sperrzeiten betreffen. Hierüber wachen die Gewerbeaufsichtsämter.

257. Eine erwachsene Frau möchte in Deutschland das Abitur nachholen. Das kann sie an …

- ☐ einer Hochschule.
- ☒ einem Abendgymnasium.
- ☐ einer Hauptschule.
- ☐ einer Privatuniversität.

Anmerkung: Abendschulen bieten Erwachsenen die Möglichkeit, sich weiterzubilden. Das **Abendgymnasium** führt zur allgemeinen Hochschulreife, also zum Abitur. Die Bewerber müssen eine abgeschlossene Berufsausbildung oder eine mindestens dreijährige Berufstätigkeit nachweisen und mindestens achtzehn Jahre alt sein. Der Schulbesuch dauert sechs bis acht Semester und endet mit der staatlichen Abiturprüfung.

Weitere Abendschulen sind die Abendrealschule und die Abendhauptschule.

258. Was darf das Jugendamt in Deutschland?

- ☐ Es entscheidet, welche Schule das Kind besucht.
- ☒ Es kann ein Kind, das geschlagen wird oder hungern muss, aus der Familie nehmen.
- ☐ Es bezahlt das Kindergeld an die Eltern.
- ☐ Es kontrolliert, ob das Kind einen Kindergarten besucht.

Anmerkung: Das Jugendamt soll die Eltern bei der Erziehung ihrer Kinder unterstützen. Bei Anhaltspunkten für eine Gefährdung des Wohls des Kindes ist das Jugendamt sogar verpflichtet, eine **Schutzfunktion zu übernehmen und einzuschreiten.**

259. Das Berufsinformationszentrum BIZ bei der Bundesagentur für Arbeit in Deutschland hilft bei der …

- ☐ Rentenberechnung.
- ☒ Lehrstellensuche.
- ☐ Steuererklärung.
- ☐ Krankenversicherung.

Anmerkung: Das Berufsinformationszentrum – BIZ – bei der Bundesagentur für Arbeit ist die richtige Adresse für jeden, der vor einer beruflichen Entscheidung steht. Hier erfährt man Einzelheiten über Ausbildung und Studium, über verschiedene Berufsbilder und deren Anforderungsprofile, über Weiterbildung und Umschulung. Das BIZ informiert über die Entwicklungen auf dem Arbeitsmarkt und hilft bei der **Lehrstellensuche.**

Berufsinformationszentren gibt es in allen 178 Agenturen für Arbeit. Die Nutzung des BIZ ist kostenlos.

260. In Deutschland hat ein Kind in der Schule …

- ☐ Recht auf unbegrenzte Freizeit.
- ☐ Wahlfreiheit für alle Fächer.
- ☐ Anspruch auf Schulgeld.
- ☒ Anwesenheitspflicht.

Anmerkung: Mit Vollendung des sechsten Lebensjahres beginnt für jedes Kind die Schulpflicht. Sie schließt naturgemäß die Pflicht ein, im Unterricht **anwesend zu sein.**

261. Ein Mann möchte mit 30 Jahren in Deutschland sein Abitur nachholen. Wo kann er das tun? An …

☐ einer Hochschule
☒ einem Abendgymnasium
☐ einer Hauptschule
☐ einer Privatuniversität

Anmerkung: Vgl. Frage 257.

262. Was bedeutet in Deutschland der Grundsatz der Gleichbehandlung?

☒ Niemand darf z. B. wegen einer Behinderung benachteiligt werden.
☐ Man darf andere Personen benachteiligen, wenn ausreichende persönliche Gründe hierfür vorliegen.
☐ Niemand darf gegen Personen klagen, wenn sie benachteiligt wurden.
☐ Es ist für alle Gesetz, benachteiligten Gruppen jährlich Geld zu spenden.

Anmerkung: Der Gleichheitssatz gehört zu den Leitprinzipien der gesamten Rechtsordnung. Artikel 3 Absatz 1 GG lautet: „Alle Menschen sind vor dem Gesetz gleich."

Artikel 3 GG enthält neben diesem allgemeinen Gleichheitssatz in seinem Absatz 3 das folgende speziellere Diskriminierungsverbot: „Niemand darf wegen seines Geschlechts, seiner Abstammung, seiner Rasse, seiner Sprache, seiner Heimat und Herkunft, seines Glaubens, seiner religiösen oder politischen Anschauungen benachteiligt oder bevorzugt werden. Niemand darf wegen seiner **Behinderung** benachteiligt werden."

263. In Deutschland sind Jugendliche ab 14 Jahren strafmündig. Das bedeutet: Jugendliche, die 14 Jahre und älter sind und gegen Strafgesetze verstoßen, …

☒ werden bestraft.
☐ werden wie Erwachsene behandelt.
☐ teilen die Strafe mit ihren Eltern.
☐ werden nicht bestraft.

Anmerkung: Wer strafmündig ist, kann nach den Strafgesetzen **bestraft** werden.

Die Strafmündigkeit entwickelt sich altersgemäß in Stufen. Ab dem 14. Lebensjahr ist man zunächst nur bedingt strafmündig. Ab dem 18. Lebensjahr spricht man von einer Strafmündigkeit als Heranwachsender. Die volle strafrechtliche Verantwortlichkeit als Erwachsener beginnt mit Vollendung des 21. Lebensjahres.

264. Zu welchem Fest tragen Menschen in Deutschland bunte Kostüme und Masken?

- ☒ am Rosenmontag
- ☐ am Maifeiertag
- ☐ beim Oktoberfest
- ☐ an Pfingsten

Anmerkung: Das Verkleiden mit Masken und bunten Kostümen ist eine Tradition, die sich vor Beginn der vorösterlichen Fastenzeit in verschiedenen Regionen Deutschlands wiederfindet. So feiert man etwa im Rheinland den Karneval, im südlichen Baden die Fassenacht oder in München den Fasching. Höhepunkt des karnevalistischen Treibens ist der **Rosenmontag.** Das ist stets der Montag vor Aschermittwoch, an dem für die christlichen Kirchen die bis zum Osterfest dauernde sechswöchige Fastenzeit beginnt.

265. Wohin muss man in Deutschland zuerst gehen, wenn man heiraten möchte?

- ☐ zum Einwohnermeldeamt
- ☐ zum Ordnungsamt
- ☐ zur Agentur für Arbeit
- ☒ zum Standesamt

Anmerkung: In Deutschland muss eine Ehe **vor dem Standesbeamten** geschlossen werden. Beide Partner müssen persönlich und gleichzeitig anwesend sein und erklären, die Ehe miteinander eingehen zu wollen. Der Standesbeamte trägt die Eheschließung, die ein familienrechtlicher Vertrag ist, in das Heiratsbuch ein. Je nach Religionszugehörigkeit oder Konfession kann auf Wunsch etwa eine kirchliche Trauung folgen.

266. Wann beginnt die gesetzliche Nachtruhe in Deutschland?

- ☐ wenn die Sonne untergeht.
- ☐ wenn die Nachbarn schlafen gehen
- ☐ Mitternacht, um 0 Uhr
- ☒ um 22 Uhr

Anmerkung: Die Nachtruhe wird in Deutschland durch das Landes-Immissionsschutzgesetz geregelt. Dieses Gesetz kann sich von Bundesland zu Bundesland unterscheiden. Jeder kann es aber auf dem Internetportal seines Bundeslandes nachlesen. Prinzipiell gilt: Von 22 Uhr bis 6 Uhr morgens sollte unnötiger Lärm vermieden werden.

267. Eine junge Frau in Deutschland, 22 Jahre alt, lebt mit ihrem Freund zusammen. Die Eltern der Frau finden das nicht gut, weil ihnen der Freund nicht gefällt. Was können die Eltern tun?

- ☒ Sie müssen die Entscheidung der volljährigen Tochter respektieren.
- ☐ Sie haben das Recht, die Tochter in die elterliche Wohnung zurückzuholen.
- ☐ Sie können zur Polizei gehen und die Tochter anzeigen.
- ☐ Sie suchen einen anderen Mann für die Tochter.

Anmerkung: Mit der **Volljährigkeit,** nach deutschem Zivilrecht also mit Vollendung des 18. Lebensjahres, ist man zugleich voll geschäftsfähig und kann über seine persönlichen Belange eigenverantwortlich entscheiden.

268. Eine junge Frau will den Führerschein machen. Sie hat Angst vor der Prüfung, weil ihre Muttersprache nicht deutsch ist. *Was ist richtig?*

- ☐ Sie muss mindestens zehn Jahre in Deutschland leben, bevor sie den Führerschein machen kann.
- ☐ Wenn sie kein Deutsch kann, darf sie keinen Führerschein haben.
- ☐ Sie muss den Führerschein in dem Land machen, in dem man ihre Sprache spricht.
- ☒ Sie kann die Theorie-Prüfung vielleicht in ihrer Muttersprache machen. Es gibt mehr als zehn Sprachen zur Auswahl.

Anmerkung: Wer die theoretische Führerscheinprüfung ablegt, darf zwar nicht mehr seinen eigenen Dolmetscher mitbringen. Die Theorie-Prüfung kann aber in deutscher oder in verschiedenen anderen Sprachen abgelegt werden.

Die elf in diesem Rahmen akzeptierten Fremdsprachen sind Englisch, Französisch, Griechisch, Italienisch, Kroatisch, Polnisch, Portugiesisch, Rumänisch, Russisch, Spanisch und Türkisch.

269. In Deutschland haben Kinder ab dem Alter von drei Jahren bis zur Einschulung einen Anspruch auf ...

- ☐ monatliches Taschengeld.
- ☐ einen Platz in einem Sportverein.
- ☒ einen Kindergartenplatz.
- ☐ einen Ferienpass.

Anmerkung: Seit 1996 hat jedes Kind, welches das dritte Lebensjahr vollendet hat, bis zur Einschulung einen Rechtsanspruch auf einen **Kindergartenplatz.** Dieser Anspruch wurde gesetzlich verankert. Er gilt für jedes Kind im Alter vom dritten Lebensjahr an bis zum Schuleintritt.

Ab dem 1. August 2013 haben Kinder schon ab Vollendung des ersten Lebensjahres bis zum dritten Lebensjahr einen Rechtsanspruch auf frühkindliche Förderung in einer Tageseinrichtung oder in der Kindertagespflege.

270. Die Volkshochschule in Deutschland ist eine Einrichtung ...

- ☐ für den Religionsunterricht.
- ☐ nur für Jugendliche.
- ☒ zur Weiterbildung.
- ☐ nur für Rentner und Rentnerinnen.

Anmerkung: Volkshochschulen sind öffentliche Einrichtungen der **Weiterbildung** für Erwachsene. Getragen werden sie unmittelbar oder mittelbar von den Kommunen, also den Städten und Gemeinden. Sie tragen öffentliche Verantwortung und stehen jedermann offen.

Sie arbeiten flächendeckend, überparteilich und überkonfessionell. Die vielfältigen – auch kulturellen – Angebote der Volkshochschulen sind ein fester Bestandteil des öffentlichen Bildungswesens. Sie richten sich nach den Weiterbildungsinteressen und -bedürfnissen der Menschen vor Ort. Auch abschlussbezogene Qualifikationen werden dort vermittelt.

271. Was ist in Deutschland ein Brauch zu Weihnachten?

- ☐ bunte Eier verstecken
- ☒ einen Tannenbaum schmücken
- ☐ sich mit Masken und Kostümen verkleiden
- ☐ Kürbisse vor die Tür stellen

Anmerkung: In Deutschland ist es ein traditionsreicher Brauch, zu Weihnachten einen **Tannenbaum** mit Kugeln und Kerzen zu schmücken und auf diese Weise der Wohnung an den Festtagen weihnachtlichen Glanz zu verleihen.

Der Brauch, für Kinder bunte Eier zu verstecken, wird zu Ostern gepflegt. Das Verkleiden mit Masken und Kostümen ist eine Tradition, die sich vor Beginn der vorösterlichen Fastenzeit in verschiedenen Regionen Deutschlands wiederfindet. So feiert man etwa im Rheinland den Karneval, im südlichen Baden die Fassenacht oder in München den Fasching. Der Kürbis steht für Halloween, ein Fest, das erst in jüngerer Zeit aus den USA nach Deutschland gelangt ist.

272. Welche Lebensform ist in Deutschland nicht erlaubt?

- ☐ Mann und Frau sind geschieden und leben mit neuen Partnern zusammen.
- ☐ Zwei Frauen leben zusammen.
- ☐ Ein allein erziehender Vater lebt mit seinen zwei Kindern zusammen.
- ☒ Ein Mann ist mit zwei Frauen zur selben Zeit verheiratet.

Anmerkung: Vgl. Frage 252.

273. Bei Erziehungsproblemen gehen Sie in Deutschland …

- ☐ zum Arzt / zur Ärztin.
- ☐ zum Gesundheitsamt.
- ☐ zum Einwohnermeldeamt.
- ☒ zum Jugendamt.

Anmerkung: Vgl. Frage 255.

274. Sie haben in Deutschland absichtlich einen Brief geöffnet, der an eine andere Person adressiert ist. Was haben Sie nicht beachtet?

- ☐ das Schweigerecht
- ☒ das Briefgeheimnis
- ☐ die Schweigepflicht
- ☐ die Meinungsfreiheit

Anmerkung: In Artikel 10 Absatz 1 GG heißt es: „Das **Briefgeheimnis** sowie das Post- und Fernmeldegeheimnis sind unverletzlich." Damit soll die Vertraulichkeit brieflicher Korrespondenz gewahrt werden. Vor unberechtigter Kenntnisnahme geschützt sind schriftliche Mitteilungen von Person zu Person wie Briefe, Telegramme, Postkarten, Drucksachen oder Postwurfsendungen, aber auch der Telefon- und E-Mail-Verkehr.

Wer das Briefgeheimnis absichtlich verletzt, dem droht das Strafgesetzbuch (StGB) in § 202 Strafe an.

275. Was braucht man in Deutschland für eine Ehescheidung?

- ☐ die Einwilligung der Eltern
- ☐ ein Attest eines Arztes / einer Ärztin
- ☐ die Einwilligung der Kinder
- ☒ die Unterstützung eines Anwalts / einer Anwältin

Anmerkung: Der Antrag auf Ehescheidung muss nach geltendem deutschen Recht immer durch einen zugelassenen Rechtsanwalt beim zuständigen Familiengericht eingereicht werden. So bestimmt es § 114 des Gesetzes über das Verfahren in Familiensachen und in den Angelegenheiten der freiwilligen Gerichtsbarkeit (FamFG). Eine Scheidung ohne Anwalt kann daher nicht durchgeführt werden. Man spricht hier von „Anwaltszwang".

276. Was sollten Sie tun, wenn Sie von Ihrem Ansprechpartner / Ihrer Ansprechpartnerin in einer deutschen Behörde schlecht behandelt werden?

- ☐ Ich kann nichts tun.
- ☐ Ich muss mir diese Behandlung gefallen lassen.
- ☐ Ich drohe der Person.
- ☒ Ich kann mich beim Behördenleiter / bei der Behördenleiterin beschweren.

Anmerkung: Gegen eine als ungerecht oder unrichtig empfundene Behandlung seitens einer deutschen Behörde kann man sich mit formlosen Rechtsbehelfen oder mit förmlichen Rechtsmitteln wehren. Fühlt man sich schlecht behandelt, so kann man bei der übergeordneten Stelle eine – formlose – **Dienstaufsichtsbeschwerde** erheben und auf diese Weise das persönliche Verhalten eines Beamten beanstanden. Besondere Fristen sind hierfür nicht vorgegeben. Ob eine solche Beschwerde aber erfolgreich ist, bleibt in vielen Fällen fraglich.

277. Eine Frau, die ein zweijähriges Kind hat, bewirbt sich in Deutschland um eine Stelle. Was ist ein Beispiel für Diskriminierung? Sie bekommt die Stelle nur deshalb nicht, weil sie …

☐ kein Englisch spricht.
☐ zu hohe Gehaltsvorstellungen hat.
☐ keine Erfahrungen in diesem Beruf hat.
☒ Mutter ist.

Anmerkung: Dem Arbeitgeber ist es untersagt, bei der Auswahl seiner Arbeitnehmerinnen und Arbeitnehmer Kriterien anzulegen, die dem Gleichheitsgrundsatz des Artikels 3, Absatz 2 und 3 GG widersprechen. Dieses generelle Diskriminierungsverbot kann verletzt sein, wenn eine Einstellung nicht nach Gesichtspunkten wie etwa der fehlenden fachlichen Befähigung oder beruflichen Erfahrung verweigert wird, sondern die Stelle lediglich deshalb nicht an die Bewerberin vergeben wird, weil sie **Mutter** ist.

278. Ein Mann im Rollstuhl hat sich auf eine Stelle als Buchhalter beworben. Was ist ein Beispiel für Diskriminierung? Er bekommt die Stelle nur deshalb nicht, weil er …

☒ im Rollstuhl sitzt.
☐ keine Erfahrung hat.
☐ zu hohe Gehaltsvorstellungen hat.
☐ kein Englisch spricht.

Anmerkung: Ein generelles Diskriminierungsverbot ergibt sich aus dem deutschen Grundgesetz.

Artikel 3 GG enthält neben dem allgemeinen Gleichheitssatz in Absatz 1, einem Leitprinzip der gesamten Rechtordnung, in Absatz 3 die folgende Konkretisierung: „Niemand darf wegen seines Geschlechts, seiner Abstammung, seiner Rasse, seiner Sprache, seiner Heimat und Herkunft, seines Glaubens, seiner religiösen oder politischen Anschauungen benachteiligt oder bevorzugt werden. Niemand darf wegen seiner **Behinderung** benachteiligt werden."

Für den Arbeitgeber folgt daraus das Verbot, bei der Auswahl der Arbeitnehmer bestimmte Bewerber wegen der ethnischer Herkunft, des Geschlechts, der Religion oder Weltanschauung, des Alters oder der sexuellen Identität zu benachteiligen. Bei behinderten Menschen ist im Rahmen der Sozialgesetzgebung ein zusätzliches Benachteiligungsverbot zu beachten.

279. In den meisten Mietshäusern in Deutschland gibt es eine „Hausordnung". Was steht in einer solchen „Hausordnung"? Sie nennt …

- ☐ Regeln für die Benutzung öffentlicher Verkehrsmittel.
- ☐ alle Mieter und Mieterinnen im Haus.
- ☒ Regeln, an die sich alle Bewohner und Bewohnerinnen halten müssen.
- ☐ die Adresse des nächsten Ordnungsamtes.

Anmerkung: Die Hausordnung ergänzt den Mietvertrag. In der Hausordnung finden sich Regelungen, die den Gebrauch der gemieteten Räume und der gemeinschaftlichen Einrichtungen des Hauses oder der Wohnanlage betreffen und sich **an mehrere oder alle Bewohner richten.**

280. Wenn Sie sich in Deutschland gegen einen falschen Steuerbescheid wehren wollen, müssen Sie …

- ☐ nichts machen.
- ☐ den Bescheid wegwerfen.
- ☒ Einspruch einlegen.
- ☐ warten, bis ein anderer Bescheid kommt.

Anmerkung: Mit dem Einkommensteuerbescheid werden Steuerpflichtige Bürgerinnen und Bürger über das Ergebnis ihrer steuerlichen Veranlagung unterrichtet. Der Steuerbescheid enthält nicht nur die festgesetzte Einkommensteuer, sondern auch eine Abrechnung. Entweder wird darin mitgeteilt, dass man zu viel bezahlt hat oder man wird zur Zahlung noch ausstehender Steuerbeträge aufgefordert. Entdeckt man in seinem Steuerbescheid Fehler, sollte man unverzüglich beim zuständigen Finanzamt **Einspruch einlegen.**

281. Zwei Freunde wollen in ein öffentliches Schwimmbad in Deutschland. Beide haben eine dunkle Hautfarbe und werden deshalb nicht hineingelassen. Welches Recht wird in dieser Situation verletzt? Das Recht auf …

- ☐ Meinungsfreiheit
- ☒ Gleichbehandlung
- ☐ Versammlungsfreiheit
- ☐ Freizügigkeit

Anmerkung: Vgl. Frage 278.

282. Welches Ehrenamt müssen deutsche Staatsbürger / Staatsbürgerinnen übernehmen, wenn sie dazu aufgefordert werden?

- ☐ Vereinstrainer / Vereinstrainerin
- ☒ Wahlhelfer / Wahlhelferin
- ☐ Bibliotheksaufsicht
- ☐ Lehrer / Lehrerin

Anmerkung: Wahlhelfer sorgen dafür, dass bei Wahlen im Wahllokal alles reibungslos verläuft. Wahlhelfer überprüfen im Wahllokal zum Beispiel, ob der Wähler eingetragen, also wahlberechtigt ist, und händigen den Stimmzettel aus.

Prinzipiell kann fast jeder Bürger als Wahlhelfer ausgewählt werden. Voraussetzung dafür ist in der Regel die deutsche Staatsbürgerschaft und die Volljährigkeit.

Da die ehrenamtliche Tätigkeit als Wahlhelfer eine **Bürgerpflicht** ist, kann man diese nicht ohne triftige Gründe ablehnen.

283. Was tun Sie, wenn Sie eine falsche Rechnung von einer deutschen Behörde bekommen?

- ☐ Ich lasse die Rechnung liegen.
- ☒ Ich lege Widerspruch bei der Behörde ein.
- ☐ Ich schicke die Rechnung an die Behörde zurück.
- ☐ Ich gehe mit der Rechnung zum Finanzamt.

Anmerkung: Gegen eine als unrichtig empfundene Maßnahme einer deutschen Behörde kann man sich mit formlosen Rechtsbehelfen oder mit förmlichen Rechtsmitteln wehren. Gegen eine falsche Rechnung ist der – förmliche – **Widerspruch** möglich. Innerhalb eines Monats nach Kenntnis der Rechnung muss man ihn einlegen. Die Behörde ist verpflichtet, zu reagieren. Entweder sie hilft dem Widerspruch ab, oder die nächsthöhere Behörde erlässt einen sogenannten Widerspruchsbescheid, gegen den man dann vor dem Verwaltungsgericht Klage erheben kann.

284. Was man für die Arbeit können muss, ändert sich in Zukunft sehr schnell. *Was kann man tun?*

- ☐ Es ist egal, was man lernt.
- ☒ Erwachsene müssen auch nach der Ausbildung immer weiter lernen.
- ☐ Kinder lernen in der Schule alles, was im Beruf wichtig ist. Nach der Schule muss man nicht weiter lernen.
- ☐ Alle müssen früher aufhören zu arbeiten, weil sich alles ändert.

Anmerkung: Im Arbeitsleben wird zwischen der Pflicht zur Arbeitsleistung als Hauptpflicht und den darüber hinausgehenden Pflichten eines Arbeitnehmers, also den Nebenpflichten, unterschieden. Zur Hauptleistungspflicht gehört, dass die übertragene Arbeit ordnungsgemäß verrichtet wird.

Die die Weiterbildung betreffenden Pflichten können sich aus einer vertraglichen Vereinbarung oder auch aus der Art der Aufgabenstellung und der Höhe der Vergütung ergeben.

Bei bestimmten Berufen werden gelegentlich eine besondere Fachkunde und spezielle Fähigkeiten voraussetzt. Zu solchen Fähigkeiten gehört, dass man sich auf dem aktuellen Stand seines Fachgebietes befindet.

Grundsätzlich ist jeder Mitarbeiter gehalten, seine Fähigkeiten, zu deren Verwertung der Arbeitgeber ihn eingestellt hat, auf dem neuesten „Stand der Technik" zu erhalten.

285. Frau Frost arbeitet als fest angestellte Mitarbeiterin in einem Büro.
Was muss sie nicht von ihrem Gehalt bezahlen?

- ☐ Lohnsteuer
- ☐ Beiträge zur Arbeitslosenversicherung
- ☐ Beiträge zur Renten- und Krankenversicherung
- ☒ Umsatzsteuer

Anmerkung: Die **Umsatzsteuer** besteuert Lieferungen und Leistungen, die ein Unternehmer im Rahmen seines Unternehmens im Inland gegen Entgelt ausführt.

Nach der gesetzlichen Ausgestaltung ist die Umsatzsteuer eine Verkehrsteuer, weil sie durch die Teilnahme am Leistungsaustausch ausgelöst wird: Der Wirtschaftsverkehr im Inland wird besteuert. Mit dem Gehalt von Angestellten hat sie nichts zu tun.

Rein wirtschaftlich ist die Umsatzsteuer auch eine Verbrauchsteuer, weil sie den Endabnehmer belastet, wenn dieser das jeweilige Gut konsumiert.

Die Lohnsteuer dagegen wird – ebenso wie die vom Arbeitnehmer zu leistenden Anteile zur Arbeitslosen-, zur Kranken- und zur Rentenversicherung – vom Gehalt oder Lohn einbehalten.

286. Welche Organisation in einer Firma hilft den Arbeitnehmern und Arbeitnehmerinnen bei Problemen mit dem Arbeitgeber / der Arbeitgeberin?

- ☒ der Betriebsrat
- ☐ der Betriebsprüfer / die Betriebsprüferin
- ☐ die Betriebsgruppe
- ☐ das Betriebsmanagement

Anmerkung: Ein **Betriebsrat** wird in allen Betrieben gebildet, die in der Regel mindestens fünf ständige Arbeitnehmer beschäftigen. Die Zahl der Mitglieder des Betriebsrates ist nach der Anzahl der wahlberechtigten Arbeitnehmer im Betrieb gestaffelt.

Der Betriebsrat hat die Aufgabe, beim Arbeitgeber Maßnahmen anzuregen, die dem Betrieb oder der Belegschaft dienlich sind. Er wacht darüber, dass Tarifverträge, Betriebsvereinbarungen, Gesetze und Verordnungen eingehalten werden. Auch nimmt er Anregungen der Arbeitnehmer entgegen und verhandelt darüber mit dem Arbeitgeber. Vor Kündigungen muss der Arbeitgeber den Betriebsrat anhören Schließlich kümmert er sich um die Eingliederung behinderter und hilfsbedürftiger Menschen. Er fördert die Beschäftigung älterer Arbeitnehmer im Betrieb, ist Ansprechpartner für die ausländischen Betriebsangehörigen und wacht über die tatsächliche Gleichstellung von Frauen und Männern.

Der Betriebsrat wird alle vier Jahre neu gewählt. Wahlberechtigt ist, wer das 18. Lebensjahr vollendet hat und dem Betrieb seit mindestens einem halben Jahr angehört. Die Kosten des Betriebsrates trägt der Arbeitgeber.

287. Sie möchten bei einer Firma in Deutschland Ihr Arbeitsverhältnis beenden. Was müssen Sie beachten?

- ☐ die Gehaltszahlungen
- ☐ die Arbeitszeit
- ☒ die Kündigungsfrist
- ☐ die Versicherungspflicht

Anmerkung: Arbeitgeber wie Arbeitnehmer haben bei Kündigungen des Arbeitsverhältnisses bestimmte Fristen zu beachten. Nach dem Bürgerlichen Gesetzbuch (BGB) beträgt die **Kündigungsfrist** für Arbeitnehmer, also für Arbeiter und Angestellte, vier Wochen zum 15. oder zum Ende eines Kalendermonats. Sie verlängert sich gestaffelt je nachdem, wie lange das Arbeitsverhältnis in dem Betrieb oder Unternehmen bestanden hat. Hat ein Arbeitnehmer einem Betrieb beispielsweise zehn Jahre lang angehört, so verlängert sich die Kündigungsfrist auf vier Monate.

288. Bei welchem Amt muss man in Deutschland in der Regel seinen Hund anmelden?

- ☐ beim Finanzamt
- ☐ beim Einwohnermeldeamt
- ☒ bei der Kommune (Stadt oder Gemeinde)
- ☐ beim Gesundheitsamt

Anmerkung: Hundebesitzer müssen ihre Hunde bei den **Kommunen** – also bei der Stadt oder der Gemeinde – anmelden. Dort wird auch die Hundesteuer erhoben. Steuerlich erfasst wird das Halten eines über drei Monate alten Hundes. Von der Steuer befreit sind beispielsweise Dienst- oder Blindenhunde. Ermäßigte Steuersätze gelten etwa für Wach-, Sanitäts- oder Fährtenhunde.

289. Ein Mann mit dunkler Hautfarbe bewirbt sich um eine Stelle als Kellner in einem Restaurant in Deutschland. Was ist ein Beispiel für Diskriminierung? Er bekommt die Stelle nur deshalb nicht, weil …

- ☐ seine Deutschkenntnisse zu gering sind.
- ☐ er zu hohe Gehaltsvorstellungen hat.
- ☒ er eine dunkle Haut hat.
- ☐ er keine Erfahrungen im Beruf hat.

Anmerkung: Vgl. Frage 278.

290. Sie haben in Deutschland einen Fernseher gekauft. Zu Hause packen Sie den Fernseher aus, doch er funktioniert nicht. Der Fernseher ist kaputt. Was können Sie machen?

- ☐ eine Anzeige schreiben
- ☒ den Fernseher reklamieren
- ☐ das Gerät ungefragt austauschen
- ☐ die Garantie verlängern

Anmerkung: Reklamation bedeutet in diesem Fall das Recht, einen Gewährleistungsanspruch geltend zu machen. Im Bürgerlichen Gesetzbuch (BGB) gibt es dafür den Begriff der Mängelhaftung. Der

Käufer kann den Verkäufer, der ihm eine mangelhafte Ware verkauft hat, haftbar machen.

291. Warum muss man in Deutschland bei der Steuererklärung aufschreiben, ob man zu einer Kirche gehört oder nicht? Weil…

- ☒ es eine Kirchensteuer gibt, die an die Einkommen- und Lohnsteuer geknüpft ist.
- ☐ das für die Statistik in Deutschland wichtig ist.
- ☐ man mehr Steuern zahlen muss, wenn man nicht zu einer Kirche gehört.
- ☐ die Kirche für die Steuererklärung verantwortlich ist.

Anmerkung: Religions- und Weltanschauungsgemeinschaften, die Körperschaften des öffentlichen Rechts sind, haben nach der deutschen Verfassung das Recht, von ihren Mitgliedern **Kirchensteuern** zu erheben. Sie finanzieren damit ihre Ausgaben.

In Deutschland wird die Kirchenlohnsteuer **von den Finanzämtern** der jeweiligen Bundesländer eingezogen. Zusätzlich zur Lohnsteuer wird also bei jeder Lohnzahlung an Arbeitnehmer, die kirchensteuerpflichtig sind, auch die Kirchensteuer einbehalten und an das Finanzamt abgeführt.

Dementsprechend kann man die Kirchensteuer in der jährlichen Steuererklärung absetzen. Das Finanzamt gewährt eine Erstattung der Kirchensteuer.

292. Die Menschen in Deutschland leben nach dem Grundsatz der religiösen Toleranz. *Was bedeutet das?*

- ☐ Es dürfen keine Moscheen gebaut werden.
- ☐ Alle Menschen glauben an Gott.
- ☒ Jeder kann glauben, was er möchte.
- ☐ Der Staat entscheidet, an welchen Gott die Menschen glauben.

Anmerkung: Schon der berühmte Preußenkönig Friedrich der Große (1712 bis 1776) wird mit dem Ausspruch zitiert: „In meinem Staate kann jeder nach seiner Façon selig werden.“. Hier zeigt sich die lange Tradition der Religionsfreiheit und der Toleranz gegenüber anderen Glaubensrichtungen in Deutschland. Heute ist die „Freiheit des Glaubens, des Gewissens und die Freiheit des religiösen Bekenntnisses“ als unverletzliches Grundrecht in Artikel 4 Absatz 1 des Grundgesetzes für die Bundesrepublik Deutschland verankert. In Artikel 4 Absatz 2 heißt es weiter: „Die ungestörte Religionsausübung wird gewährleistet."

293. Was ist in Deutschland ein Brauch an Ostern?

- ☐ Kürbisse vor die Tür stellen
- ☐ einen Tannenbaum schmücken
- ☒ Eier bemalen
- ☐ Raketen in die Luft schießen

Anmerkung: Der Brauch, für Kinder **Eier bunt zu bemalen** und zu verstecken, wird zu Ostern gepflegt. Umgangssprachlich nennt man sie „Ostereier".

294. Pfingsten ist ein …

- ☒ christlicher Feiertag.
- ☐ deutscher Gedenktag.
- ☐ internationaler Trauertag.
- ☐ bayerischer Brauch.

Anmerkung: Im Christentum ist Pfingsten das Fest der Sendung des Heiligen Geistes und der Begründung der **christlichen Kirche**. Das Pfingstfest bildet den Abschluss der Osterzeit und ist ein im christlichen Jahreslauf ähnlich wichtiges Fest wie Ostern oder Weihnachten. Es hat seit dem Mittelalter regional vielfältige, von der beginnenden Sommerzeit geprägte Brauchtümer hervorgebracht. Die biblische Begründung des Pfingstfestes findet sich in der Apostelgeschichte, in der das sogenannte „Pfingstwunder", die Ausgießung des Heiligen Geistes zu Schawuot, geschildert wird.

295. Welche Religion hat die europäische und deutsche Kultur geprägt?

- ☐ der Hinduismus
- ☒ das Christentum
- ☐ der Buddhismus
- ☐ der Islam

Anmerkung: Vom Mittelalter an ist die Kultur des Abendlandes uneingeschränkt vom **Christentum** geprägt worden. Das biblisch begründete Verständnis von Persönlichkeit und Gemeinschaft hat auf die kulturellen Strömungen in ganz Europa bis zur heutigen Zeit maßgeblich eingewirkt. So spiegeln sich die Wertvorstellungen des Christentums etwa in den europäischen Rechtsordnungen. Die europäische und deutsche Kunst griff in zurückliegenden Jahrhunderten in hohem Maße auf religiöse – sprich christliche – Motive, Gedanken und Zusammenhänge zurück. In Deutschland schuf Martin Luther mit der Reformation erstmals eine einheitliche deutsche Sprache.

Heute schätzt man die Zahl der Christen weltweit auf rund 2,2 Milliarden Menschen.

296. In Deutschland nennt man die letzten vier Wochen vor Weihnachten …

- ☐ den Buß- und Bettag.
- ☐ das Erntedankfest.
- ☒ die Adventszeit.
- ☐ Allerheiligen.

Anmerkung: Der Name „Advent" leitet sich von dem lateinischen Wort „advenire" = herankommen her. Mit der **Adventszeit** sind also die Wochen im Dezember gemeint, in denen man sich auf das herannahende Weihnachtsfest vorbereitet und freut.

297. Aus welchem Land sind die meisten Migranten / Migrantinnen nach Deutschland gekommen?

- ☐ Italien
- ☐ Polen
- ☐ Marokko
- ☒ Türkei

Anmerkung: 1955 schloss die Bundesrepublik Deutschland mit Italien die erste Anwerbevereinbarung. Sie ermöglichte es Arbeitnehmern, für eine begrenzte Zeit in Deutschland zu arbeiten und dabei zugleich Qualifikationen zu erwerben. In den Folgejahren folgten Anwerbevereinbarungen mit Spanien und Griechenland (1960), mit Marokko (1961) sowie mit Portugal (1964), Tunesien (1965) und Jugoslawien (1968). Gedacht war an einen befristeten Aufenthalt und eine Rückkehr der Arbeitskräfte in ihre Heimatländer. Gegen Ende der 1960er Jahre blieb eine wachsende Zahl von ihnen jedoch dauerhaft in Deutschland.

Mit rund 1,5 Millionen stellen Migranten aus der **Türkei** seit vielen Jahren den höchsten Anteil aller in Deutschland lebenden Ausländer. Nach Informationen des Auswärtigen Amtes lebten im Dezember 2012 in der Bundesrepublik Deutschland ca. drei Millionen Menschen türkischer Herkunft, von denen etwa die Hälfte die deutsche Staatsangehörigkeit besitzt.

Mit 783.085 Einwanderern stammt der zweithöchste Anteil aus unserem Nachbarland Polen – wobei die Gesamtzahl der Polen mit polnischer und deutscher Staatsangehörigkeit, also mit Migrationshintergrund, deutlich höher geschätzt wird. Auf dem dritten Rang rangieren heute 637.845 Syrer. Erst danach folgt Italien mit 611.450 Migranten.

Besonders eklatant zugenommen hat die Zuwanderung aus östlichen Mitgliedstaaten der Europäischen Union. Mit Stand vom 31.12.2016 kommen allein aus Bulgarien, Rumänien und Kroatien zusammen 1.129.585 in Deutschland lebende EU-Binnenmigranten.

298. In der DDR lebten vor allem Migranten aus …

- ☒ Vietnam, Polen, Mosambik.
- ☐ Frankreich, Rumänien, Somalia.
- ☐ Chile, Ungarn, Simbabwe.
- ☐ Nordkorea, Mexiko, Ägypten.

Anmerkung: Seit den 1970er Jahren schloss die DDR bilaterale Verträge zur Anwerbung von Arbeitskräften mit sozialistischen europäischen und außereuropäischen Staaten, unter anderem 1978 mit Kuba, 1979 mit **Mosambik** und 1980 mit **Vietnam.** Die Arbeitnehmer blieben vier bis fünf Jahre in der DDR, konnten sich auch aus- und fortbilden, und wurden danach durch neue Arbeiter ersetzt.

299. Ausländische Arbeitnehmer und Arbeitnehmerinnen, die in den 50er und 60er Jahren von der Bundesrepublik Deutschland angeworben wurden, nannte man …

- ☐ Schwarzarbeiter / Schwarzarbeiterinnen
- ☒ Gastarbeiter / Gastarbeiterinnen
- ☐ Zeitarbeiter / Zeitarbeiterinnen
- ☐ Schichtarbeiter / Schichtarbeiterinnen

Anmerkung: 1955 schloss die Bundesrepublik Deutschland mit Italien die erste Anwerbevereinbarung.

Vgl. dazu bereits Frage 297.

Die in dieser Zeit angeworbenen Arbeitnehmer wurden in der Umgangssprache als **„Gastarbeiter“** bezeichnet.

Am 23. November 1973 beschloss das Bundeskabinett, Arbeitnehmer aus Staaten außerhalb der Europäischen Gemeinschaft nicht mehr anzuwerben.

300. Aus welchem Land kamen die ersten Gastarbeiter / Gastarbeiterinnen nach Deutschland?

- ☒ Italien
- ☐ Spanien
- ☐ Portugal
- ☐ Türkei

Anmerkung: Vgl. Frage 297.

Teil II – Fragen aus den 16 Bundesländern –

Baden-Württemberg

1. Welches Wappen gehört zum Bundesland Baden-Württemberg?

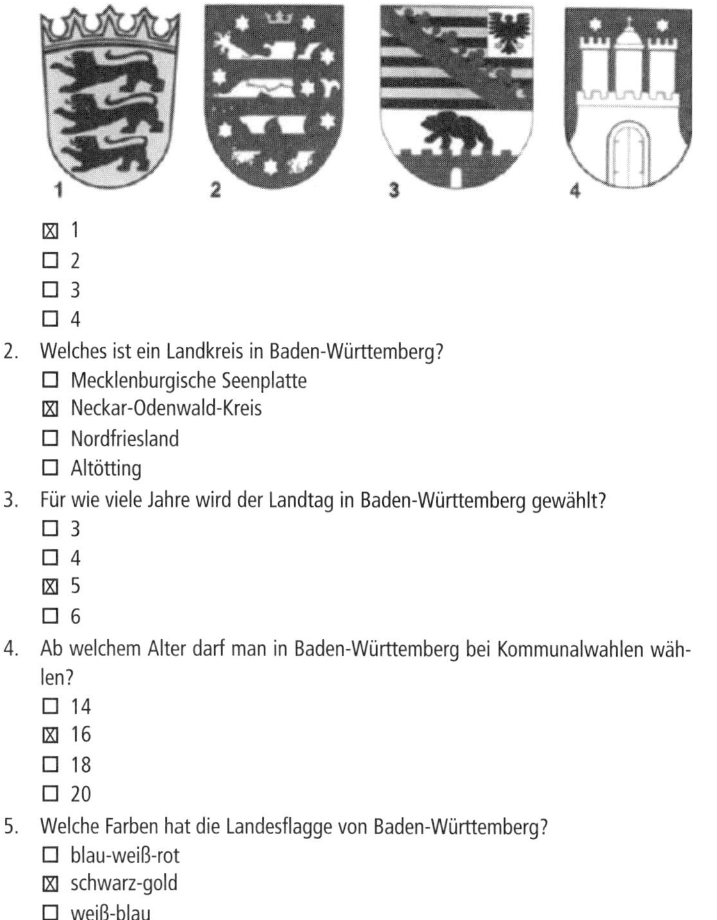

   - ☒ 1
   - ☐ 2
   - ☐ 3
   - ☐ 4
2. Welches ist ein Landkreis in Baden-Württemberg?
   - ☐ Mecklenburgische Seenplatte
   - ☒ Neckar-Odenwald-Kreis
   - ☐ Nordfriesland
   - ☐ Altötting
3. Für wie viele Jahre wird der Landtag in Baden-Württemberg gewählt?
   - ☐ 3
   - ☐ 4
   - ☒ 5
   - ☐ 6
4. Ab welchem Alter darf man in Baden-Württemberg bei Kommunalwahlen wählen?
   - ☐ 14
   - ☒ 16
   - ☐ 18
   - ☐ 20
5. Welche Farben hat die Landesflagge von Baden-Württemberg?
   - ☐ blau-weiß-rot
   - ☒ schwarz-gold
   - ☐ weiß-blau
   - ☐ grün-weiß-rot

6. Wo können Sie sich in Baden-Württemberg über politische Themen informieren?
   - ☐ beim Ordnungsamt der Gemeinde
   - ☐ bei der Verbraucherzentrale
   - ☒ bei der Landeszentrale für politische Bildung
   - ☐ bei den Kirchen
7. Die Landeshauptstadt von Baden-Württemberg heißt …
   - ☐ Heidelberg.
   - ☒ Stuttgart.
   - ☐ Karlsruhe.
   - ☐ Mannheim.
8. Welches Bundesland ist Baden-Württemberg?

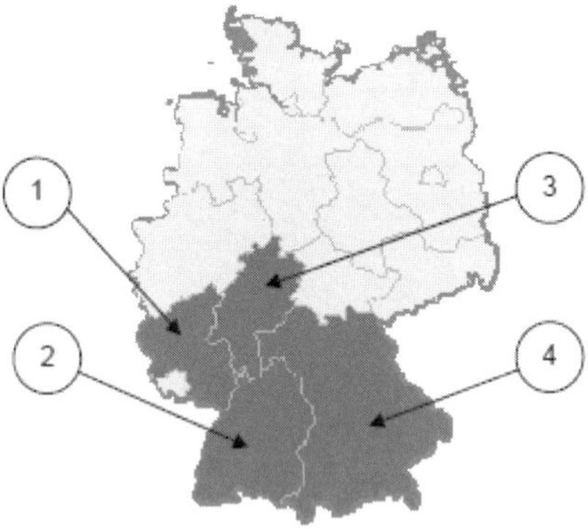

   - ☐ 1
   - ☒ 2
   - ☐ 3
   - ☐ 4
9. Wie nennt man den Regierungschef / die Regierungschefin in Baden-Württemberg?
   - ☐ Erster Minister / Erste Ministerin
   - ☐ Premierminister / Premierministerin
   - ☐ Bürgermeister / Bürgermeisterin
   - ☒ Ministerpräsident / Ministerpräsidentin
10. Welchen Minister / welche Ministerin hat Baden-Württemberg **nicht**?
   - ☐ Finanzminister / Finanzministerin
   - ☐ Justizminister / Justizministerin
   - ☐ Innenminister / Innenministerin
   - ☒ Außenminister / Außenministerin

Bayern

1. Welches Wappen gehört zum Freistaat Bayern?

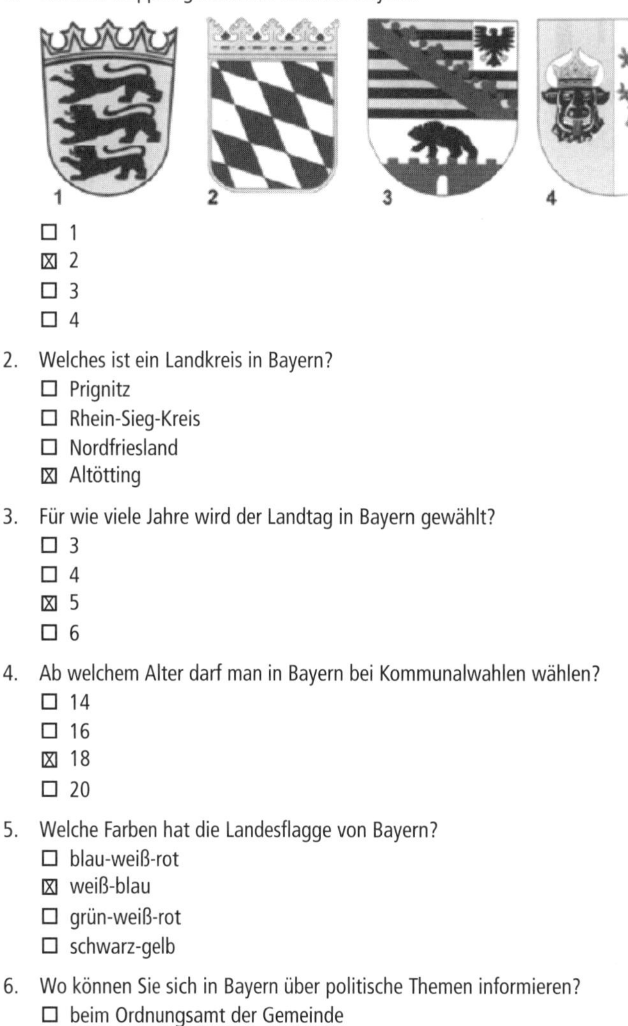

   - ☐ 1
   - ☒ 2
   - ☐ 3
   - ☐ 4

2. Welches ist ein Landkreis in Bayern?
   - ☐ Prignitz
   - ☐ Rhein-Sieg-Kreis
   - ☐ Nordfriesland
   - ☒ Altötting

3. Für wie viele Jahre wird der Landtag in Bayern gewählt?
   - ☐ 3
   - ☐ 4
   - ☒ 5
   - ☐ 6

4. Ab welchem Alter darf man in Bayern bei Kommunalwahlen wählen?
   - ☐ 14
   - ☐ 16
   - ☒ 18
   - ☐ 20

5. Welche Farben hat die Landesflagge von Bayern?
   - ☐ blau-weiß-rot
   - ☒ weiß-blau
   - ☐ grün-weiß-rot
   - ☐ schwarz-gelb

6. Wo können Sie sich in Bayern über politische Themen informieren?
   - ☐ beim Ordnungsamt der Gemeinde
   - ☒ bei der Landeszentrale für politische Bildung

- ☐ bei der Verbraucherzentrale
- ☐ bei den Kirchen

7. Die Landeshauptstadt von Bayern heißt ...
   - ☐ Ingolstadt.
   - ☐ Regensburg.
   - ☐ Nürnberg.
   - ☒ München.

8. Welches Bundesland ist Bayern?

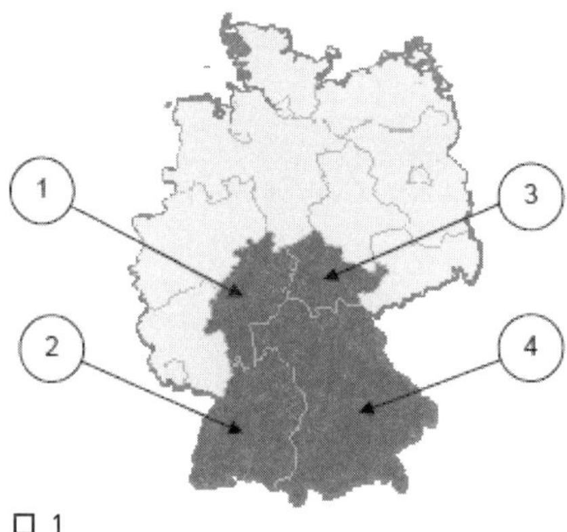

   - ☐ 1
   - ☐ 2
   - ☐ 3
   - ☒ 4

9. Wie nennt man den Regierungschef / die Regierungschefin in Bayern?
   - ☐ Erster Minister / Erste Ministerin
   - ☐ Premierminister / Premierministerin
   - ☐ Bürgermeister / Bürgermeisterin
   - ☒ Ministerpräsident / Ministerpräsidentin

10. Welchen Minister / welche Ministerin hat Bayern **nicht**?
    - ☐ Justizminister / Justizministerin
    - ☒ Außenminister / Außenministerin
    - ☐ Finanzminister / Finanzministerin
    - ☐ Innenminister / Innenministerin

Berlin

1. Welches Wappen gehört zum Bundesland Berlin?

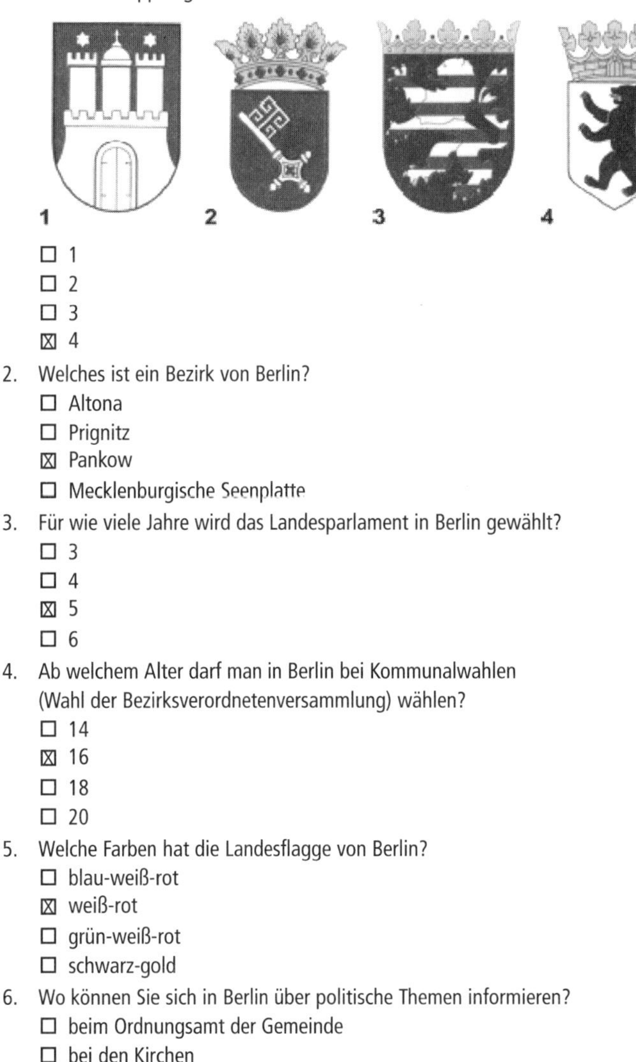

   - ☐ 1
   - ☐ 2
   - ☐ 3
   - ☒ 4

2. Welches ist ein Bezirk von Berlin?
   - ☐ Altona
   - ☐ Prignitz
   - ☒ Pankow
   - ☐ Mecklenburgische Seenplatte

3. Für wie viele Jahre wird das Landesparlament in Berlin gewählt?
   - ☐ 3
   - ☐ 4
   - ☒ 5
   - ☐ 6

4. Ab welchem Alter darf man in Berlin bei Kommunalwahlen (Wahl der Bezirksverordnetenversammlung) wählen?
   - ☐ 14
   - ☒ 16
   - ☐ 18
   - ☐ 20

5. Welche Farben hat die Landesflagge von Berlin?
   - ☐ blau-weiß-rot
   - ☒ weiß-rot
   - ☐ grün-weiß-rot
   - ☐ schwarz-gold

6. Wo können Sie sich in Berlin über politische Themen informieren?
   - ☐ beim Ordnungsamt der Gemeinde
   - ☐ bei den Kirchen

- ☐ bei der Verbraucherzentrale
- ☒ bei der Landeszentrale für politische Bildung

7. Welches Bundesland ist ein Stadtstaat?
   - ☒ Berlin
   - ☐ Saarland
   - ☐ Brandenburg
   - ☐ Hessen

8. Welches Bundesland ist Berlin?

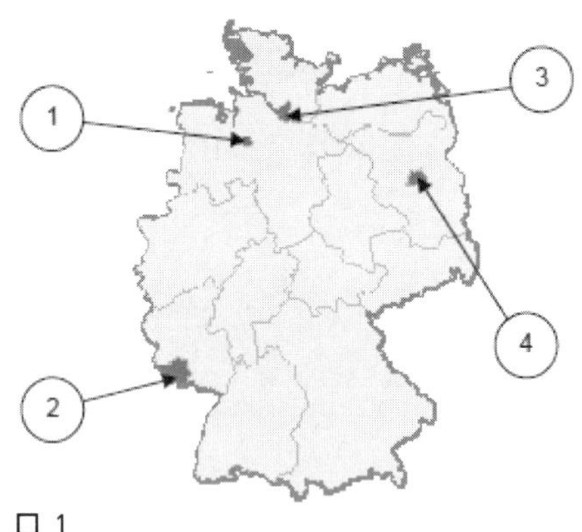

   - ☐ 1
   - ☐ 2
   - ☐ 3
   - ☒ 4

9. Wie nennt man den Regierungschef / die Regierungschefin des Stadtstaates Berlin?
   - ☐ Ministerpräsident / Ministerpräsidentin
   - ☐ Oberbürgermeister / Oberbürgermeisterin
   - ☐ Präsident / Präsidentin des Senats
   - ☒ Regierender Bürgermeister / Regierende Bürgermeisterin

10. Welchen Senator / welche Senatorin hat Berlin **nicht**?
    - ☐ Finanzsenator / Finanzsenatorin
    - ☐ Innensenator / Innensenatorin
    - ☒ Senator / Senatorin für Außenbeziehungen
    - ☐ Justizsenator / Justizsenatorin

Brandenburg

1. Welches Wappen gehört zum Bundesland Brandenburg?

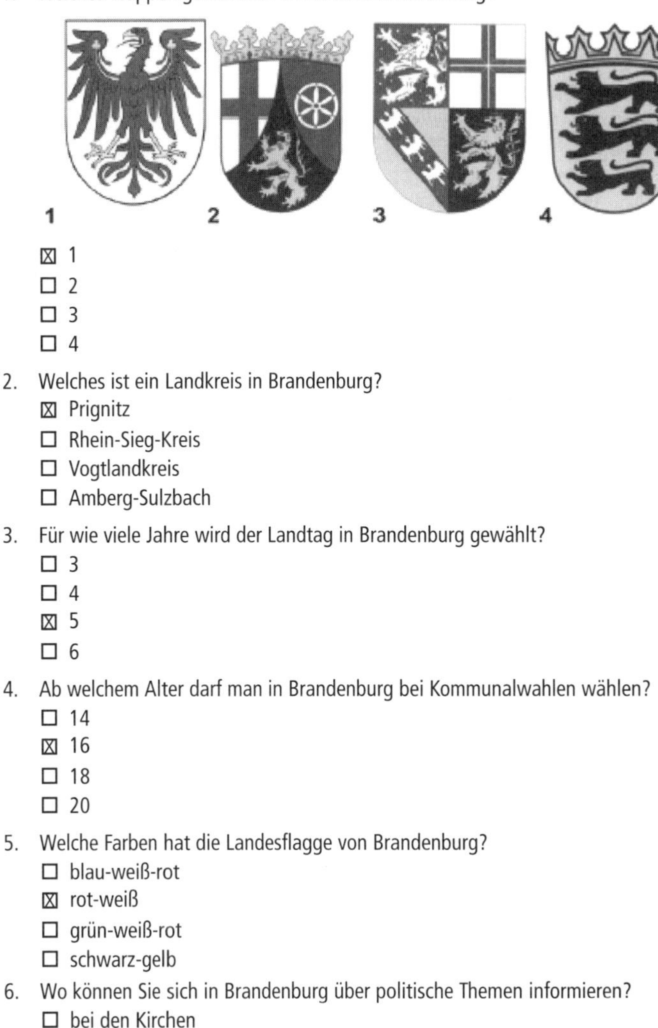

   ☒ 1
   ☐ 2
   ☐ 3
   ☐ 4

2. Welches ist ein Landkreis in Brandenburg?
   ☒ Prignitz
   ☐ Rhein-Sieg-Kreis
   ☐ Vogtlandkreis
   ☐ Amberg-Sulzbach

3. Für wie viele Jahre wird der Landtag in Brandenburg gewählt?
   ☐ 3
   ☐ 4
   ☒ 5
   ☐ 6

4. Ab welchem Alter darf man in Brandenburg bei Kommunalwahlen wählen?
   ☐ 14
   ☒ 16
   ☐ 18
   ☐ 20

5. Welche Farben hat die Landesflagge von Brandenburg?
   ☐ blau-weiß-rot
   ☒ rot-weiß
   ☐ grün-weiß-rot
   ☐ schwarz-gelb

6. Wo können Sie sich in Brandenburg über politische Themen informieren?
   ☐ bei den Kirchen
   ☐ beim Ordnungsamt der Gemeinde

☒ bei der Landeszentrale für politische Bildung
☐ bei der Verbraucherzentrale

7. Die Landeshauptstadt von Brandenburg heißt ...
☒ Potsdam.
☐ Cottbus.
☐ Brandenburg.
☐ Frankfurt / Oder.

8. Welches Bundesland ist Brandenburg?

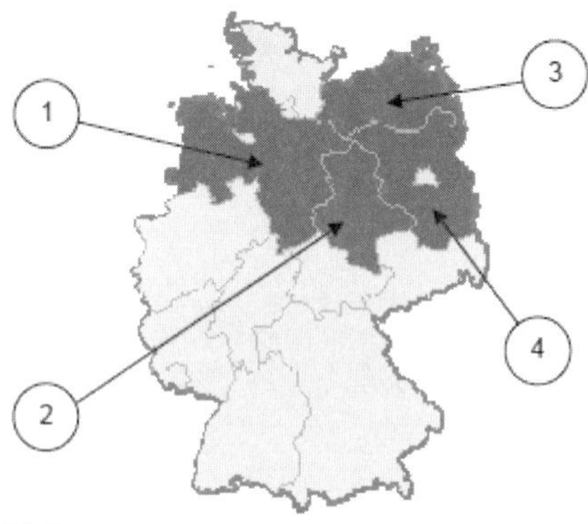

☐ 1
☐ 2
☐ 3
☒ 4

9. Wie nennt man den Regierungschef / die Regierungschefin in Brandenburg?
☐ Erster Minister / Erste Ministerin
☐ Premierminister / Premierministerin
☐ Bürgermeister / Bürgermeisterin
☒ Ministerpräsident / Ministerpräsidentin

10. Welchen Minister / welche Ministerin hat Brandenburg **nicht**?
☐ Justizminister / Justizministerin
☒ Außenminister / Außenministerin
☐ Finanzminister / Finanzministerin
☐ Innenminister / Innenministerin

Bremen

1. Welches Wappen gehört zur Freien Hansestadt Bremen?

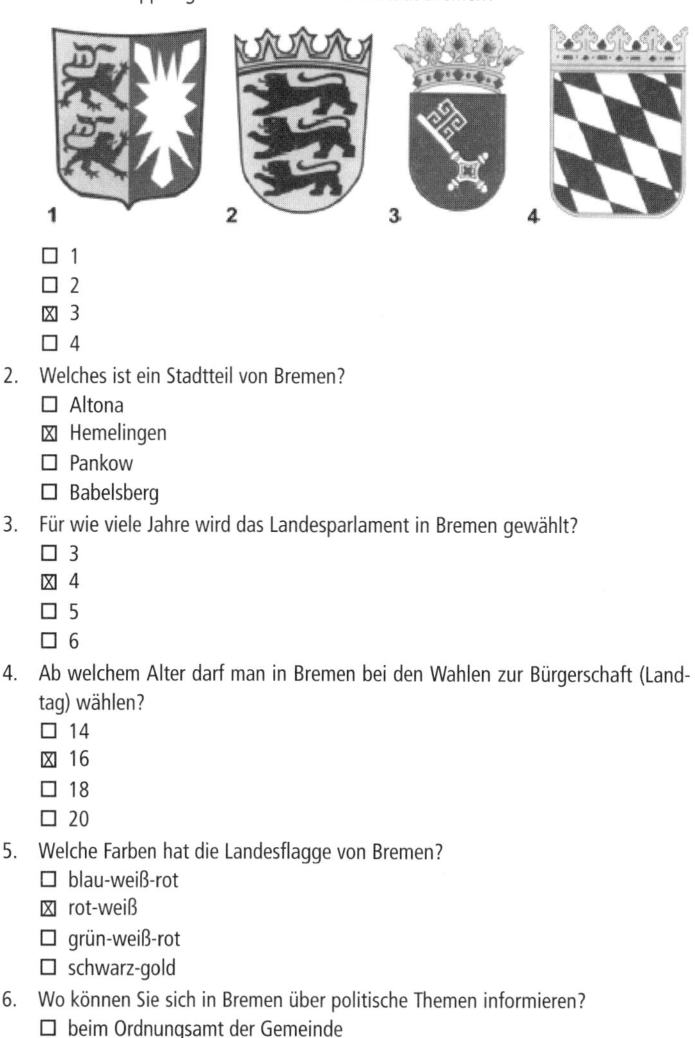

   ☐ 1
   ☐ 2
   ☒ 3
   ☐ 4

2. Welches ist ein Stadtteil von Bremen?
   ☐ Altona
   ☒ Hemelingen
   ☐ Pankow
   ☐ Babelsberg

3. Für wie viele Jahre wird das Landesparlament in Bremen gewählt?
   ☐ 3
   ☒ 4
   ☐ 5
   ☐ 6

4. Ab welchem Alter darf man in Bremen bei den Wahlen zur Bürgerschaft (Landtag) wählen?
   ☐ 14
   ☒ 16
   ☐ 18
   ☐ 20

5. Welche Farben hat die Landesflagge von Bremen?
   ☐ blau-weiß-rot
   ☒ rot-weiß
   ☐ grün-weiß-rot
   ☐ schwarz-gold

6. Wo können Sie sich in Bremen über politische Themen informieren?
   ☐ beim Ordnungsamt der Gemeinde
   ☒ bei der Landeszentrale für politische Bildung

☐ bei den Kirchen
☐ bei der Verbraucherzentrale

7. Was ist ein deutscher Stadtstaat?
☒ Bremen
☐ München
☐ Frankfurt
☐ Erfurt

8. Welches Bundesland ist Bremen?

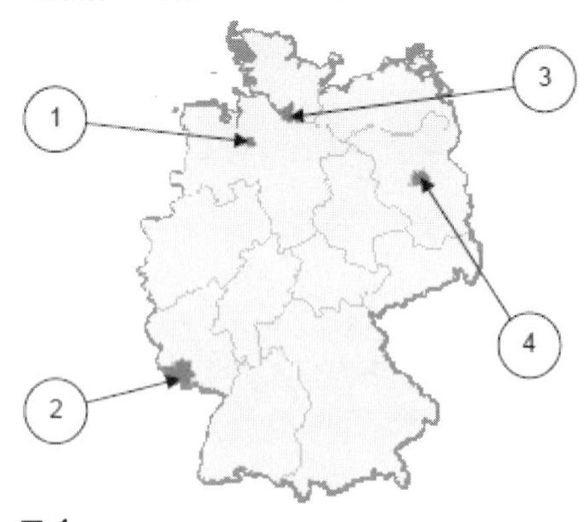

☒ 1
☐ 2
☐ 3
☐ 4

9. Wie nennt man den Regierungschef / die Regierungschefin des Stadtstaates Bremen?
☐ Ministerpräsident / Ministerpräsidentin
☐ Erster Bürgermeister / Erste Bürgermeisterin
☒ Präsident / Präsidentin des Senats
☐ Regierender Bürgermeister / Regierende Bürgermeisterin

10. Welchen Senator / welche Senatorin hat Bremen **nicht**?
☒ Senator / Senatorin für Außenbeziehungen
☐ Finanzsenator / Finanzsenatorin
☐ Justizsenator / Justizsenatorin
☐ Innensenator / Innensenatorin

Hamburg

1. Welches Wappen gehört zur Freien und Hansestadt Hamburg?

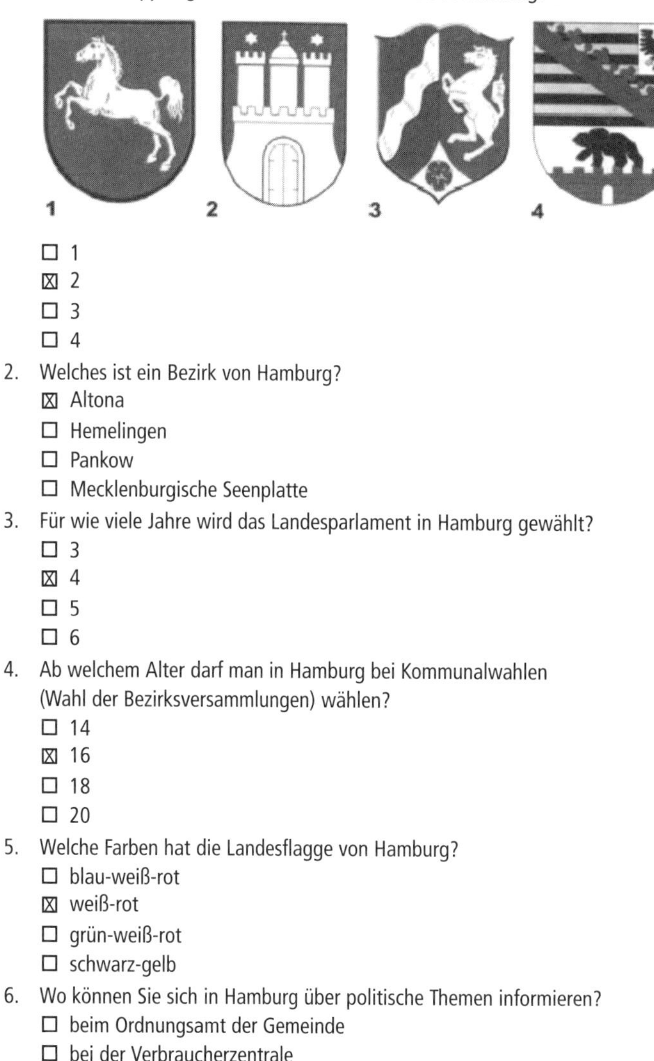

   ☐ 1
   ☒ 2
   ☐ 3
   ☐ 4

2. Welches ist ein Bezirk von Hamburg?
   ☒ Altona
   ☐ Hemelingen
   ☐ Pankow
   ☐ Mecklenburgische Seenplatte

3. Für wie viele Jahre wird das Landesparlament in Hamburg gewählt?
   ☐ 3
   ☒ 4
   ☐ 5
   ☐ 6

4. Ab welchem Alter darf man in Hamburg bei Kommunalwahlen (Wahl der Bezirksversammlungen) wählen?
   ☐ 14
   ☒ 16
   ☐ 18
   ☐ 20

5. Welche Farben hat die Landesflagge von Hamburg?
   ☐ blau-weiß-rot
   ☒ weiß-rot
   ☐ grün-weiß-rot
   ☐ schwarz-gelb

6. Wo können Sie sich in Hamburg über politische Themen informieren?
   ☐ beim Ordnungsamt der Gemeinde
   ☐ bei der Verbraucherzentrale

- ☐ bei den Kirchen
- ☒ bei der Landeszentrale für politische Bildung

7. Welches Bundesland ist ein Stadtstaat?
   - ☒ Hamburg
   - ☐ Sachsen
   - ☐ Bayern
   - ☐ Thüringen

8. Welches Bundesland ist Hamburg?

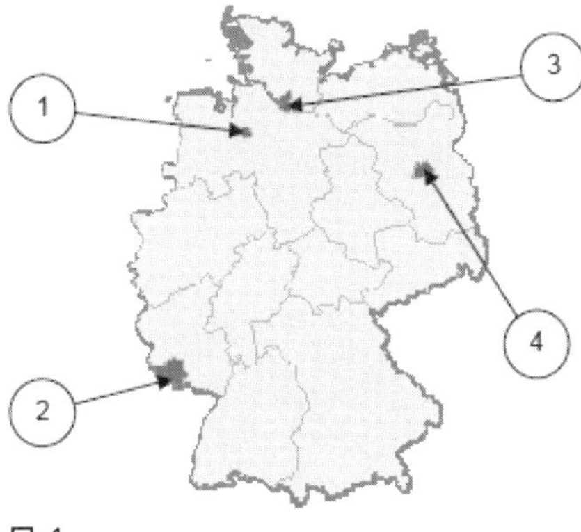

   - ☐ 1
   - ☐ 2
   - ☒ 3
   - ☐ 4

9. Wie nennt man den Regierungschef / die Regierungschefin des Stadtstaates Hamburg?
   - ☐ Ministerpräsident / Ministerpräsidentin
   - ☒ Erster Bürgermeister / Erste Bürgermeisterin
   - ☐ Regierender Senator / Regierende Senatorin
   - ☐ Oberbürgermeister / Oberbürgermeisterin

10. Welchen Senator / welche Senatorin hat Hamburg **nicht**?
    - ☐ Justizsenator / Justizsenatorin
    - ☒ Senator / Senatorin für Außenbeziehungen
    - ☐ Finanzsenator / Finanzsenatorin
    - ☐ Innensenator / Innensenatorin

Hessen

1. Welches Wappen gehört zum Bundesland Hessen?

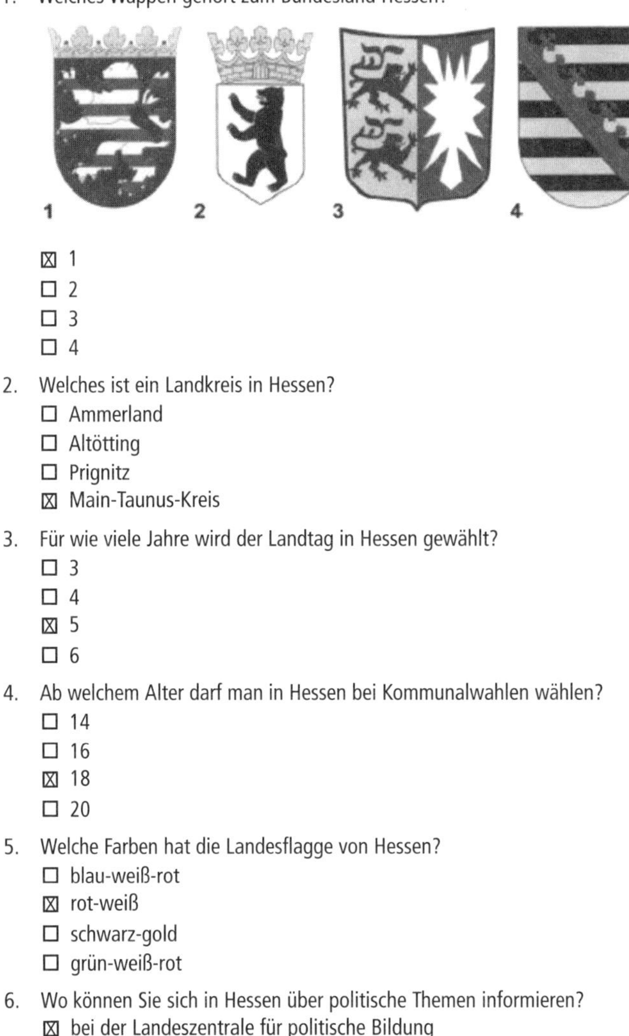

   ☒ 1
   ☐ 2
   ☐ 3
   ☐ 4

2. Welches ist ein Landkreis in Hessen?
   ☐ Ammerland
   ☐ Altötting
   ☐ Prignitz
   ☒ Main-Taunus-Kreis

3. Für wie viele Jahre wird der Landtag in Hessen gewählt?
   ☐ 3
   ☐ 4
   ☒ 5
   ☐ 6

4. Ab welchem Alter darf man in Hessen bei Kommunalwahlen wählen?
   ☐ 14
   ☐ 16
   ☒ 18
   ☐ 20

5. Welche Farben hat die Landesflagge von Hessen?
   ☐ blau-weiß-rot
   ☒ rot-weiß
   ☐ schwarz-gold
   ☐ grün-weiß-rot

6. Wo können Sie sich in Hessen über politische Themen informieren?
   ☒ bei der Landeszentrale für politische Bildung
   ☐ bei der Verbraucherzentrale

- ☐ beim Ordnungsamt der Gemeinde
- ☐ bei den Kirchen

7. Die Landeshauptstadt von Hessen heißt ...
   - ☐ Kassel.
   - ☐ Darmstadt.
   - ☐ Frankfurt.
   - ☒ Wiesbaden.

8. Welches Bundesland ist Hessen?

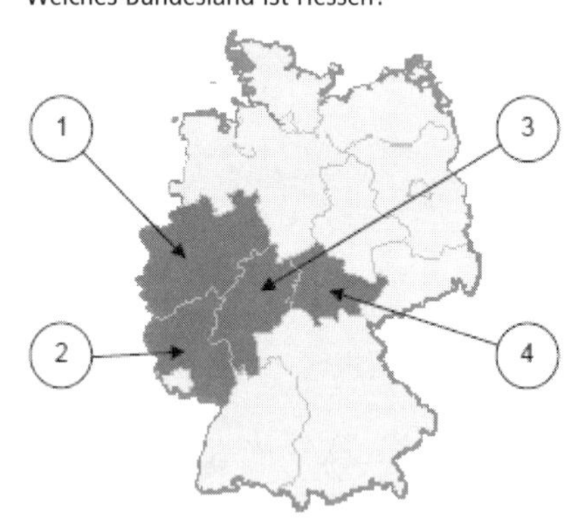

   - ☐ 1
   - ☐ 2
   - ☒ 3
   - ☐ 4

9. Wie nennt man den Regierungschef / die Regierungschefin in Hessen?
   - ☐ Erster Minister / Erste Ministerin
   - ☐ Premierminister / Premierministerin
   - ☐ Bürgermeister / Bürgermeisterin
   - ☒ Ministerpräsident / Ministerpräsidentin

10. Welchen Minister / welche Ministerin hat Hessen **nicht**?
   - ☐ Justizminister / Justizministerin
   - ☒ Außenminister / Außenministerin
   - ☐ Finanzminister / Finanzministerin
   - ☐ Innenminister / Innenministerin

Mecklenburg-Vorpommern

1. Welches Wappen gehört zum Bundesland Mecklenburg-Vorpommern?

1 2 3 4

☐ 1
☐ 2
☒ 3
☐ 4

2. Welches ist ein Landkreis in Mecklenburg-Vorpommern?

☐ Prignitz
☒ Mecklenburgische Seenplatte
☐ Vogtlandkreis
☐ Rhein-Sieg-Kreis

3. Für wie viele Jahre wird der Landtag in Mecklenburg-Vorpommern gewählt?

☐ 3
☐ 4
☒ 5
☐ 6

4. Ab welchem Alter darf man in Mecklenburg-Vorpommern bei Kommunalwahlen wählen?

☐ 14
☒ 16
☐ 18
☐ 20

5. Welche Farben hat die Landesflagge von Mecklenburg-Vorpommern?

☐ schwarz-rot-gold
☒ blau-weiß-gelb-rot
☐ grün-weiß-rot
☐ schwarz-gelb

6. Wo können Sie sich in Mecklenburg-Vorpommern über politische Themen informieren?

☒ bei der Landeszentrale für politische Bildung

- ☐ bei den Kirchen
- ☐ beim Ordnungsamt der Gemeinde
- ☐ bei der Verbraucherzentrale

7. Die Landeshauptstadt von Mecklenburg-Vorpommern heißt …
   - ☐ Greifswald.
   - ☒ Schwerin.
   - ☐ Rostock.
   - ☐ Wismar.

8. Welches Bundesland ist Mecklenburg-Vorpommern?

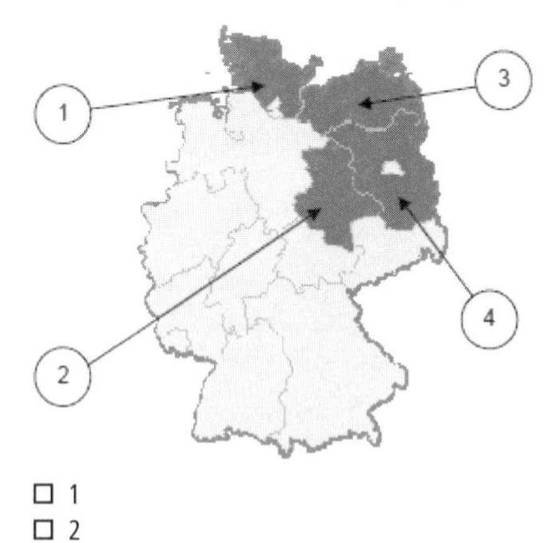

   - ☐ 1
   - ☐ 2
   - ☒ 3
   - ☐ 4

9. Wie nennt man den Regierungschef / die Regierungschefin in Mecklenburg-Vorpommern?
   - ☐ Erster Minister / Erste Ministerin
   - ☐ Premierminister / Premierministerin
   - ☐ Bürgermeister / Bürgermeisterin
   - ☒ Ministerpräsident / Ministerpräsidentin

10. Welchen Minister / welche Ministerin hat Mecklenburg-Vorpommern **nicht**?
    - ☐ Justizminister / Justizministerin
    - ☒ Außenminister / Außenministerin
    - ☐ Finanzminister / Finanzministerin
    - ☐ Innenminister / Innenministerin

Niedersachsen

1. Welches Wappen gehört zum Bundesland Niedersachsen?

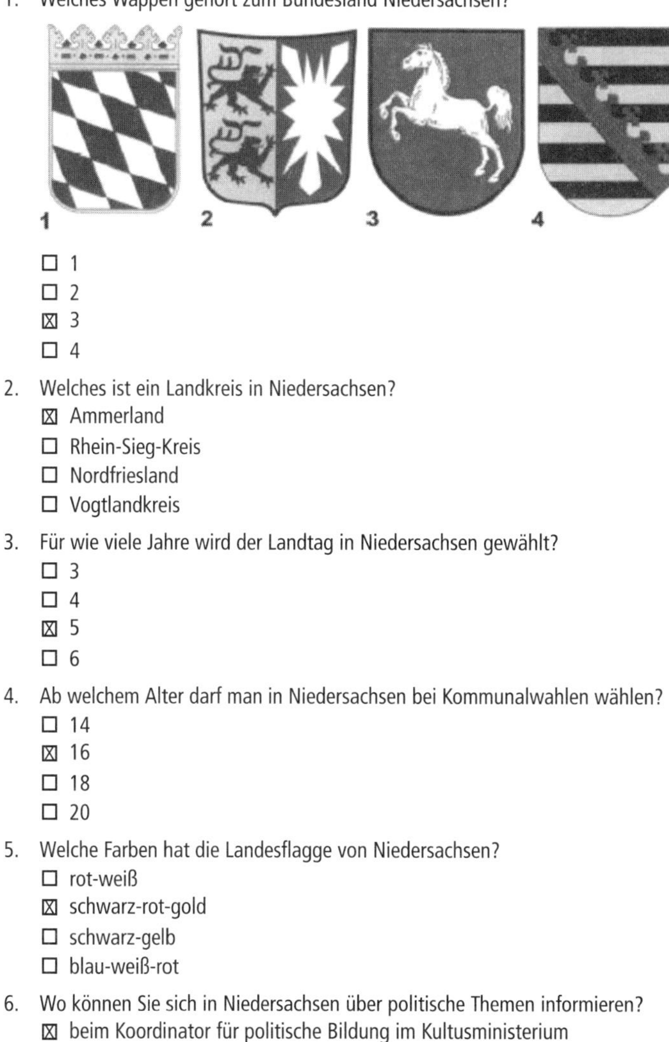

   - ☐ 1
   - ☐ 2
   - ☒ 3
   - ☐ 4

2. Welches ist ein Landkreis in Niedersachsen?
   - ☒ Ammerland
   - ☐ Rhein-Sieg-Kreis
   - ☐ Nordfriesland
   - ☐ Vogtlandkreis

3. Für wie viele Jahre wird der Landtag in Niedersachsen gewählt?
   - ☐ 3
   - ☐ 4
   - ☒ 5
   - ☐ 6

4. Ab welchem Alter darf man in Niedersachsen bei Kommunalwahlen wählen?
   - ☐ 14
   - ☒ 16
   - ☐ 18
   - ☐ 20

5. Welche Farben hat die Landesflagge von Niedersachsen?
   - ☐ rot-weiß
   - ☒ schwarz-rot-gold
   - ☐ schwarz-gelb
   - ☐ blau-weiß-rot

6. Wo können Sie sich in Niedersachsen über politische Themen informieren?
   - ☒ beim Koordinator für politische Bildung im Kultusministerium
   - ☐ beim Ordnungsamt der Gemeinde

☐ bei der Verbraucherzentrale
☐ bei den Kirchen

7. Die Landeshauptstadt von Niedersachsen heißt …
   ☒ Hannover.
   ☐ Braunschweig.
   ☐ Wolfsburg.
   ☐ Osnabrück.

8. Welches Bundesland ist Niedersachsen?

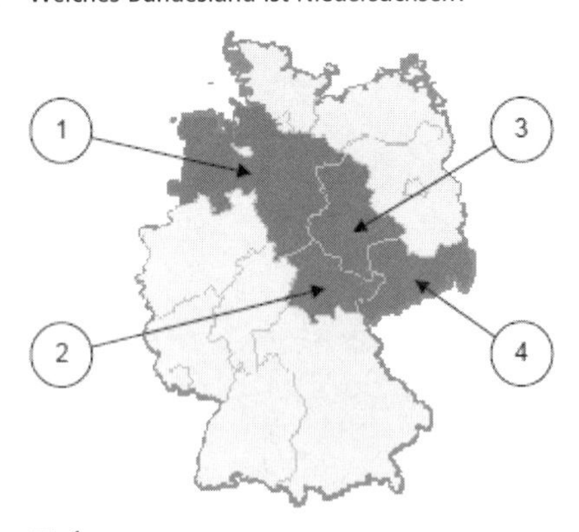

   ☒ 1
   ☐ 2
   ☐ 3
   ☐ 4

9. Wie nennt man den Regierungschef / die Regierungschefin in Niedersachsen?
   ☐ Erster Minister / Erste Ministerin
   ☐ Premierminister / Premierministerin
   ☐ Bürgermeister / Bürgermeisterin
   ☒ Ministerpräsident / Ministerpräsidentin

10. Welchen Minister / welche Ministerin hat Niedersachsen **nicht**?
   ☐ Justizminister / Justizministerin
   ☒ Außenminister / Außenministerin
   ☐ Finanzminister / Finanzministerin
   ☐ Innenminister / Innenministerin

Nordrhein-Westfalen

1. Welches Wappen gehört zum Bundesland Nordrhein-Westfalen?

1

2

3

4

   - ☐ 1
   - ☒ 2
   - ☐ 3
   - ☐ 4

2. Welches ist ein Landkreis in Nordrhein-Westfalen?
   - ☐ Ammerland
   - ☒ Rhein-Sieg-Kreis
   - ☐ Nordfriesland
   - ☐ Vogtlandkreis

3. Für wie viele Jahre wird der Landtag in Nordrhein-Westfalen gewählt?
   - ☐ 3
   - ☐ 4
   - ☒ 5
   - ☐ 6

4. Ab welchem Alter darf man in Nordrhein-Westfalen bei Kommunalwahlen wählen?
   - ☐ 14
   - ☒ 16
   - ☐ 18
   - ☐ 20

5. Welche Farben hat die Landesflagge von Nordrhein-Westfalen?
   - ☐ rot-weiß
   - ☒ grün-weiß-rot
   - ☐ schwarz-gold
   - ☐ blau-weiß-rot

6. Wo können Sie sich in Nordrhein-Westfalen über politische Themen informieren?
   - ☐ bei den Kirchen
   - ☐ beim Ordnungsamt der Gemeinde

☐ bei der Verbraucherzentrale
☒ bei der Landeszentrale für politische Bildung

7. Die Landeshauptstadt von Nordrhein-Westfalen heißt …
   ☐ Köln.
   ☐ Bonn.
   ☒ Düsseldorf.
   ☐ Dortmund.

8. Welches Bundesland ist Nordrhein-Westfalen?

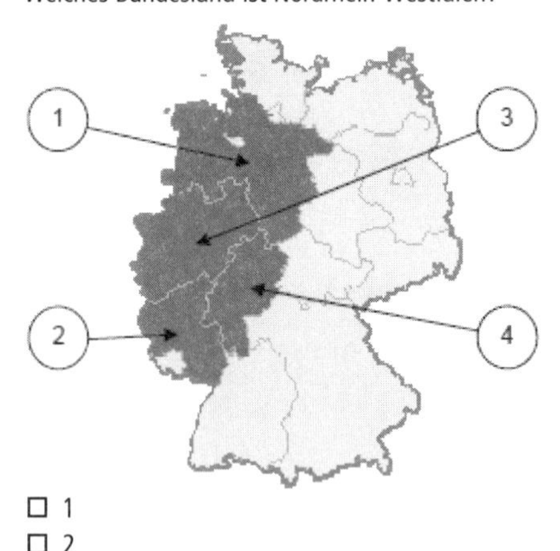

   ☐ 1
   ☐ 2
   ☒ 3
   ☐ 4

9. Wie nennt man den Regierungschef / die Regierungschefin in Nordrhein-Westfalen?
   ☐ Erster Minister / Erste Ministerin
   ☐ Premierminister / Premierministerin
   ☐ Bürgermeister / Bürgermeisterin
   ☒ Ministerpräsident / Ministerpräsidentin

10. Welchen Minister / welche Ministerin hat Nordrhein-Westfalen **nicht**?
   ☐ Justizminister / Justizministerin
   ☒ Außenminister / Außenministerin
   ☐ Finanzminister / Finanzministerin
   ☐ Innenminister / Innenministerin

Rheinland-Pfalz

1. Welches Wappen gehört zum Bundesland Rheinland-Pfalz?

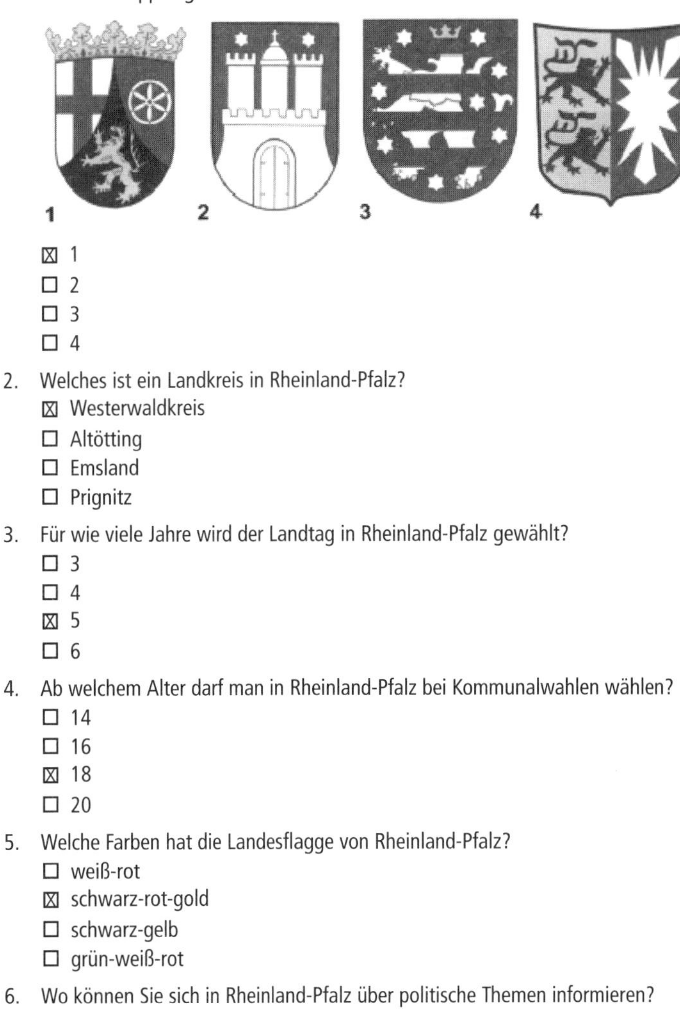

   - ☒ 1
   - ☐ 2
   - ☐ 3
   - ☐ 4

2. Welches ist ein Landkreis in Rheinland-Pfalz?
   - ☒ Westerwaldkreis
   - ☐ Altötting
   - ☐ Emsland
   - ☐ Prignitz

3. Für wie viele Jahre wird der Landtag in Rheinland-Pfalz gewählt?
   - ☐ 3
   - ☐ 4
   - ☒ 5
   - ☐ 6

4. Ab welchem Alter darf man in Rheinland-Pfalz bei Kommunalwahlen wählen?
   - ☐ 14
   - ☐ 16
   - ☒ 18
   - ☐ 20

5. Welche Farben hat die Landesflagge von Rheinland-Pfalz?
   - ☐ weiß-rot
   - ☒ schwarz-rot-gold
   - ☐ schwarz-gelb
   - ☐ grün-weiß-rot

6. Wo können Sie sich in Rheinland-Pfalz über politische Themen informieren?
   - ☐ bei den Kirchen
   - ☐ bei der Verbraucherzentrale

- ☐ beim Ordnungsamt der Gemeinde
- ☒ bei der Landeszentrale für politische Bildung

7. Die Landeshauptstadt von Rheinland-Pfalz heißt …
   - ☒ Mainz.
   - ☐ Kaiserslautern.
   - ☐ Ludwigshafen.
   - ☐ Koblenz.

8. Welches Bundesland ist Rheinland-Pfalz?

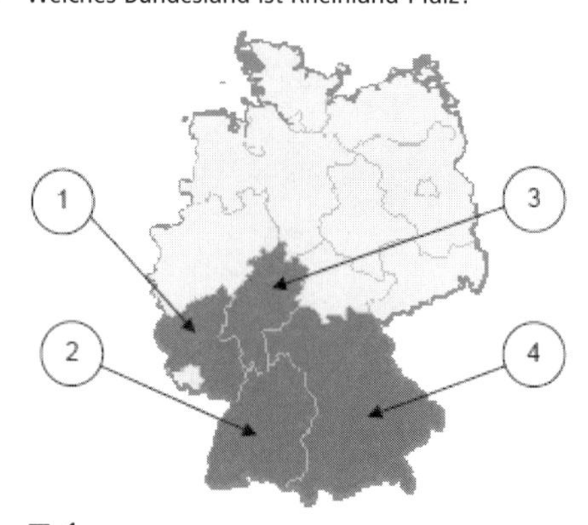

   - ☒ 1
   - ☐ 2
   - ☐ 3
   - ☐ 4

9. Wie nennt man den Regierungschef / die Regierungschefin in Rheinland-Pfalz?
   - ☐ Erster Minister / Erste Ministerin
   - ☐ Premierminister / Premierministerin
   - ☐ Bürgermeister / Bürgermeisterin
   - ☒ Ministerpräsident / Ministerpräsidentin

10. Welchen Minister / welche Ministerin hat Rheinland-Pfalz **nicht**?
   - ☐ Justizminister / Justizministerin
   - ☒ Außenminister / Außenministerin
   - ☐ Finanzminister / Finanzministerin
   - ☐ Innenminister / Innenministerin

Saarland

1. Welches Wappen gehört zum Bundesland Saarland?

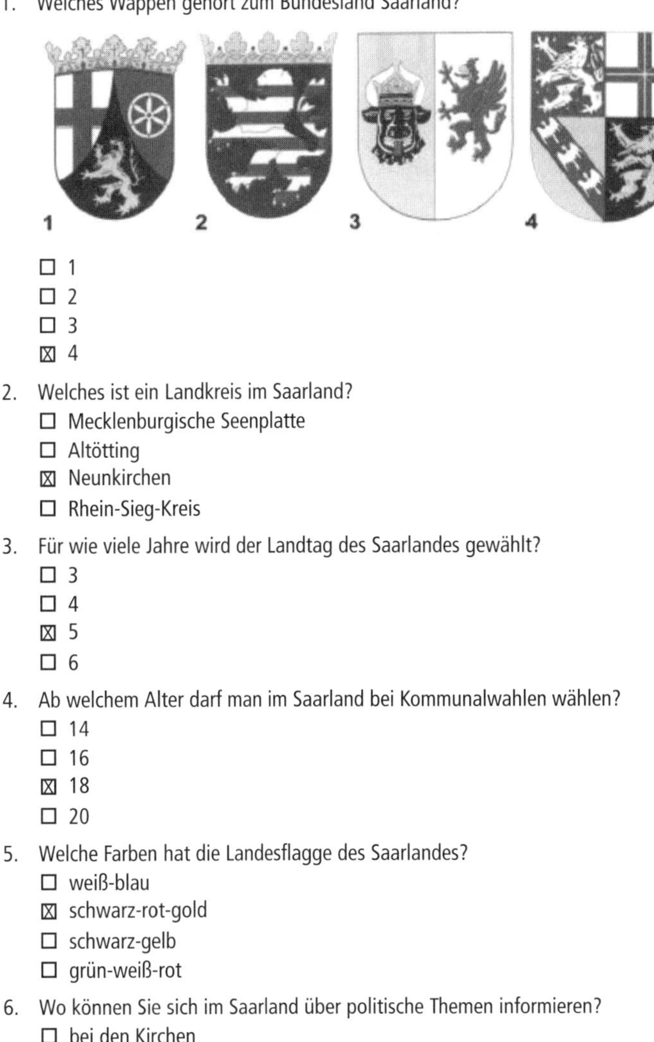

☐ 1
☐ 2
☐ 3
☒ 4

2. Welches ist ein Landkreis im Saarland?
☐ Mecklenburgische Seenplatte
☐ Altötting
☒ Neunkirchen
☐ Rhein-Sieg-Kreis

3. Für wie viele Jahre wird der Landtag des Saarlandes gewählt?
☐ 3
☐ 4
☒ 5
☐ 6

4. Ab welchem Alter darf man im Saarland bei Kommunalwahlen wählen?
☐ 14
☐ 16
☒ 18
☐ 20

5. Welche Farben hat die Landesflagge des Saarlandes?
☐ weiß-blau
☒ schwarz-rot-gold
☐ schwarz-gelb
☐ grün-weiß-rot

6. Wo können Sie sich im Saarland über politische Themen informieren?
☐ bei den Kirchen
☒ bei der Landeszentrale für politische Bildung

- ☐ bei der Verbraucherzentrale
- ☐ beim Ordnungsamt der Gemeinde

7. Die Landeshauptstadt des Saarlandes heißt …
   - ☐ Neunkirchen.
   - ☐ Homburg.
   - ☒ Saarbrücken.
   - ☐ Völklingen.

8. Welches Bundesland ist das Saarland?

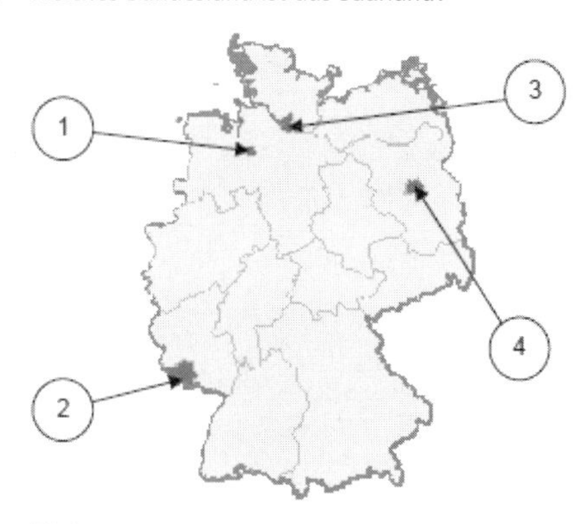

   - ☐ 1
   - ☒ 2
   - ☐ 3
   - ☐ 4

9. Wie nennt man den Regierungschef / die Regierungschefin des Saarlandes?
   - ☐ Erster Minister / Erste Ministerin
   - ☐ Premierminister / Premierministerin
   - ☐ Bürgermeister / Bürgermeisterin
   - ☒ Ministerpräsident / Ministerpräsidentin

10. Welchen Minister / welche Ministerin hat das Saarland **nicht**?
   - ☐ Justizminister / Justizministerin
   - ☒ Außenminister / Außenministerin
   - ☐ Finanzminister / Finanzministerin
   - ☐ Innenminister / Innenministerin

Sachsen

1. Welches Wappen gehört zum Freistaat Sachsen?

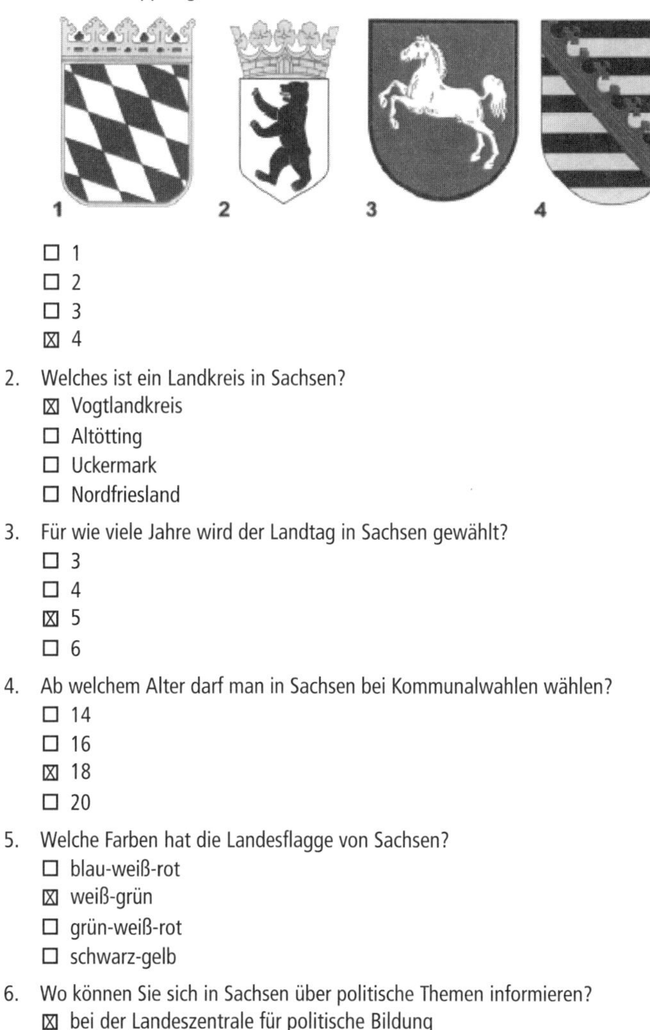

   ☐ 1
   ☐ 2
   ☐ 3
   ☒ 4

2. Welches ist ein Landkreis in Sachsen?
   ☒ Vogtlandkreis
   ☐ Altötting
   ☐ Uckermark
   ☐ Nordfriesland

3. Für wie viele Jahre wird der Landtag in Sachsen gewählt?
   ☐ 3
   ☐ 4
   ☒ 5
   ☐ 6

4. Ab welchem Alter darf man in Sachsen bei Kommunalwahlen wählen?
   ☐ 14
   ☐ 16
   ☒ 18
   ☐ 20

5. Welche Farben hat die Landesflagge von Sachsen?
   ☐ blau-weiß-rot
   ☒ weiß-grün
   ☐ grün-weiß-rot
   ☐ schwarz-gelb

6. Wo können Sie sich in Sachsen über politische Themen informieren?
   ☒ bei der Landeszentrale für politische Bildung
   ☐ beim Ordnungsamt der Gemeinde

- ☐ bei den Kirchen
- ☐ bei der Verbraucherzentrale

7. Die Landeshauptstadt von Sachsen heißt …
   - ☐ Leipzig.
   - ☒ Dresden.
   - ☐ Chemnitz.
   - ☐ Zwickau.

8. Welches Bundesland ist Sachsen?

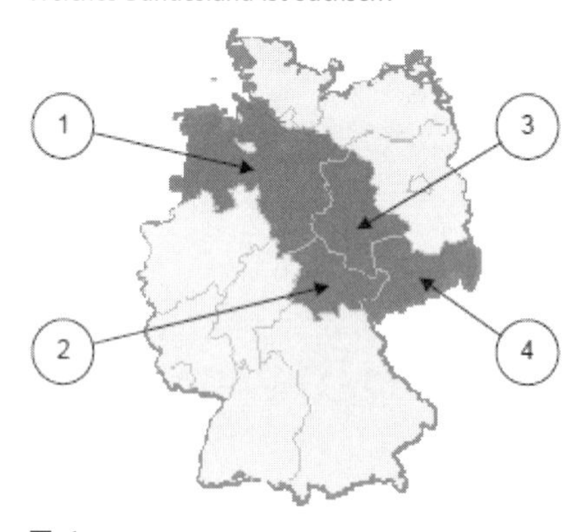

   - ☐ 1
   - ☐ 2
   - ☐ 3
   - ☒ 4

9. Wie nennt man den Regierungschef / die Regierungschefin in Sachsen?
   - ☐ Erster Minister / Erste Ministerin
   - ☐ Premierminister / Premierministerin
   - ☐ Bürgermeister / Bürgermeisterin
   - ☒ Ministerpräsident / Ministerpräsidentin

10. Welchen Minister / welche Ministerin hat Sachsen **nicht**?
   - ☐ Justizminister / Justizministerin
   - ☒ Außenminister / Außenministerin
   - ☐ Finanzminister / Finanzministerin
   - ☐ Innenminister / Innenministerin

Sachsen-Anhalt

1. Welches Wappen gehört zum Bundesland Sachsen-Anhalt?

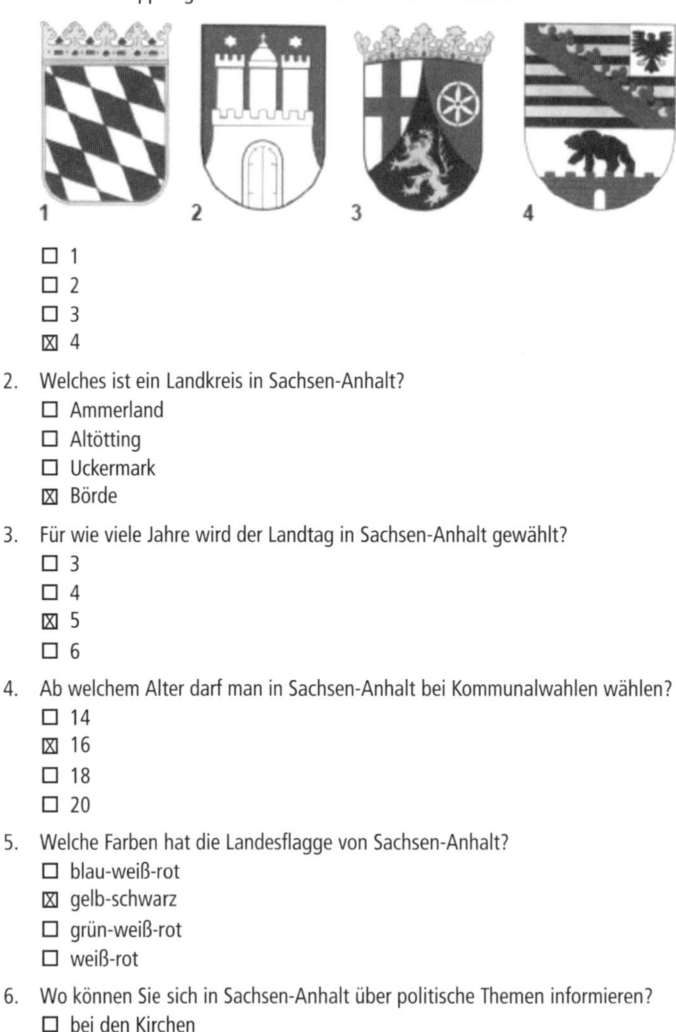

☐ 1
☐ 2
☐ 3
☒ 4

2. Welches ist ein Landkreis in Sachsen-Anhalt?

☐ Ammerland
☐ Altötting
☐ Uckermark
☒ Börde

3. Für wie viele Jahre wird der Landtag in Sachsen-Anhalt gewählt?

☐ 3
☐ 4
☒ 5
☐ 6

4. Ab welchem Alter darf man in Sachsen-Anhalt bei Kommunalwahlen wählen?

☐ 14
☒ 16
☐ 18
☐ 20

5. Welche Farben hat die Landesflagge von Sachsen-Anhalt?

☐ blau-weiß-rot
☒ gelb-schwarz
☐ grün-weiß-rot
☐ weiß-rot

6. Wo können Sie sich in Sachsen-Anhalt über politische Themen informieren?

☐ bei den Kirchen
☒ bei der Landeszentrale für politische Bildung

- ☐ beim Ordnungsamt der Gemeinde
- ☐ bei der Verbraucherzentrale

7. Die Landeshauptstadt von Sachsen-Anhalt heißt …
   - ☐ Halle.
   - ☐ Dessau.
   - ☒ Magdeburg.
   - ☐ Wittenberg.

8. Welches Bundesland ist Sachsen-Anhalt?

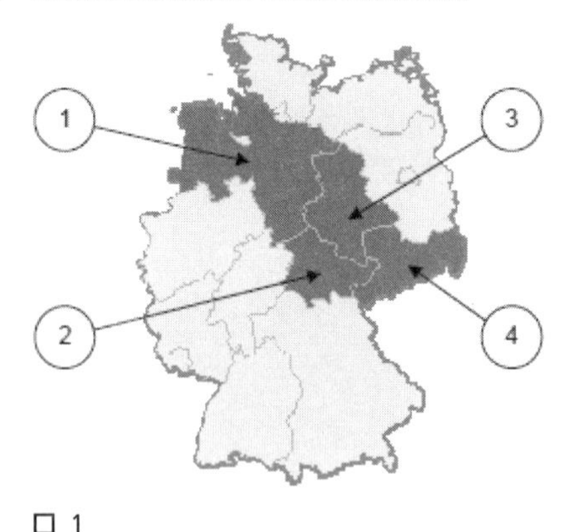

   - ☐ 1
   - ☐ 2
   - ☒ 3
   - ☐ 4

9. Wie nennt man den Regierungschef / die Regierungschefin in Sachsen-Anhalt?
   - ☐ Erster Minister / Erste Ministerin
   - ☐ Premierminister / Premierministerin
   - ☐ Bürgermeister / Bürgermeisterin
   - ☒ Ministerpräsident / Ministerpräsidentin

10. Welchen Minister / welche Ministerin hat Sachsen-Anhalt **nicht**?
   - ☐ Justizminister / Justizministerin
   - ☒ Außenminister / Außenministerin
   - ☐ Finanzminister / Finanzministerin
   - ☐ Innenminister / Innenministerin

Schleswig-Holstein

1. Welches Wappen gehört zum Bundesland Schleswig-Holstein?

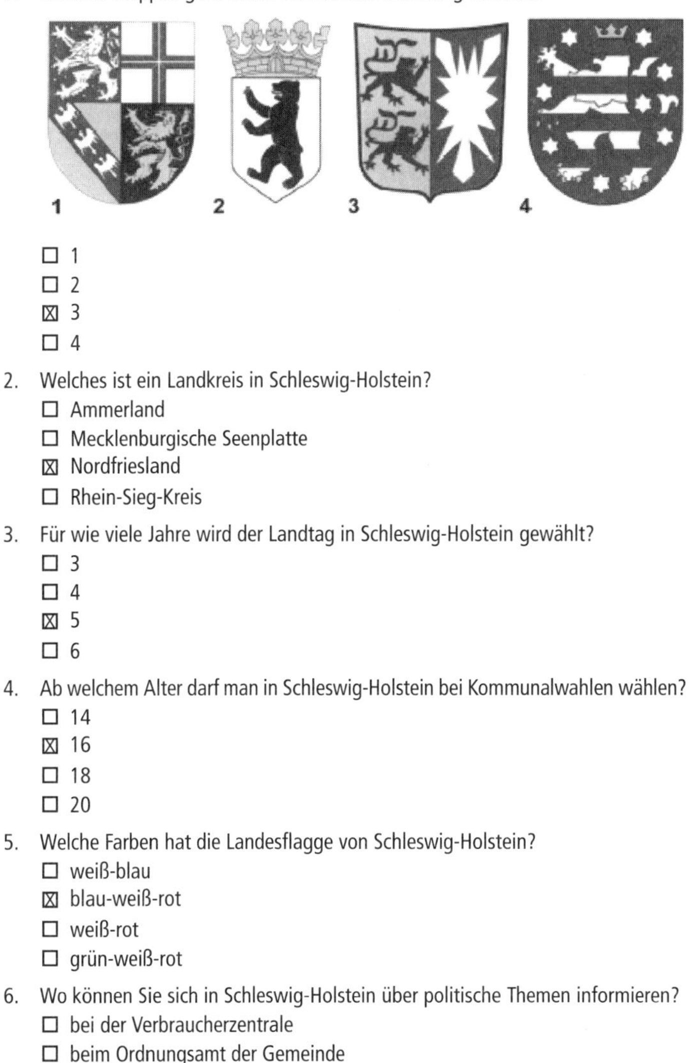

☐ 1
☐ 2
☒ 3
☐ 4

2. Welches ist ein Landkreis in Schleswig-Holstein?

☐ Ammerland
☐ Mecklenburgische Seenplatte
☒ Nordfriesland
☐ Rhein-Sieg-Kreis

3. Für wie viele Jahre wird der Landtag in Schleswig-Holstein gewählt?

☐ 3
☐ 4
☒ 5
☐ 6

4. Ab welchem Alter darf man in Schleswig-Holstein bei Kommunalwahlen wählen?

☐ 14
☒ 16
☐ 18
☐ 20

5. Welche Farben hat die Landesflagge von Schleswig-Holstein?

☐ weiß-blau
☒ blau-weiß-rot
☐ weiß-rot
☐ grün-weiß-rot

6. Wo können Sie sich in Schleswig-Holstein über politische Themen informieren?

☐ bei der Verbraucherzentrale
☐ beim Ordnungsamt der Gemeinde

- ☒ bei der Landeszentrale für politische Bildung
- ☐ bei den Kirchen

7. Die Landeshauptstadt von Schleswig-Holstein heißt …
   - ☐ Husum.
   - ☐ Flensburg.
   - ☐ Lübeck.
   - ☒ Kiel.

8. Welches Bundesland ist Schleswig-Holstein?

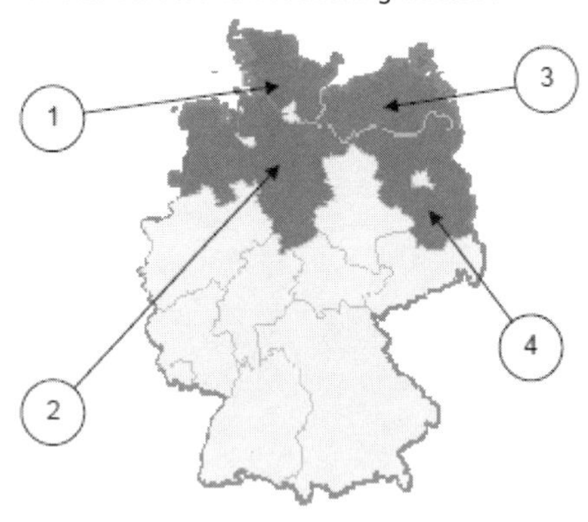

   - ☒ 1
   - ☐ 2
   - ☐ 3
   - ☐ 4

9. Wie nennt man den Regierungschef / die Regierungschefin in Schleswig-Holstein?
   - ☐ Erster Minister / Erste Ministerin
   - ☐ Premierminister / Premierministerin
   - ☐ Bürgermeister / Bürgermeisterin
   - ☒ Ministerpräsident / Ministerpräsidentin

10. Welchen Minister / welche Ministerin hat Schleswig-Holstein **nicht**?
    - ☐ Justizminister / Justizministerin
    - ☒ Außenminister / Außenministerin
    - ☐ Finanzminister / Finanzministerin
    - ☐ Innenminister / Innenministerin

Thüringen

1. Welches Wappen gehört zum Freistaat Thüringen?

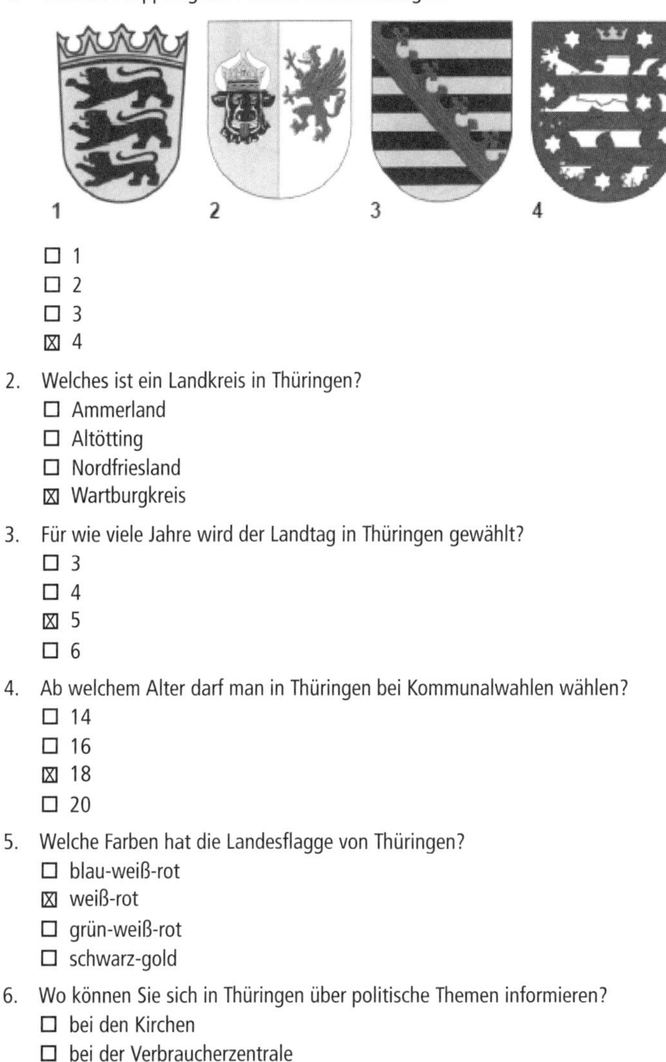

☐ 1
☐ 2
☐ 3
☒ 4

2. Welches ist ein Landkreis in Thüringen?

☐ Ammerland
☐ Altötting
☐ Nordfriesland
☒ Wartburgkreis

3. Für wie viele Jahre wird der Landtag in Thüringen gewählt?

☐ 3
☐ 4
☒ 5
☐ 6

4. Ab welchem Alter darf man in Thüringen bei Kommunalwahlen wählen?

☐ 14
☐ 16
☒ 18
☐ 20

5. Welche Farben hat die Landesflagge von Thüringen?

☐ blau-weiß-rot
☒ weiß-rot
☐ grün-weiß-rot
☐ schwarz-gold

6. Wo können Sie sich in Thüringen über politische Themen informieren?

☐ bei den Kirchen
☐ bei der Verbraucherzentrale

- ☒ bei der Landeszentrale für politische Bildung
- ☐ beim Ordnungsamt der Gemeinde

7. Die Landeshauptstadt von Thüringen heißt …
   - ☐ Eisenach.
   - ☒ Erfurt.
   - ☐ Gera.
   - ☐ Jena.

8. Welches Bundesland ist Thüringen?

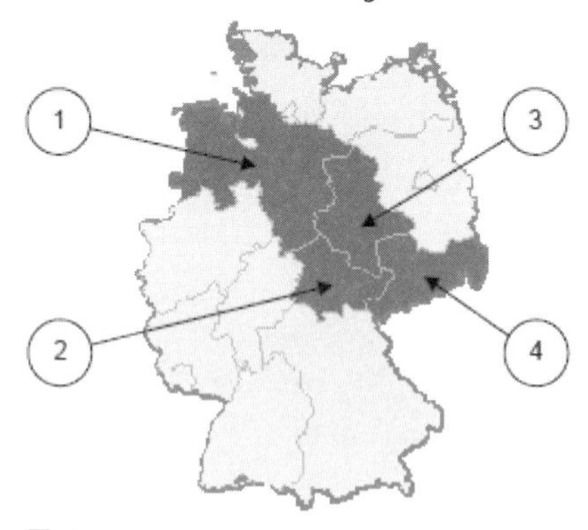

   - ☐ 1
   - ☒ 2
   - ☐ 3
   - ☐ 4

9. Wie nennt man den Regierungschef / die Regierungschefin in Thüringen?
   - ☐ Erster Minister / Erste Ministerin
   - ☐ Premierminister / Premierministerin
   - ☐ Bürgermeister / Bürgermeisterin
   - ☒ Ministerpräsident / Ministerpräsidentin

10. Welchen Minister / welche Ministerin hat Thüringen **nicht**?
   - ☐ Justizminister / Justizministerin
   - ☒ Außenminister / Außenministerin
   - ☐ Finanzminister / Finanzministerin
   - ☐ Innenminister / Innenministerin

Anhang

Übersicht der Prüfstellen für den Einbürgerungstest

I. Baden-Württemberg

Regierungsbezirk Freiburg:

VHS Bad Säckingen, 79713 Bad Säckingen, Friedrichstr. 33
Tel. 07761/2101, verwaltung@vhs-bad-saeckingen.de

VHS Nördlicher Breisgau, 79312 Emmendingen, Am Gaswerk 3,
Tel. 07641/9225-19, integration@vhs-em.de

VHS Freiburg, 79098 Freiburg, Rotteckring 12
Tel. 0761/3689510, lebfromm@vhs-freiburg.de

VHS Offenburg, 77654 Offenburg, Weingartenstr. 34b
Tel. 0781/9364420, regina.nagel@vhs-offenburg.de

VHS Rheinfelden, 79618 Rheinfelden, Hardtstr. 6
Tel. 07623/7240-0, info@vhs-rheinfelden.de

VHS Schramberg, 78713 Schramberg, Hauptstr. 25
Tel. 07422/29256, Susanne.Gwosch@schramberg.de

Regierungsbezirk Karlsruhe:

VHS Calw e.V., 75365 Calw, Kirchplatz 3
Tel. 07051/9365-0, mail@vhs-calw.de

KVHS Freudenstadt, 72250 Freudenstadt, Landhausstr. 4
Tel. 07441/9201400, vogt@vhs-kreisfds.de

VHS Heidelberg, 69115 Heidelberg, Bergheimer Str. 76
Tel. 06221/911911, vhs@vhs-hd.de

Städtische VHS Karlsruhe, 76133 Karlsruhe, Kaiserallee 12a
Tel. 0721/98575-21, bittner@vhs.karlsruhe.de

Mannheimer Abendakademie – VHS GmbH, 68161 Mannheim, R 3, 13
Tel. 0621/1076–265 od. –281, c.dettlaff@abendakademie-mannheim.de

VHS Mosbach, 74821 Mosbach, Hauptstr. 96
Tel. 06261/12077, wilder@vhs-mosbach.de

VHS Oberes Nagoldtal, 72202 Nagold, Vorstadtplatz 15
Tel. 07452/93150, sylvia.ehmann-oulad@vhs-nagold.de

VHS Pforzheim-Enzkreis, 75172 Pforzheim, Zerrenerstr. 29
Tel. 07231/380063, dillmann@vhs-pforzheim.de

VHS Landkreis Rastatt, 76437 Rastatt, Am Schlossplatz 5
Tel. 07222/3815400, h.braun@landkreis-rastatt.de

VHS Sinsheim, 74889 Sinsheim, Werderstr. 1
Tel. 07261/6577–0, info@VHS-Sinsheim.de

Regierungsbezirk Stuttgart:

VHS Aalen, 73430 Aalen, Im Torhaus, Gmünder Str. 9
Tel. 07361/95830, schumm@vhs-aalen.de

VHS Backnang, 71522 Backnang, Etzwiesenberg 11
Tel. 07191/9667-16, info@vhs-backnang.de

VHS Böblingen-Sindelfingen, 71032 Böblingen, Im Höfle, Pestalozzistr. 4
Tel. 07031/64000, info@vhs-aktuell.de

Städt. Volkshochschule Crailsheim, 74564 Crailsheim, Spitalstr. 2a
Tel. 07951/9480-18, kadri.peterson@crailsheim.de

DEUTSCH-SCHULE Ursula Kunert, 74564 Crailsheim, Wilhelm-von-Ketteler-Str. 4
Tel. 07951/26555, kunert.u.s@t-online.de

VHS Esslingen, 73728 Esslingen, Kollwitzstr. 1
Tel. 0711/3512-2917, info@vhs-esslingen.de

VHS Geislingen a. d. Steige, 73312 Geislingen a. d. Steige, Schillerstr. 2
Tel. 07331/24269, vhs@geislingen.de

VHS Heilbronn, 74072 Heilbronn, Im Deutschhof
Tel. 07131/996544, persson@vhs-heilbronn.de

VHS Kirchheim u. Teck, 73230 Kirchheim u. Teck, Max-Eyth-Str. 18
Tel. 07021/973030, info@vhskirchheim.de

Schiller-VHS , 71638 Ludwigsburg, Robert-Franck-Allee 9
Tel. 07141/1441668, tausche@schiller-vhs.de

VHS Schwäbisch Gmünd, 73525 Schwäbisch Gmünd, Am Münsterpl. 5
Tel. 07171/92515-0, hschwimmbeck@gmuender-vhs.de

VHS Schwäbisch Hall, 74523 Schwäbisch Hall, Im Hall 14
Tel. 0791/97066-0, krauss@vhs-sha.de

VHS Mittleres Taubertal, 97941 Tauberbischofsheim, Struwepfad 2
Tel. 09341/1691, vhs-mittleres-taubertal@t-online.de

VHS Unteres Remstal, 71332 Waiblingen, Karlstr. 10
Tel. 07151/95880-26, agnes.holweck-tritean@vhs-unteres.remstal.de

Regierungsbezirk Tübingen:

VHS Balingen, 72336 Balingen, Wilhelmstr. 36
Tel. 074333/9080-0, ottmar.erath@vhs-balingen.de

VHS Biberach a. d. Riß, 88400 Biberach, Schulstr. 8
Tel. 07351/51-256, cstern@biberach-riss.de

VHS Pfullendorf, Kirchplatz 1
Tel. 07552/25-1132, hermine.reiter@stadt-pfullendorf.de

VHS Ravensburg, 88212 Ravensburg, Wilhelmstr. 5
Tel. 0751/36199-17, vhs-rv@web.de

VHS Reutlingen, 72764 Reutlingen, Spendhausstr. 6
Tel. 07121/336-160, fmayer@vhsrt.de

VHS Tübingen, 72072 Tübingen, Katharinenstr. 18
Tel. 07071/560326, integration@vhs-tuebingen.de

Ulmer VHS, 89073 Ulm, Kornplatz 5
Tel. 0731/153033, maier@vhs-ulm.de

II. Bayern

Mittelfranken:

VHS des Landkreises Ansbach, 91522 Ansbach, Crailsheimstr. 1
Tel. 0981/468 183, vhs@landratsamt-ansbach.de

Volkshochschule der Stadt Ansbach, 91522 Ansbach, Martin-Luther-Platz 1
Tel. 0981/51-311, Sandra.Nefzger@ansbach.de

VHS Erlangen, 91054 Erlangen, Friedrichstr. 19/21
Tel. 09131/862667, alexandra.rauhtaeschlein@stadt.erlangen.de

VHS Fürth gGmbH, 90762 Fürth, Hirschenstr. 27/29
Tel. 0911/974-1702, info@vhs-fuerth.de

VHS Gunzenhausen e.V., 91710 Gunzenhausen, Dr.-Martin-Luther-Platz 4
Tel. 09831/80666, info@vhs-gunzenhausen.de

VHS-ZV Unteres Pegnitztal, 91207 Lauf, Turnstr. 11
Tel. 09123/184170, info@vhs-lauf.de

Bildungszentrum Stadt Nürnberg, 90403 Nürnberg, Untere Talgasse 8
Tel. 0911/231-3147, ursula.brock@stadt.nuernberg.de

Euro-Bildungswerk Nürnberg/Euro-Schulen Nordbayern, 90429 Nürnberg, Solgerstr. 16a/18
Tel. 0911/286463, info@ebw.nuernberg.eso.de

VHS Roth, 91154 Roth, Hilpoltsteiner Str. 2a
Tel. 09171/1635, roth@vhs-bayern.de

VHS Schwabach, 91126 Schwabach, Königsplatz 29a
Tel. 09122/860-312, vhs@schwabach.de

VHS Schwarzachtal, 90610 Winkelhaid, Penzenhofener Str. 1
Tel. 09187/972034, e.seibert@vhs-schwarzachtal.de

Niederbayern:

Volkshochschule Arnstorf, 94424 Arnstorf, Marktplatz 8
Tel. 08723/9791965, vhs@arnstorf.de

VHS Landkreis Straubing-Bogen, 94327 Bogen, Klosterhof 1
Tel. 09422/505601, vhs@vhs-bildungszentrum.de

VHS Deggendorfer Land e. V., 94469 Deggendorf, Amanstr. 11
Tel. 0991/32015 56, info@vhs-deggendorf.de

VHS Dingolfing e. V., 84130 Dingolfing, Stadionstr. 50
Tel. 08731/329491, spies@vhs-dingolfing.de

Volkshochschule für den Landkreis Kelheim, 93309 Kelheim, Alleestr. 21
Tel. 09441/642007, stefanie.kristlbauer@vhs-landkreiskelheim.de

VHS Verband Landau e.V., 94405 Landau, Fleischgasse 60
Tel. 09951/90180, info@vhs-landau.de

VHS Landshut e.V., 84028 Landshut, Ländgasse 41
Tel. 0871/92292-510, anmeldung@vhs-landshut.de

VHS Mainburg e. V., 84048 Mainburg, Mitterweg 8
Tel. 08751/8778-15, integration@vhs-mainburg.de

Kommunaler Zweckverband der Volkshochschule Passau, 94032 Passau, Nikolastr. 18
Tel. 0851/9598028, info@vhs-passau.de

Volksbildungswerk Pfarrkirchen, 84347 Pfarrkirchen, Stadtplatz 2
Tel. 08561/30680, volksbildungswerk@pfarrkirchen.de

VHS für den Landkreis Regen, 94209 Regen, Amtsgerichtstr. 6/8
Tel. 09921/950420, hannes@vhs-regen.de

Oberbayern:

VHS Alt-/Neuötting und Töging e. V., 84503 Altötting, Neuöttinger Str. 32
Tel. 08671/12077, vhs.Alt-Neuoetting@t-online.de

VHS Beilngries e.V., 92339 Beilngries, Ringstr. 16
Tel. 08461/266, bildung@vhs-beilngries.de

VHS Burghausen-Burgkirchen e. V., 84489 Burghausen, Marktler Str. 16
Tel. 08677/98778-0, hr@vhs-burghausen.de

VHS Freising e.V., 85354 Freising, Kammergasse 12
Tel. 08161/490744, isolde.wagner@vhs-freising.org

VHS Stadt Fürstenfeldbruck e.V., 82256 Fürstenfeldbruck, Niederbronnerweg 3/II
Tel. 08141/5014221, cr@vhs-ffb.de

VHS im Norden des Landkreises München, 85748 Garching b. München, Bürgermeister-Wagner-Str. 3
Tel. 089/550517-95, info@vhs-nord.de

VHS Garmisch-Partenkirchen e.V., 82467 Garmisch-Partenkirchen, Burgstr. 21
Tel. 08821/9590-40, info@vhs-gap.de

VHS Grafing bei München, 85567 Grafing b. München, Griesstr. 27
Tel. 08092/8195-14, info@vhs-grafing.de

VHS Germering e.V., 82110 Germering, Therese-Giehse-Platz 6
Tel. 089/8414146, integration@vhs-germering.de

VHS Gröbenzell e.V., 82194 Gröbenzell, Rathausstr. 1
Tel. 08142/540529, info@vhs-groebenzell.de

VHS Ingolstadt, 85049 Ingolstadt, Hallstr. 5
Tel. 0841/305-1850, petra.neumann@ingolstadt.de

VHS der Stadt Landsberg/Lech, 86899 Landsberg am Lech,
Hubert-von-Herkomer-Str. 110
Tel. 08191/128-111 od. -112, s_frey_wegele@landsberg.de

VHS Kreisverband im Lkrs. Miesbach, 83714 Miesbach,
Wallenburger Str. 16a
Tel. 08025/1322, info@vhs-kreisverband-miesbach.de

VHS Moosburg e.V., 85368 Moosburg, Fronängerstr. 6
Tel. 08761/7225-12, christine.oehlmann@vhs-moosburg.de

VHS Mühldorf e. V., 84453 Mühldorf a. Inn, Schlörstr. 1
Tel. 08631/990314, info@vhs-muehldorf.de

Münchener VHS GmbH, 81667 München, Rosenheimer Str. 5
Tel. 089/48006-6169, renate.aumueller@mvhs.de

VHS Neuburg/Donau e.V., 86633 Neuburg, Franziskanerstr. 200
Tel. 08431/9119, vhsneuburg@gmx.de

VHS Landkreis Pfaffenhofen a. d. Ilm, 85276 Pfaffenhofen,
Ingolstädter Str. 3
Tel. 08441/490480, vhs@landratsamt-paf.de

VHS Rosenheim, 83022 Rosenheim, Innsbrucker Str. 3
Tel. 08031/361456, bianca.stein-steffan@rosenheim.de

VHS Taufkirchen, 82024 Taufkirchen, Ahornring 121
Tel. 089/614514-15, anette.hubl@vhs-taufkirchen.de

VHS Traunreut e. V., 83301 Traunreut, Marienstr. 20
Tel. 08669/864814, nicola.fastner@vhs-traunreut.de

VHS Traunstein e. V., 83278 Traunstein, Stadtplatz 38a
Tel. 0861/9097166-13, h.wildner@vhs-traunstein.de

VHS Trostberg e.V., 83308 Trostberg, Heinrich-Braun-Str. 6
Tel. 08621/6493914, wieneke@vhs-trostberg.de

VHS Waldkraiburg e.V., 84478 Waldkraiburg, Am Kalander 1
Tel. 08638/889367, alexander.rahm@vhs-waldkraiburg.de

VHS Wasserburg/Inn e.V., 83512 Wasserburg a. Inn, Salzburger Str. 19
Tel. 08071/4873, info@vhs-wasserburg.de

Oberfranken:

VHS Bamberg, 96052 Bamberg, Tränkgasse 4
Tel. 0951/871108, thomas.riegg@vhs-bamberg.de

VHS Bamberg-Land e.V., 96052 Bamberg, Kaimsgasse 31
Tel. 0951/85759 od. 760, info@vhs-bamberg-land.de

VHS Bayreuth, 95444 Bayreuth, Luitpoldplatz 13
Tel. 0921/251700, beatrix.guaita@stadt.bayreuth.de

VHS Coburg gGmbH, 96450 Coburg, Löwenstr. 15
Tel. 09561/8825-70, helga.kolbenschlag@vhs-coburg.de

VHS des Landkreises Forchheim, 91301 Forchheim, Hornschuchallee 20
Tel. 09191/861043, silvia.bessler@vhs-forchheim.de

Arbeitsgemeinschaft der Volkshochschulen im Landkreis Hof e.V.,
95028 Hof, Königstr. 22
Tel. 09281/71450, info@vhs-landkreis-hof.de

VHS Kreis Kronach e.V., 96317 Kronach, Kulmbacher Str. 1
Tel. 09261/606016, info@vhs-kronach.de

VHS der Stadt Marktredwitz, 95615 Marktredwitz, Fikentscherstr. 19
Tel. 09231/5115, vhs@marktredwitz.de

Volkshochschule der Stadt Selb, 95100 Selb, Lessingstr. 8
Tel. 09287/760121, volkshochschule@vhs-selb.de

VHS des Landkreises Wunsiedel, 95632 Wunsiedel, Jean-Paul-Str. 9
Tel. 09232/80375, vhs@landkreis-wunsiedel.de

Oberpfalz:

VHS Landkreis Amberg-Sulzbach, 92237 Sulzbach-Rosenberg,
Obere Gartenstr. 3
Tel. 09661/80294, info@vhs-as.de

Volkshochschule im Landkreis Cham e.V., 93413 Cham, Pfarrer-Seidl-Str. 1
Tel. 09971/8501-17, Info@vhs-cham.de

VHS Städtedreieck e.V., 93142 Maxhütte-Haidhof, Bahnhofstr. 44
Tel. 09471/30065, meier@vhs-staedtedreieck.de

VHS f. d. Landkreis Regensburg e. V., 93073 Neutraubling, Pommernstr. 4
Tel. 09401/5255-12, info@vhs-regensburg-land.de

Volkshochschule der Stadt Regensburg, 93047 Regensburg, Haidplatz 8
Tel. 0941/5071436, service.vhs@regensburg.de

Volkshochschule des Landkreises Tirschenreuth, 95643 Tirschenreuth, Mähringer Str. 9
Tel. 09631/88204, vhs@tirschenreuth.de

VHS Weiden, 92637 Weiden i.d.OPf., Sedanstr. 13
Tel. 0961/4817811, info@vhs-weiden-neustadt.de

Schwaben:

VHS Augsburg e.V., 86153 Augsburg, Willy-Brandt-Platz 3a
Tel. 0821/50265-35, loibl_eberhardt@vhs-augsburg.de

VHS Buchloe e.V., 86807 Buchloe, Bahnhofstr. 60
Tel. 08241/90233, info@vhs-buchloe.de

VHS Dillingen e. V., 89407 Dillingen a. d. Donau, Königstraße 37/38
Tel. 09071/54-195, schmiedl@dillingen-donau.de

VHS Donauwörth, 86609 Donauwörth, Reichsstr. 6
Tel. 0906/8070, boeswald@vhs-don.de

VHS Kaufbeuren e.V., 87600 Kaufbeuren, Spitaltor 5
Tel. 08341/8399, wendlinger@vhs-kaufbeuren.de

VHS Kempten, 87435 Kempten (Allgäu), Bodmanstr. 2
Tel. 0831/70496513, roth@vhs-kempten.de

VHS Memmingen, 87700 Memmingen, Ulmer Str. 19
Tel. 08331/850-139, vhs@memmingen.de

Volkshochschule im Landkreis Unterallgäu e.V., 87719 Mindelheim, Maximilianstr. 60
Tel. 08261/9124, info@vhs-ua.de

Berufliche Fortbildungszentren der Bayerischen Wirtschaft (bfz), 89231 Neu-Ulm, Boschstr. 4
Tel. 08331/958435, info@mm.bfz.de

Unterfranken:

VHS Aschaffenburg, 63739 Aschaffenburg, Luitpoldstr. 2
Tel. 06021/38688-55, nitsche@vhs-aschaffenburg.de

Volkshochschule Karlstadt, 97753 Karlstadt, Langgasse 17
Tel. 09353/8612, info@vhs-karlstadt.de

Volkshochschule Kitzingen, 97318 Kitzingen, Hindenburgring Süd 3
Tel. 09321/920753, kuespert.vhs@stadt-kitzingen.de

VHS Lohr-Gemünden, 97816 Lohr a. Main, Marktplatz 1
Tel. 09352/848-485, vhs@lohr.de

VHS der Stadt Schweinfurt, 97421 Schweinfurt, Markt 1
Tel. 09721/51538, vhs@schweinfurt.de

VHS Würzburg, 97070 Würzburg, Münzstr. 1
Tel. 0931/35593-16, selzer@vhs-wuerzburg.de

Euro-Schulen Nordbayern, 97070 Würzburg, Herzogenstr. 8
0931/29991-0, info@es.nordby.eso.de

III. Berlin

VHS Berlin-Charlottenburg City West, 10627 Berlin, Pestalozzistr. 40/41
Tel. 030/902928848, peter.hagemeister@charlottenburg-wilmersdorf.de

VHS Berlin Friedrichshain-Kreuzberg, 10969 Berlin, Wassertorstr. 4
Tel. 030/2219 5518, bianca.ploog@ba-fk.verwalt-berlin.de

VHS Berlin Lichtenberg, 10369 Berlin, Paul-Junius-Str. 71
Tel. 030/902965983, sybille.schoenwald@lichtenberg.berlin.de

VHS Berlin-Marzahn-Hellersdorf, 12627 Berlin, Mark-Twain-Str. 27
Tel. 030/902932586, karin.leuthoff@ba-mh.verwalt-berlin.de

VHS Berlin-Mitte, 13347 Berlin, Antonstr. 37
Tel. 030/200947414, jens.hoeft@ba-mitte.berlin.de

VHS Berlin-Neukölln Otto Suhr, 12053 Berlin, Boddinstr. 34
Tel. 030/68093390, jochen.mainka@bezirksamt-neukoelln.de

VHS Berlin-Pankow, 13405 Berlin, Prenzlauer Allee 227/228
Tel. 030/902953928, baumbach@vhspankow.de

VHS Berlin-Reinickendorf, 13507 Berlin, Buddestr. 21
Tel. 030/90294-4802, gabriele.prauss@reinickendorf.berlin.de

VHS Berlin-Spandau, 13597 Berlin, Moritzstr. 17
Tel. 030/902795022, r.lange@ba-spandau.berlin.de

VHS Berlin Steglitz-Zehlendorf, 12207 Berlin, Goethestr. 9/11
Tel. 030/902992242, laude-kennert@vhssz.de

VHS Berlin-Tempelhof-Schöneberg, 10781 Berlin, Barbarossaplatz 5
Tel. 030/75606990, helga.senden@ba-ts.berlin.de

VHS Treptow-Köpenick, 12437 Berlin, Baumschulenstr. 79/81
Tel. 030/902974064, dr.kerstin.rehmer@ba-tk.berlin.de

IV. Brandenburg

VHS Brandenburg an der Havel, 14776 Brandenburg , Wredowpl.1
Tel. 03381/250442, info@vhs-brandenburg.de

KVHS Cottbus, 03046 Cottbus, Berliner Str. 13/14
Tel. 0555/38060-50, volkshochschule@cottbus.de

KVHS Barnim, 16227 Eberswalde, Fritz-Weineck-Str. 36
Tel. 03334/34597, info@kvhs-barnim.de

VHS Eisenhüttenstadt, 15890 Eisenhüttenstadt, Waldstr. 10
Tel. 03364/280734, eisenhuettenstadt@vhs-los-eh.de

KVHS Elbe-Elster, 04910 Elsterwerda, Schlossplatz 1a
Tel. 05533/6208520, vhs.hz@lkee.de

VHS Frankfurt (Oder), 15230 Frankfurt (Oder). Beckmannstr. 6
Tel. 0335/542025, christen@vhs-frankfurt-oder.de

VHS Havelland, 14612 Falkensee, Poststr. 15
Tel. 03321/403-6712, kathrin.royek@havelland.de

KVHS Spree-Neiße, 03149 Forst (Lausitz), Heinrich-Heine-Str. 14
Tel. 03562/699766, kvhs@lkspn.de

VHS Landkreis Oder-Spree,15517 Fürstenwalde/Spree, Frankfurter Str.70
Tel. 03361/2783, fuerstenwalde@vhs-los.de

KVHS Potsdam-Mittelmark, 14532 Kleinmachnow, Am Weinberg 20
Tel. 033203/803710, kleinmachnow@kvhs-pm.de

VHS Dahme-Spreewald, Regionalstelle Königs Wusterhausen,
15711 Königs Wusterhausen, Schulweg 13
Tel. 03375/262526, vhs@dahme-spreewald.de

VHS Teltow-Fläming, 14943 Luckenwalde, Am Nuthefließ 2
Tel. 03371/6083141, kvhs@teltow-flaeming.de

VHS Neuruppin, 16816 Neuruppin, Altruppiner Allee 39
Tel. 03391/769160, volkshochschule@o-p-r.de

KVHS Oranienburg, 16515 Oranienburg, Havelstr. 18
Tel. 03301/671070, kvhs@oberhavel.de

KVHS Prignitz, 19348 Perleberg, Berliner Str. 49
Tel. 03876/785165, kvhs.prignitz@web.de

VHS „A.Einstein" der Stadt Potsdam, 14467 Potsdam, Dortustr. 37
Tel. 0331/289-4562, Susanne.Herrmann@rathaus.potsdam.de

KVHS Uckermark, 17291 Prenzlau, Brüssower Allee 48
Tel. 03984/2551, info@vhs-uckermark.de

VHS Schwedt/Oder, 16303 Schwedt/Oder, Berliner Str. 52e,
Tel. 03332/834911, vhs.stadt@schwedt.de

ZEM VHS Märkisch-Oderland, 15306 Seelow, Berliner Str. 31a
Tel. 03346/850328, Volkshochschule@landkreismol.de

KVHS-Oberspreewald-Lausitz, 01968 Senftenberg, Jahnstr. 32
Tel. 03573/810314, gross@vhs-osl.de

V. Bremen

VHS Bremen, 28195 Bremen, Faulenstr. 69
Tel. 0421/361-18165, ricarda.knabe@vhs-bremen.de

VHS Bremerhaven, 27568 Bremerhaven, Lloydstr. 15
Tel. 0471/590-4747/ -4746, susanne.weis@vhs.bremerhaven.de

VI. Hamburg

Hamburger Volkshochschule, 20357 Hamburg, Schanzenstr. 75-77
Tel. 040/42841-3304, g.neumayer@vhs-hamburg.de

Inlingua Sprachschule Hamburg GmbH, 20095 Hamburg, Spitalstr. 1
Tel. 040/325887-0, info@inlingua-hamburg.de

VII. Hessen

Regierungsbezirk Darmstadt:

VHS Bad Homburg, 61348 Bad Homburg, Elisabethstr. 4-8
Info.vhs@bad-homburg.de

VHS Bensheim, 64625 Bensheim, Am Wambolterhof 2
Tel. 06251/1778-12, Berthold.Maeurer@bensheim.de

Kreishandwerkerschaft Bergstraße, 64625 Bensheim,
Werner-von-Siemens-Str. 30
Tel. 06251/138410, joergfranz@kh-bergstasse.de

VHS Kulturinstitute der Stadt Darmstadt, 64283 Darmstadt,
Große Bachgasse 2
Tel. 06151/133254, karin.hock@darmstadt.de

VHS Darmstadt-Dieburg, 64807 Dieburg, Albinistr. 23
Tel. 06071/8812301, f.marx@ladadi.de

VHS Kreis Offenbach, 63303 Dreieich, Frankfurter Str. 160-166, Haus 1
Tel. 06103/31311313, vhs@kreis-offenbach.de

hvv-Institut gGmbH, 60320 Frankfurt a.M., Winterbachstr. 38
Tel. 069/56000810

VHS Frankfurt am Main, 60314 Frankfurt a.M., Sonnemannstr. 13
Tel. 069/212-33378 od. -45667, maria.debarros-bruckner.vhs@stadt-frankfurt.de/ gerald.zier.vhs@stadt-frankfurt.de

InBit gGmbh, 60847 Frankfurt a.M., Rödelheimer Landstr. 75
Tel. 069/27227869, Marion.Volz@inbit.de

Lernportal Höchst, 65929 Frankfurt a.M., Bolongarostr. 2
Tel. 069/30058531, verwaltung@daslernportal.de

VHS des Wetteraukreises, 61169 Friedberg (Hessen), Leonhardstr. 7
Tel. 06031/717622, bettina.hendler@vhs-wetterau.de

Bildungspartner Main-Kinzig GmbH – Volkshochschule, 63571 Gelnhausen,
Herzbachweg 65
Tel. 06051/85144 90 (56), vhs@bildungspartner-mk.de

KVHS Groß-Gerau, 64521 Groß-Gerau, Hauptstr. 1
Tel. 06152/1870-406, info@KVHSGG.de

VHS der Stadt Hanau, 63452 Hanau, Ulanenplatz 4
Tel. 06181/92380-30, uwe.hansen@hanau.de

VHS Main-Taunus-Kreis, 65719 Hofheim am Taunus, Pfarrgasse 38
Tel. 06192/99 01-23, seibel@vhs-mtk.de

VHS Lampertheim, 68623 Lampertheim, Haus am Römer
Tel. 06202/935316, vhs@lampertheim.de

KVHS Bergstr., 64653 Lorsch, Marktplatz 1
Tel. 06251/1729666,

VHS-Kreis d. Hochtaunuskreises, 61440 Oberursel (Taunus), Füllerstr. 1
Tel. 06171/584822, koehnen@vhs-hochtaunus.de

VHS der Stadt Offenbach, 63065 Offenbach am Main, Berliner Str. 77
Tel. 069/8065-3823, Pia.Glueck@offenbach.de

VHS der Stadt Rüsselsheim, 65428 Rüsselsheim, Am Treff 1
Tel. 06142/832737, anmeldung@kultur123ruesselsheim.de

VHS Rheingau-Taunus, 65232 Taunusstein, Erich-Kästner-Str. 5
Tel. 06128/9277-11, hellermann@vhs-rtk.de

VHS Viernheim, 68519 Viernheim, Bürgerhaus, Kreuzstr. 2-4
Tel. 06204/963611, vhs@viernheim.de

VHS Wiesbaden e.V., 65197 Wiesbaden, Alcide-de-Gasperi-Str. 4/5
Tel. 0611/9889130, hschott@vhs-wiesbaden.de

Euro-Schulen Wiesbaden, 65185 Wiesbaden, Luisenstr. 28
Tel. 0611/99208-12, Karacic.Nadja@es.wiesbaden.eso.de

Lern-Planet , 65185 Wiesbaden, Rheinstr. 95
Tel. 0611/3417341, info@lern-planet.de

Regierungsbezirk Gießen:

VHS-Volkshochschule des Vogelsbergkreises, 36304 Alsfeld, Färbergasse 1
Tel. 06631/792-770 o. -776, monika.schenker@vogelsbergkreis.de

VHS Lahn-Dill-Kreis, 35683 Dillenburg, Bahnhofstr. 10
Tel. 02771/407-758, info@lahn-dill-akademie.de

Sprache & Bildung GmbH, 35390 Gießen, Katharinenstr. 19
Tel. 0641/9717693, v.prax@sprache-und-bildung.de

VHS des Landkreises Gießen, 35423 Lich, Kreuzweg 33
Tel. 06404/916323, werner.leipold@lkgi.de

VHS Wetzlar, 35578 Wetzlar, Steinbühlstr. 5
Tel. 06441/994309 (-4301), mareike.schellenberg@wetzlar.de

Sprache & Bildung GmbH, 35576 Wetzlar, Philipsstr. 2
Tel. 06441/48760, wetzlar@sprache-und-bildung.de

Regierungsbezirk Kassel:

VHS Eschwege, 37269 Eschwege, Vor dem Berge 1
Tel. 05651/7429-15, info@vhs-eschwege.de

VHS der Stadt Fulda, 36037 Fulda, Unterm-Heilig-Kreuz 1
Tel. 0661/1021474, Heidemarie.Franzmann@fulda.de

Inlingua Trainingscenter, 36037 Fulda, Rabanusstr. 40-42
Tel. 0661/90272-40, info@inlingua-fulda.de

Bildungsverein Kreidekreis e.V., 36041 Fulda, Agnes-Huenninger-Sr. 12
Tel. 0661/78450, bvkk@gmx.de

VHS des Landkreises Hersfeld-Rotenburg, 36251 Bad Hersfeld, Leinenweberstr. 5
Tel. 06621/640929

VHS des Schwalm-Eder-Kreises, 34576 Homberg (Efze), Parkstr. 6
Tel. 05681/775404 od. -401, vhs@schwalm-eder-kreis.de

VHS Region-Kassel, 34117 Kassel, Wilhelmshöher Allee 19-21
Tel. 0561/10030, katharina-seewald@landkreiskassel.de

Institut für Sprachen, 34125 Kassel, Die Freiheit 19
Tel. 0561/2860020, info@ifs-kassel.de

Kulturzentrum Schlachthof, 34127 Kassel, Mombachstr. 12
Tel. 0561/983500, g.pause@schlachthof-kassel.de

DIALOG-Institut Dr. Kilian, 34117 Kassel, Tischbeinstr. 32
Tel. 0561/710586, institut@dialog-kilian.de

SÜZ Sprachen- und Übersetzerzentrum, 34117 Kassel, Garde-du-Corps-Str. 1
Tel. 0561/5214868 u. 69, info@suz-kassel.de

BENGI e.V., 34117 Kassel, Die Freiheit 14
Tel. 0561/50958, bengi-ks@t-online.de

VIII. Mecklenburg-Vorpommern

Vereinigte Volkshochschulen Vorpommern-Greifswald, Standort Anklam/Wolgast, 17389 Anklam, Mühlenstr. 8d
Tel. 03971/210213, gk@lrovp.de

Volkshochschule des Landkreises Rostock Außenstelle Bad Doberan, 18209 Bad Doberan, Neue Reihe 50
Tel. 038203/751250, vhs@lk-dbr.de

KVHS Rügen, 18528 Bergen auf Rügen, Schulstr. 2
Tel. 03838/200580, info@kvhs-ruegen.de

Vereinigte Volkshochschulen Vorpommern-Greifswald, 17489 Greifswald, Martin-Luther-Str. 7a
Tel. 0381/77360, info@vhs-greifswald.de

KVHS Nordvorpommern, 18507 Grimmen, Tribseeser Chaussee 4
Tel. 038326/80020, info@vhs-grimmen.de

Kreisvolkshochschule Ludwigslust, 19230 Hagenow, Dr.-Raber-Str. 2
Tel. 03874/6241133, i.foerster@ludwigslust.de

VHS des Landkreises Mecklenburgische Seenplatte, 17033 Neubrandenburg, Bienenweg 1
Tel. 0395/5551155, vhs@neubrandenburg.de

Vereinigte Volkshochschulen Vorpommern-Greifswald, Standort Pasewalk, 17309 Pasewalk, An der Kürassierkaserne 9
Tel. 03973/255567, m.schade@lkuer.de

VHS Rostock, 18057 Rostock, Am Kabutzenhof 20a
Tel. 0381/497700, vhs@rostock.de

Volkhochschulverband Mecklenburg-Vorpommern e.V., 19061 Schwerin, Bertha-von-Suttner-Str. 5
Tel. 0385/3031550, info@vhs-verband-mv.de

VHS „Ehm Welk" d. Landeshauptstadt Schwerin, 19055 Schwerin, Puschkinstr. 13
Tel. 0385/591270, info@vhs-schwerin.de

VHS Stralsund, 18437 Stralsund, Friedrich-Engels-Str. 28
Tel. 03831/482310/11, volkshochschule@stralsund.de

Volkshochschule des Landkreises Mecklenburgische Seenplatte, Standort Müritz, 17192 Waren, Güstrower Str. 11
Tel. 03991/125617, kvhs.lk-mueritz@t-online.de

KVHS Nordwestmecklenburg Standort Wismar, 23966 Wismar, Badstaven 20
Tel. 03841/32670, oswald@vhs-nwm.de

IX. Niedersachsen

KVHS Aurich, 26605 Aurich, Oldersumer Str. 65-73
Tel. 04941/9580-150, michael.muehlhan@kvhs-aurich.de

VHS Braunschweig GmbH, 38100 Braunschweig, Alte Waage 15
Tel. 0531/2412-108, info@vhsinternational.de

VHS Schaumburg, 31675 Bückeburg, Schloss 3c
Tel. 05722/95730, ziert@vhs-schaumburg.de

VHS Celle e.V., 29221 Celle, Trift 20
Tel. 05141/92 98 50, info@vhs-celle.de

VHS Cloppenburg, 49661 Cloppenburg, Altes Stadttor 16
Tel. 04471/946917, poppe@vhs-cloppenburg.de

VHS der Stadt Cuxhaven, 27474 Cuxhaven, Abendrothstr. 16
Tel. 04721/73 5225, info@vhs-cuxhaven.de

VHS Delmenhorst gGmbH, 27749 Delmenhorst, Am Turbinenhaus 11
Tel. 04221/98 180 2456, binner@vhs-delmenhorst.de

VHS Emden, 26721 Emden, An der Berufsschule 3
Tel. 04921/915546, r.jenkins@vhs-emden.de

regioVHS Ganderkesee-Hude, 27777 Ganderkesee, Rathausstr. 24
Tel. 04222/44444, info@regiovhs.de

KVHS Gifhorn, 38518 Gifhorn, Freiherr-vom-Stein-Str. 24
Tel. 05371/82442, r.riedesel@kvhs-gifhorn.de

VHS Göttingen, 37081 Göttingen, Bahnhofsallee 7
Tel. 0551/495247, faridani@vhs-goettingen.de

KVHS Göttingen, 37083 Göttingen, Reinhäuser Landstr. 4
Tel. 05541/903611, greve@kvhs-goettingen.de

KVHS Goslar, 38640 Goslar, Klubgartenstr. 6
Tel. 05321/76431, kvhs@landkreis-goslar.de

VHS Hameln-Pyrmont, 31785 Hameln, Sedanstr. 11
Tel. 05151/948224, gorkow@vhs-hameln-pyrmont.de

Volkshochschule Hannover, 30159 Hannover, Theodor-Lessing-Platz 1
Tel. 0511/168 44 787, John.Nichol@Hannover-Stadt.de

KVHS Helmstedt, 38350 Helmstedt, Bötticherstr. 2
Tel. 05351/120410, info@kvhs-helmstedt.de

VHS Hildesheim, 31134 Hildesheim, Pfaffenstieg 4-5
Tel. 05121/9361921, zerrath@vhs-hildesheim.de

KVHS Holzminden, 37603 Holzminden, Neue Str.7
Tel. 05531/707 343, krystyna.tessmann@landkreis-holzminden.de

VHS im Landkreis Cuxhaven, 27607 Langen, Debstedter Str. 5a
Tel. 04743/922-123, i.weber@vhs-lk-cux.de

VHS Langenhagen, 30853 Langenhagen, Stadtparkallee 35
Tel. 0511/7307-9708, blauert@vhs-langenhagen.de

VHS Leer, 26789 Leer, Haneburgallee 8
Tel. 0491/9299221, eysteinsdottir@vhs-leer.de

VHS Lingen, 49808 Lingen, Am Pulverturm
Tel. 0591/91202300, info@vhs-lingen.de

Volkshochschule REGION Lüneburg, 21335 Lüneburg, Haagestr. 4
Tel. 04131/1566125, birgit.borchert@vhs.lueneburg.de

VHS Meppen gGmbH, 49716 Meppen, Herzog-Arenberg-Str. 7
Tel. 05931/93 73-22, marie-anne.horstmann@vhs-meppen.de

VHS Nienburg, 31582 Nienburg, Rühmkorffstr. 12
Tel. 05021/967 617, vhs@kreis-ni.de

VHS Norden, 26506 Norden, Uffenstr. 1
Tel. 04931/924149, info@vhs-norden.de

VHS Grafschaft Bentheim, 48529 Nordhorn, Bernhard-Niehues-Str. 49
Tel. 05921/83 65 0, info@vhs-grafschaft-bentheim.de

KVHS Northeim, 37154 Northeim, Wallstr. 40
Tel. 05561/933261, info@kvhs-northeim.de

VHS Oldenburg, 26122 Oldenburg, Wallstr. 17
Tel. 0441/92391-26, hagen@vhs-ol.de

VHS Osnabrücker Land, 49082 Osnabrück, Am Schölerberg 1
Tel. 0541/501 4022, quappen@lkos.de

VHS Osterholz-Scharmbeck-Hambergen, 27710 Osterholz-Scharmbeck, Marktplatz 10
Tel. 04791/962323, info@vhs-osterholz-scharmbeck.de

VHS Papenburg gGmbH, 26871 Papenburg, Hauptkanal rechts 72
Tel. 04961/82312, hermann.schade@vhs-papenburg.de

KVHS Peine, 31224 Peine, Stederdorfer Str.8/9
Tel. 05171/401- 3240, jboesel@kvhs-peine.de

Städtische VHS Salzgitter, 38226 Salzgitter, Thiestr. 26
Tel. 05341/ 839 3689l, juergen.grundmann@stadt.salzgitter.de

VHS Calenberger Land, 30926 Seelze, Bürgermeister Röber Platz 1
Tel. 0511/400 498 10, jutta.sprengel-steinert@vhs-cl.de

KVHS Landkreis Harburg, 21220 Seevetal-Maschen, Schulkamp 11A
Tel. 04105/5 99 40/14, p.larsen@lkharburg.de

VHS Stade e. V., 21682 Stade, Wallstr. 17
Tel. 04141/4099-0, meyer@vhs-stade.de

VHS des Landkreises Diepholz, 28857 Syke, Nienburger Str. 5
Tel. 05541/9761917, vhs@vhs-diepholz.de

KVHS Uelzen / Lüchow-Dannenberg, 29525 Uelzen, Am Alten Kreishaus 1
Tel. 0581/97649-0 od. -12, quent@allesbildung.de

KVHS Vechta, 49377 Vechta, Bahnhofstr.1
Tel. 04441/9377814, s.hagl@kvhs-vechta.de

KVHS-Verden, 27283 Verden (Aller), Artilleriestr. 8
Tel.: 04231/15-121, kreisvolkshochschule@landkreis-verden.de

VHS Heidekreis gGmbH, 29664 Walsrode, Kirchplatz 4
Tel. 05161/948884, aengler@vhs-heidekreis.de

KVHS Ammerland, 26655 Westerstede, Am Röttgen 60
Tel. 04488/5651001, kvhs-sprachen@ammerland.de

Sprachkompetenz und Bildung oHG, 21423 Winsen (Luhe), Plankenstr. 3
Tel. 04171/7884919, s-bgbr@web.de

KVHS Wolfenbüttel, 38300 Wolfenbüttel, Harzstr.2-5
Tel. 05331/84 158, d.eicke@lkwf.de

Bildungszentrum Wolfsburger Volkshochschule gGmbH, 38440 Wolfsburg, Heinrich-Heine-Str. 36
Tel. 5361/89390-30, sylvia.mosur@bzw.wolfsburg.de

VHS Zeven, 27404 Zeven, Lindenstr. 6
Tel. 04281/936314, mf@vhs-zeven.de

X. Nordrhein-Westfalen

Regierungsbezirk Arnsberg:

ZV VHS Arnsberg/Sundern, 59755 Arnsberg, Werler Str. 2a - Möhnepark
Tel. 02932/972814, vhs@arnsberg.de

VHS der Stadt Bergkamen, 59192 Bergkamen, Rathausplatz 1
Tel. 02307/284954, vhs@bergkamen.de

VHS Bochum, 44787 Bochum, Gustav-Heinemann-Platz 2-6
Tel. 0234/9102869, Htimmermann@bochum.de

VHS Dortmund, 44137 Dortmund, Hansastr. 2/4
Tel. 0231/50-24710, rbommert@stadtdo.de

VHS Hagen, 58089 Hagen, Schwanenstr. 6-10
Tel. 02331/207-3745, vhs@stadt-hagen.de

Schul- und Sportamt der Stadt Hamm, 59065 Hamm, Stadthausstr. 3
Tel. 02381/175036, panagiotidou@stadt.hamm.de

VHS Herne, 44649 Herne, Wilhelmstr. 37
Tel. 02323/16-2841, vhs@herne.de

VHS-Zweckverband Kamen-Bönen, 59174 Kamen, Am Geist 1
Tel. 02307/92420-52, vhs@stadt-kamen.de

VHS Volmetal, 58566 Kierspe, Friedrich-Ebert-Str. 380
Tel. 02359/4644, vhs@vhs-volmetal.de

VHS Lippstadt, 59557 Lippstadt, Barthstr. 2
Tel. 02941/2895-12 o.23, vhs@stadt-lippstadt.de

Volkshochschule der Stadt Lünen, 44534 Lünen, Cappenberger Str. 34
Tel. 02306/104-2722, vhs@luenen.de

VHS Kreis Siegen-Wittgenstein, 57072 Siegen, Koblenzer Str. 73
Tel. 0271/333-1526, m_dumitrache@siegen-wittgenstein.de

Volkshochschule Siegen, 57072 Siegen, Markt 25
Tel. 0271/404-3046, u_berens@siegen.de

VHS Soest, 59494 Soest, Nöttenstr. 29
Tel. 02921/103113

VHS ZV Unna-Fröndenberg-Holzwickende, 59423 Unna, Lindenplatz 1
Tel. 02303/103734, zib-vhs@stadt-unna.de

VHS Lennetal, 58791 Werdohl, Schulstr. 19
Tel. 02392/9183-11, b.funke@vhs-lennetal.de

VHS Werl-Wickede(Ruhr)-Ense, 59457 Werl, Kirchplatz 5
Tel. 02922/972411, info@vhs-werl.de

VHS der Stadt Werne, 59368 Werne, Bahnhofstr. 8
Tel. 02389/71539

Regierungsbezirk Detmold:

VHS – ZV Bad Driburg-Brakel-Nieheim-Steinheim, 33014 Bad Driburg, Rathausstr. 5
Tel. 05253/940725, info@vhs-driburg.de

VHS Bad Oeynhausen, 32545 Bad Oeynhausen, Kaiserstr. 14
Tel. 05731/142626, ujvari@vhs-badoeynhausen.de

VHS der Stadt Bad Salzuflen, 32105 Bad Salzuflen, Hermannstr. 32
Tel. 05222/931716, c.steinmetz@bad-salzuflen.de

Volkshochschule Bielefeld, 33607 Bielefeld, Ravensberger Park 1
Tel. 0521/516629, annette.waedlich@bielefeld.de

VHS Detmold, 32756 Detmold, Krumme Str. 20
Tel. 05231/977259, purrmann@vhs-detmold.de

VHS-ZV Altkreis Lübbecke, 32339 Espelkamp, Wilhelm-Kern-Platz 4
Tel. 05772/97710, steinhauer@vhs-altkreis-luebbecke.de

VHS Gütersloh, 33330 Gütersloh, Hohenzollernstr. 43
Tel. 05241/82-2926, Birgit.Osterwald@gt-net.de

VHS Ravensberg, 33790 Halle (Westf.), Kiskerstr. 2
Tel. 05201/8109-0, post@vhs-ravensberg.de

VHS im Kreis Herford, 32052 Herford, Münsterkirchplatz 1
Tel. 05221/5905-12, dohmann@vhsimkreisherford.de

Volkshochschule Höxter-Marienmünster, 37671 Höxter, Möllingerstr. 9
Tel. 05271/963182, schwiete@vhs-hoexter.de

VHS Lippe-West, 32791 Lage, Lange Str. 124
Tel. 05232/9550-0, heider@vhs-lw.de

VHS der Alten Hansestadt Lemgo, 32657 Lemgo, Breitestr. 10
Tel. 05261/213-278 o. 226, z.thiemann@lemgo.de

VHS Löhne, 32584 Löhne, Werretalhalle, Alte Bünder Str.14
Tel. 05732/100-588, vhs@loehne.de

Volkshochschule Minden, 32423 Minden, Königswall 99
Tel. 0571/83766-14, riemanns@vhs-minden.de

VHS Paderborn, 33098 Paderborn, Kamp 43
Tel. 05251/881262, regina.brinkmann@paderborn.de

Die Sprachwerkstatt, 33106 Paderborn, Stettiner Str. 40-42
Tel. 05251/77999-0, u.piepenbreier@die-sprachwerkstatt.de

VHS Reckenberg-Ems, 33378 Rheda-Wiedenbrück, Kirchplatz 2
Tel. 05242/9030-102, petra.bobbenkamp@vhs-re.de

VHS Harsewinkel-Schloß Holte-Stukenbrock-Verl, 33758 Schloß Holte-Stukenbrock, Kirchstr. 2
Tel. 05207/9174-12, josef.lieneke@gt-net.de

VHS-Zweckverband Diemel-Egge-Weser, 34414 Warburg, Rathaus Zwischen den Städten
Tel. 05273/392-125, andreas.knoblauch-flach@beverungen.de

Regierungsbezirk Düsseldorf:

VHS Zweckverband Dinslaken-Voerde-Hünxe, 46535 Dinslaken, Friedrich-Ebert-Str. 84
Tel. 02064/413522, schenzer@vhs-dinslaken.de

VHS Dormagen, 41539 Dormagen, Langemarkstr. 1/3
Tel. 02133/257304, claudia.stawicki@vhsdormagen.de

VHS Düsseldorf, 40227 Düsseldorf, Bertha-von-Suttner-Platz 1
Tel. 0211/8993425, wolfgang.cziesla@stadt.duesseldorf.de

Euro-Schulen NRW Ost GmbH, 40227 Düsseldorf, Kruppstr. 82-84
Tel. 02051/28700, info@es.duesseldorf.eso.de

SPUTNIK-SIÜD, 40595 Düsseldorf, Wolfgang-Döring-Str. 4
Tel. 0211/17053011, sputniki@arcor.de

VHS der Stadt Duisburg, 47049 Duisburg, Königstr. 47
Tel. 0203/283-3372, g.boellert@stadt-duisburg.de

Rhein Ruhr Bildungsverein e.V., 47059 Duisburg, Weidenweg 87
Tel. 0203/299665, info@rrb-ev.de

VHS der Stadt Erkrath, 40699 Erkrath, Sedentaler Str. 105/107
Tel. 0211/2407-4301, elvira.finkelmeier@erkrath.de

VHS Essen, 45127 Essen, Burgplatz 1
Tel. 0201/8843200, guenter.hinken@vhs.essen.de

VHS Grevenbroich, 41515 Grevenbroich, Waagehaus, Stadtparkinsel
Tel. 02181/608 353, monika.born-moebius@Grevenbroich.de

Akademie Klausenhof, 46499 Hamminkeln, Klausenhofstr. 100
Tel. 02852/890, spannhake@akademie-klausenhof.de

Volkshochschul-Zweckverband Hilden-Haan, 40721 Hilden,
Gerresheimer Str. 20
Tel. 02103/500537, fragemann@vhs-hilden-haan.de

VHS-ZV Kaarst-Korschenbroich, 41564 Kaarst, Am Schulzentrum 18
Tel. 02131/963 941, a.laacks@vhs-kk.de

VHS der Stadt Kleve, 47533 Kleve, Hagsch Poort 22
Tel. 02821/7231-0, renate.schmitz@kleve.de

VHS Krefeld, 47798 Krefeld, Von-der-Leyen-Platz 2
Tel. 02151/862658, doris.schlimnat@krefeld.de

VHS Langenfeld, 40764 Langenfeld (Rheinland), Konrad-Adenauer-Platz 1
Tel. 02173/794 4555, vhs@langenfeld.de

Volkshochschule Meerbusch, 40670 Meerbusch, Hochstr. 14
Tel. 02159/916-504, volkshochschule@meerbusch.de

Volkshochschule der Städte Mettmann und Wülfrath, 40822 Mettmann,
Schwarzbachstr. 28
Tel. 02104/139240, wauschkuhn@vhs-mettmann.de

Volkshochschule Mönchengladbach, 41061 Mönchengladbach,
Lüpertzender Str. 85
Tel. 02161/25-6410, cleopatra.altanis@moenchengladbach.de

VHS Moers, 47441 Moers, Kastell 5
Tel. 02841/201559, ulrich.steuten@moers.de

VHS der Stadt Monheim, 40789 Monheim am Rhein, Tempelhofer Str. 15
Tel. 02173/951741, VHS@monheim.de

Heinrich-Thöne-Volkshochschule, 45479 Mülheim an der Ruhr, Bergstr. 1/3
Tel. 0208/4554313, ulrike.voss-schulz@stadt-mh.de

Volkshochschule Neuss, 41460 Neuss, Hafenstr. 29
Tel. 02131/904103, info@vhs-neuss.de

Volkshochschule der Stadt Oberhausen, 46045 Oberhausen, Langemarkstr. 19/21
Tel. 0208/825-2895, traudel.kleinpass@oberhausen.de

VHS Ratingen, 40878 Ratingen, Lintorfer Str. 3
Tel. 02102/550-4301, vhs@ratingen.de

VHS-ZV Alpen-Rheinberg – Sonsbeck-Xanten, 47495 Rheinberg, Lützenhofstr. 9
Tel. 02843/90740-17, Elisabeth.Keggenhoff-Ehrlich@vhs-rheinberg.de

Bergische VHS-Solingen, 42651 Solingen, Birkenweiher 66
Tel. 0212/2903252, info@bergische-vhs.de

VHS Zweckverband Velbert/Heiligenhaus, 42549 Velbert, Nedderstr. 50
Tel. 02051/949618, Flasspoehler@vhs-vh.de

Euro-Schulen Niederrhein/Viersen, 41748 Viersen, Hormesfeld 9b
Tel. 02162/351040, info@es.viersen.eso.de

VHS Wesel-Hamminkeln-Schermbeck, 46483 Wesel, Ritterstr. 10/14
Tel. 0281/203-2366, vhs@wesel.de

Regierungsbezirk Köln:

VHS Nordkreis Aachen, 52477 Alsdorf, Übacher Weg 36
Tel. 02406/666413, waltraud.pennartz@vhs-nordkreis-aachen.de

Volkshochschule Bergisch Gladbach, 51465 Bergisch Gladbach, Bruchmühlenstr. 12
Tel. 02202/14-2279, paass@vhs-gl.de

VHS Zweckverb. Bergheim, 50126 Bergheim, Bethlehemer Str. 25
Tel. 02271/4760-0, info@vhs-bergheim.de

VHS der Stadt Bonn, 53111 Bonn, Wilhelmstr. 34
Tel. 0228/775634, marion.bachert@bonn.de

VHS Gemeinde Alfter und Stadt Bornheim, 53332 Bornheim, Alter Weiher 2
Tel. 02222/945463, vhs@stadt-bornheim.de

VHS Rhein-Erft, 50321 Brühl, An der Synagoge 2
Tel. 02232/945070, vhs@vhs-rhein-erft.de

VHS Rur-Eifel, 52349 Düren, Violengasse 2
Tel. 02421/252579, g.resch@dueren.de

Volkshochschule Erftstadt, 50374 Erftstadt, Carl-Schurz-Str. 23
Tel. 02235/409272, info@vhs-erftstadt.de

VHS Eschweiler, 52249 Eschweiler, Kaiserstr. 4a
Tel. 02403/70270, vhs@eschweiler.de

Volkshochschule Frechen, 50226 Frechen, Hauptstr. 110/112
Tel. 02234/501252, buero@vhs-frechen.de

VHS Gummersbach, 51643 Gummersbach, Rathausplatz 1
Tel. 02261/871538, annelie.roggendorff@stadt-gummersbach.de

VHS Oberbergischer Kreis, 51645 Gummersbach, Mühlenbergweg 3
Tel. 02261/819015, renee.scheer@vhs.obk.de

Anton-Heinen-Volkshochschule des Kreises Heinsberg, 52525 Heinsberg, Valkenburger Str. 45
Tel. 02452/13-4319, vhs@kreis-heinsberg.de

VHS Jülich, 52428 Jülich, Markt 1, Altes Rathaus
Tel. 02461/63328, awerny@juelich.de

VHS der Stadt Köln, 50670 Köln, Im Mediapark 7
Tel. 0221/221 23638, ingrid.pehl@stadt-koeln.de

VHS Siebengebirge, 53639 Königswinter, Dollendorfer Str. 39
Tel. 02244/889254, hedwig.roos-schumacher@koenigswinter.de

VHS Leverkusen, 51373 Leverkusen, Am Büchelter Hof 9
Tel. 0214/406-4189, vera.strittmatter@vhs-leverkusen.de

Volkshochschule Overath-Rösrath, 51491 Overath, Schulstr. 15
Tel. 02204/972317, sr@vhsor.de

VHS-Zweckverband Meckenheim-Rheinbach-Swisttal-Wachtberg, 53359 Rheinbach, Schweigelstr. 21
Tel. 02226/921920, info@vhs-rheinbach.de

VHS-ZV Rhein-Sieg, 53721 Siegburg, Ringstr. 24
Tel. 02241/309746, alexandra.haas@vhs-rhein-sieg.de

VHS Stolberg, 52222 Stolberg (Rhld.), Frankentalstr. 3
Tel. 02402/8624-57, vhs@stolberg.de

VHS für Troisdorf und Niederkassel, 53840 Troisdorf, Kölner Str. 2
Tel. 02241/87 44 72, schwarzbach@vhs-tdf-ndk.de

VHS Bergisch-Land, 42929 Wermelskirchen, Burger Str. 28
Tel. 02196/94704-12, ulrike.langholz@vhs-bergisch-land.de

Regierungsbezirk Münster:

VHS der Stadt Ahlen, 59227 Ahlen, Markt 15
Tel. 02382/59409, vhs@stadt.ahlen.de

VHS Bocholt-Rhede-Isselburg, 46397 Bocholt, Südwall 4a
Tel. 02871/252232, vhs@mail.bocholt.de

Volkshochschule Borken, 46325 Borken, Im Piepershagen 17a
Tel. 02861/030238, vhs@borken.de

VHS der Stadt Bottrop, 46236 Bottrop, Böckenhoffstr. 30
Tel. 02041/703843, info@vhs-bottrop.de

VHS Castrop-Rauxel, 44575 Castrop-Rauxel, Europaplatz 1
Tel. 02305/1062646, vhs@castrop-rauxel.de

VHS Datteln, 45711 Datteln, Kolpingstr. 1
Tel. 02363/107-230, vhs@stadt-datteln.de

VHS Dülmen-Haltern-Havixbeck, 48249 Dülmen, Münsterstr. 29
Tel. 02364/933-440, vhs@haltern.de

VHS Dorsten, 46282 Dorsten, Im Werth 6
Tel. 02362/664183, petra.duda@dorsten.de

VHS Emsdetten-Greven-Saerbeck, 48282 Emsdetten, Kirchstr. 20
Tel. 02572/960370, kontakt@vhs-e-g-s.de

VHS Gelsenkirchen, 45875 Gelsenkirchen, Ebertstr. 19
Tel. 0209/1692413, vhs@gelsenkirchen.de

VHS Gladbeck, 45964 Gladbeck, Friedrichstr. 55
Tel. 02043/992455, vhs@stadt-gladbeck.de

Euregio-Volkshochschule Gronau, 48599 Gronau (Westf.),
Von-Keppel-Str. 10
Tel. 02565/404080, vhs@gronau.de

Volkshochschule Herten, 45699 Herten, Resser Weg 1
Tel. 02366/303515, vhs@herten.de

VHS Ibbenbüren, 49477 Ibbenbüren, Oststr. 28
Tel. 05451/931768, ursula.neissner@ibbenbueren.de

VHS Lengerich, 49525 Lengerich, Bahnhofstr. 108
Tel. 05481/93880, info@vhs-lengerich.de

Die Insel VHS Marl, 45768 Marl, Bergstr. 230
Tel. 02365/99-4225, hans-juergen.beckmann@marl.de

VHS Münster, 48143 Münster, Aegidiimarkt 3
Tel. 0251/4924362, vhs@stadt-muenster.de

Volkshochschule ZV Ochtrup, 48607 Ochtrup, Winkelstr. 1
Tel. 02553/939815, info@vhs-ochtrup.de

Volkshochschule Oelde-Ennigerloh, 59302 Oelde, Herrenstr. 7
Tel. 02522/72724, vhs@oelde.de

Volkshochschule der Stadt Oer-Erkenschwick, 45739 Oer-Erkenschwick, Stimbergstr. 169
Tel. 02368/987111, vhs@vhs-oe.de

VHS Recklinghausen, 45657 Recklinghausen, Herzogswall 17
Tel. 02361/501996, ulrich.gogolin@recklinghausen.de

VHS Rheine, 48431 Rheine, Mühlenstr. 31
Tel. 05971/939-128, britta.hermes@rheine.de

KulturForum Steinfurt-VHS, 48565 Steinfurt-Burgsteinfurt, An der Hohen Schule 14
Tel. 02551/14820, info@vhs-steinfurt.de

VHS Waltrop, 45731 Waltrop, Ziegeleistr. 14
Tel. 02309/9626-0, vhs@vhs-waltrop.de

VHS ZV Warendorf, 48231 Warendorf, Freckenhorster Str. 43
Tel. 02581/93840, post@vhs-warendorf.de

XI. Rheinland-Pfalz

Kreisvolkshochschule Altenkirchen, 57610 Altenkirchen, Parkstr. 1
Tel. 02681/812211, kvhs@kreis-ak.de

Kreis-VHS Alzey-Worms, 55232 Alzey, Theodor-Heuss-Ring 2
Tel. 06731/494745, zuber.michael@kreis-alzey-worms.de

VHS Andernach, 56626 Andernach, Am Stadtgraben 29
Tel. 02632/922252, vhs@andernach.de

VHS Bad Bergzabern, 76887 Bad Bergzabern, Königstr. 61
Tel. 06343/70114, vhs-service@vgbza.de

Kreis-VHS Bad Dürkheim, 67098 Bad Dürkheim, Philipp-Fauth-Str. 11
Tel. 06322/961-2402, kvhs@kreis-bad-duerkheim.de

Kreis-VHS Rhein-Lahn, 56130 Bad Ems, Siberau 1
Tel. 02603/972163, christoph.lehmler@rhein-lahn.rlp.de

VHS Bad Kreuznach, 55543 Bad Kreuznach, Viktoriastr. 13
Tel. 0671/800-766, erika.roggendorf@bad-kreuznach.de

Sprachenschule Gamp und Anheuer, 55545 Bad Kreuznach, Rüdesheimer Str. 43
Tel. 0671/434199, kanheuser@web.de

KVHS Ahrweiler, 53474 Bad Neuenahr-Ahrweiler, Wilhelmstr. 23
Tel. 02641/4108, kvhsahrweiler@aol.com

VHS Bingen e.V., 55411 Bingen am Rhein, Freidhof 11
Tel. 06721/991103, service@vhs-bingen.de

KVHS Birkenfeld, 55765 Birkenfeld, Friedrich-August-Str. 15
Tel. 06782/15171, vhs@landkreis-birkenfeld.de

KVHS Bitburg-Prüm, 54634 Bitburg, Trierer Str. 1
Tel. 06561/151380, kvhs@bitburg-pruem.de

VHS Boppard, 561154 Boppard, Oberstr. 141
Tel. 06742/898866, info@vhs-boppard.de

VHS-Kreis Cochem-Zell, 56812 Cochem, Ravenestr. 17
Tel. 02671/61463, kvhs@cochem-zell.de

VHS Daun, 54550 Daun, Leopoldstr. 29
Tel. 06592/939215, volkshochschule@stadt-daun.de

VHS Frankenthal e.V., 67227 Frankenthal (Pfalz), Stephan-Cosacchi-Platz 1
Tel. 06233/349203, info@vhs-ft.de

KVHS Germersheim, 76726 Germersheim, Bismarckstr. 6
Tel. 07274/53334, h.eckert@kreis-germersheim.de

Internationaler Bund (IB), 76726 Germersheim, Glacisstr. 9
Tel. 07274/702535, bz-germersheim@internationaler-bund.de

VHS Gerolstein, 54568 Gerolstein, Rathaus, Kyllweg 1
Tel. 06591/13120, hermann-josef.wirp@gerolstein.de

Institut für Bildung und Beruf, 57627 Hachenburg, Adolf-Kolping-Str. 3
Tel. 02662/9428146, ibbhachenburg@t-online.de

KVHS Mainz-Bingen e.V., 55218 Ingelheim am Rhein, Georg-Rückert-Str. 11
Tel. 06132/787-7100 od, -7102, info@kvhs-mainz-bingen.de

VHS Kaiserslautern e.V., 67655 Kaiserslautern, Kanalstr. 3
Tel. 0631/3625823, info@vhs-kaiserslautern.de

KVHS Kaiserslautern e.V., 67657 Kaiserslautern, Lauterstr. 8
Tel. 0631/7105-395, info@kaiserslautern-kreis.de

VHS Kandel e.V., 76870 Kandel, Hauptstr. 61
Tel. 07275/95273, vhs.kandel@web.de

VHS Hunsrück, 55481 Kirchberg (Hunsrück), Marktplatz 5
Tel. 06763/910-151, vhs@kirchberg-hunsrueck.de

KVHS Donnersbergkreis, 67292 Kirchheimbolanden, Uhlandstr. 2
Tel. 06352/710-108, kvhs@donnersberg.de

VHS Koblenz, 56073 Koblenz, Hoevelstr. 6
Tel. 0261/1293703, rene.piedmont@vhs-koblenz.de

Kölner Wirtschaftsfachschule GmbH, 56070 Koblenz,
Kurfürst-Schönborn-Str. 55
singerhoff@wifa.de

TSI Training Sprache Integration, 56068 Koblenz, Schloßstr. 48
Tel. 0261/12714, info@tsi-koblenz.de

ISL Sprachenschule Koblenz/ Annette Friedl & David O´Callaghan,
56068 Koblenz, Rizzastr. 35
Tel. 0261/12409, isl.koblenz@web.de

KVHS Kusel, 66869 Kusel, Trierer Str. 39
Tel. 06381/424-325, alexandra.bloedt@kv-kus.de

KVHS Südliche Weinstrr., 76829 Landau, An der Kreuzmühle 2
Tel. 06341/940122, Ingrid.Mai@suedliche-weinstrasse.de

ProfeS Gesellschaft für Bildung & Kommunikation mbH, 76829 Landau,
Max-von Laue-Str. 3
Tel. 06341/1414433, info@profes-gmbh.de

VHS Ludwigshafen, 67059 Ludwigshafen am Rhein, Bürgerhof
Tel. 0621/504-2578, Siegbert.Aichele@ludwigshafen.de

VHS Rhein-Pfalz-Kreis, 67063 Ludwigshafen am Rhein, Europaplatz 5
Tel. 0621/5909-246, kvhs@kv-rpk.de

Integraplus e.K., 67059 Ludwigshafen am Rhein, Ludwigsplatz 9
Tel. 0621/3195438, murat.gencaslan@integraplus.de

VHS Mainz, 55116 Mainz, Karmeliterplatz 1
Tel. 06131/2625-150, gundel.schliephake@vhs-mainz.de

Verband der Volkshochschulen von Rheinland-Pfalz, 55116 Mainz, Hintere Bleiche 38
Tel. 06131/288890, geschaeftsstelle@vhs-rlp.de

Dr. Ridder, Private Berufsfachschule für Sprachen, EDV und Fremdsprachenkorrespondenten, 55116 Mainz, Neubrunnenstr. 8
Tel. 06131/25210, sekretariat@dr-ridder.de

VHS Mayen, 56727 Mayen, Rosengasse 2
Tel. 02651/881002, vhs@mayen.de

VHS Montabaur, 56410 Montabaur, Konrad-Adenauer-Platz 9
Tel. 02602/126105, uprobst@montabaur.de

VHS-Kreis-Westerwald e.V., 56410 Montabaur, Peter-Altmeier-Platz 1
Tel. 02602/124420, joachim.hemmen@westerwaldkreis.de

VHS Neustadt an der Weinstr., 67433 Neustadt an der Weinstr., Hindenburgstr. 9a
Tel. 06321/390521, dagmar.fries@vhs-nw.de

KVHS Neuwied, 56564 Neuwied, Beverwijker Ring 5
Tel. 02631/347813, kvhs-neuwied@t-online.de

VHS Neuwied „Die Brücke", 56564 Neuwied, Heddesdorfer Str. 33
Tel. 02631/398925, jungblut@vhs-neuwied.de

KUNZ Institut für Betriebswirschaftliche Aus- und Weiterbildung,
55593 Rüdesheim (Nahe), Am Schlittweg 8
info@kunz-institut.de

VHS Speyer, 67346 Speyer, Bahnhofstr. 54
Tel. 06232/106-203, gaden@vhs-speyer.de

VHS Trier, 54290 Trier, Domfreihof 1b
Tel. 0651/718-1431, rita.brockhaus@trier.de

VHS Wittlich Stadt und Land e.V., 54516 Wittlich, Kurfürstenstr. 1
Tel. 06571/10739, wfeltes@vg-wittlich-land.de

VHS der Stadt Worms, 67547 Worms, Willy-Brandt-Ring 5
Tel. 06241/946940, agnes.denschlag@worms.de

IBLA Germany GmbH, 67547 Worms, Prinz-Carl-Anlage 3
Tel. 06241/304149, ibla-germany@web.de

VHS Zweibrücken, 66482 Zweibrücken, Johann-Schwebel-Str. 1
Tel. 06332/209746, info@vhs-zeibruecken.de

XII. Saarland

VHS der Stadt Homburg e.V., 66424 Bad Homburg, Am Forum 5
Tel. 06841/101106, vhs@homburg.de

KVHS Saarpfalz-Kreis, 66440 Blieskastel, Am Schloß 11
Tel. 06842/924310, kvhs@saarpfalz-kreis.de

VHS Dillingen e.V., 66763 Dillingen, De-Lenoncourt-Str. 5
Tel. 06831/7506, info@vhs-dillingen.de

VHS Merzig-Wadern e.V., 66663 Merzig, Gutenbergstr. 14
Tel. 0681/82910-0, info@vhs-merzig-wadern.de

VHS Neunkirchen, 66538 Neunkirchen, Marienstr. 2
Tel. 06821/2900611, bierbrauer@nk-kultur.de

VHS Regionalverband Saarbrücken, 66119 Saarbrücken, Am Schloßplatz 2
Tel. 0681/5064350, vhs-integration@rvsbr.de

VHS der Stadt Saarlouis, 66740 Saarlouis, Lothringer Str. 13
Tel. 06831/40220, jakobs@vhs-saarlouis.de

VHS St. Ingbert, 66386 St. Ingbert, Annastr. 30
Tel. 06894/38795-12, vhsigb@t-online.de

KVHS St. Wendel, 66606 St. Wendel, Werschweilerstr. 14
Tel. 06851/801-4010, kvhs@lkwnd.de

VHS der Stadt Sulzbach/Saar/Salzherrenhaus, 66280 Sulzbach, Auf der Schmelz
Tel. 06897/9248310,

VHS Völklingen, 66333 Völklingen, Bismarckstr. 1
Tel. 06898/132590, k.schaeffner@vhs-voelklingen.de

XIII. Sachsen

VHS Erzgebirgskreis, 08280 Aue, Rudlof-Breitscheid-Str. 27
Tel. 03771/5972 10 od. 11, susanne.schmidt@kreis-erz.de

Volkshochschule des Vogtlandkreises, 08209 Auerbach/Vogtl., Am Feldschlößchen 14
Tel. 037421/23770, service@vhs-vogtlandkreis.de

VHS-Kreis Bautzen, 02625 Bautzen, Dr.-Peter-Jordan-Str. 21
Tel. 03591/272290, info@kvhsbautzen.de

VHS Leipziger Land, 04552 Borna, Jahnstr. 24a
Tel. 03433/74463323, info@vhsleipzigerland.de

VHS Chemnitz, 09111 Chemnitz, Moritzstr. 20
Tel. 0371/488-4334, echevin@vhs-chemnitz.de

VHS Dresden e.V., 01237 Dresden, Schilfweg 3
Tel. 0351/2544037, jana.moebius@vhs-dresden.de

Die Sprachwerkstatt GmbH, 01127 Dresden, Großenhainer Str. 99
Tel. 0351/8975940, dresden@die-sprachwerkstatt.de

Euro-Schulen Dresden, 01069 Dresden, Wiener Platz 6
Tel. 0351/4763680, info@es.dresden.eso.de

VHS Görlitz e.V., 02826 Görlitz, Langenstr. 23
Tel. 03581/4209828, sprachen@vhs-goerlitz.de

Euro-Schulen GmbH, Euro-Schulen Görlitz-Zittau, 02826 Görlitz, Straßburg-Passage
Tel. 03581/76460, l.vater@eso-goerlitz.de

Wolpert Schulungszentrum – inlingua Spachschule Leipzig GmbH,
04317 Leipzig, Prager Str. 36
Tel. 0341/21 71 474, info@inlingua-leipzig.de

language coach institute Leipzig, 04107 Leipzig, Emilienstr. 17
Tel. 0341/3085506, thiessen@languagecoach.de

Leipziger Gesellschaft für Bildung und Arbeit, 04249 Leipzig, Anton-Zickmantel-Str.41
Tel. 0341/4273770, info@lehmbaugruppe.de

zu Hause e.V., 04107 Leipzig, Hohe Straße 9/13
Tel. 0341/52 91 72 48, info@zuhause-ev.de

VHS Sächsische Schweiz-Osterzgebirge e.V., 01796 Pirna, Geschwister-Scholl-Str. 2
Tel. 03501/710990, info@vhs-ssoe.de

VHS Plauen, 08527 Plauen, Stresemannstr. 92
Tel. 03741/224425, boh@vhs-plauen.de

VHS Dreiländereck, 02943 Weißwasser O.L., Jahnstr. 50
Tel. 03576/2783-0, info@vhs-dle.de

Bénédict School Zwickau, 08056 Zwickau, Alte Reichenbacher Str. 2
Tel. 0375/27766-0, benedict@fuu-sachsen.de

Euro-Schulen West-Sachen GmbH, 08056 Zwickau, Max-Pechstein-Str. 29
Tel. 0375/2713430, info@es.zwickau.eso.de

XIV. Sachsen-Anhalt

KVHS Salzlandkreis, 06406 Bernburg, Vor dem Nienburger Tor 13a
Tel. 03471/352073, kvhs@kreis-slk.de

VHS-Kreis Anhalt-Bitterfeld, 06749 Bitterfeld, Lindenstr. 12a
Tel. 03493/33830, bitterfeld-wolfen@kvhs-abi.de

KVHS Jerichower Land, 39288 Burg, Magdeburger Str. 24-26
Tel. 03921/9494310, kvhs@lkjl.de

VHS Dessau-Roßlau, 06844 Dessau-Roßlau, Erdmannsdorffstr. 3
Tel. 0340/24005542, info@vhs.dessau-rosslau.de

inlingua Sprachschule Dessau OHG, 06842 Dessau, Franzstr. 85
Tel. 0340/260260, info@inlingua-dessau.de

Sprachschule 2000 GmbH, 06295 Lutherstadt Eisleben, Markt 57
Tel. 03475/250353, info@sprachschule2000.de

AFU Privates Bildungsinstitut GmbH, 38820 Halberstadt, Rudolf-Diesel-Str.14
Tel. 03941/6789507, info@afu-gmbh.de

KVHS Börde, 39340 Haldensleben, Warmsdorfer Str. 20
Tel. 03904/42271, kvhs@boerdekreis.de
VHS Halle (Saale), 06128 Halle (Saale), Diesterwegstr. 37
Tel. 0345/291530, info@vhs-halle.de

Euro-Schulen Halle, 06110 Halle (Saale), Philipp-Müller-Str. 57
Tel. 0345/61406-0, info@es.halle.eso.de

Inlingua Sprachschule Halle GmbH, 06108 Halle, Steinbockgasse 1
Tel. 0345/678980, ute.hoffmann@inlingua-Halle.de

Städtische VHS Magdeburg, 39104 Magdeburg, Leibnizstr. 23
Tel. 0391/53547715, info@vhs.magdeburg.de

Europäisches Bildungswerk für Beruf und Gesellschaft gGmbH,
39108 Magdeburg, Maxim-Gorki-Str. 14
Tel. 0391/5419829, sprachen-magdeburg@ebg.de

KVHS Saalekreis, 06217 Merseburg, Am Saalehang 1
Tel. 03461/2590880, kvhs@saalekreis.de

BVU GmbH, 06217 Merseburg, Geusaer Str. 81g
Tel. 03461/8215-0, merseburg@bvu-gmbh.de

KVHS Harz GmbH, 06484 Quedlinburg, Heiligegeiststr. 8
Tel. 03947/524039, info@kvhs-harz.de

VHS Altmarkkreis Salzwedel, 29410 Salzwedel, Karl-Marx-Str. 15
Tel. 03901/422031, salzwedel@vhs-salzwedel.de

KVHS Mansfeld-Südharz e.V., 06526 Sangershausen,
Karl-Liebknecht-Str. 31
Tel. 03464/572407, service@vhs-sgh.de

VHS-Kreis Stendal, 39576 Stendal, Altes Dorf 22
Tel. 03931/258286, kvhs@landkreis-stendal.de

Städtische VHS Stendal, 39576 Stendal, Hallstr. 35
Tel. 03931/64880, vhs_stendal@t-online.de

Straßfurter URANIA e.V., 39418 Straßfurt, Prinzenberg 18
Tel. 03925/624295, info@strassfurter-urania.de

KVHS Wittenberg, 06886 Lutherstadt Wittenberg, Falkstr. 83
Tel. 03491/41810, kvhs@bzl-wb.de

VHS Burgenlandkreis, 06712 Zeitz, Domherrenstr. 1
Tel. 03441/212465, info@vhs-burgenlandkreis.de

XV. Schleswig-Holstein

Landesverband der Volksschulen Schleswig-Holsteins e.V., 24103 Kiel, Holstenbrücke 7
Tel. 0431/97984-34, pe@vhs-sh.de

XVI. Thüringen

VHS Altenburger Land, 04600 Altenburg, Hospitalstr. 6
Tel. 03447/507928, vhs-altenburg@altenburgerland.de

KVHS Weimarer Land, 99510 Apolda, Ackerwand 13/15
Tel. 03644/554841, olga.vitzthum@vhs-weimarerland.de

VHS Eisenach, 99817 Eisenach, Schmelzerstr. 19
Tel. 03691/29320, vhs@eisenach.de

Sprache und Bildung GmbH Geschäftsstelle Eisenach, 99817 Eisenach, Bahnhofstr. 27
Tel. 03691/785337, eisenach@sprache-und-bildung.de

VHS Erfurt, 99084 Erfurt, Schottenstr. 7
Tel. 0361/6552950, volkshochschule@erfurt.de

KVHS Hilburghausen, 98646 Hildburghausen, Obere Marktstr. 44
Tel. 03685/709285, vhs.hildhausen@t-online.de

Thüringer Volkshochschulverband e.V., 07743 Jena, Saalbahnhofstr. 27
Tel. 03641/5342310, landeserband@vhs-th.de

VHS des Landkreises Schmalkalden-Meiningen, 98617 Meiningen, Klostergasse 1
Tel. 03693/50180, anette.luempert@vhs-th.de

VHS Unstrut-Hainich-Kreis, 99974 Mühlhausen/Thüringen, Friedrich-Naumann-Str. 26
Tel. 03601/812691, info@vhs-uh.de

VHS-Kreis Nordhausen, 99734 Nordhausen, Grimmelallee 60
Tel. 03631/6091-27, beate.walzel@vhs-nordhausen.de

VHS des Landkreises Sonneberg, 96515 Sonneberg, Coburger Str. 32a
Tel. 03675/754223, jutta.arsenova@vhs-sonneberg.de

Sachverzeichnis

(zu Stichworten der richtigen Antworten sowie den erläuternden Anmerkungen im 2. Kapitel Teil I)
Die Zahlen verweisen auf die Nummerierung der **Fragen** in Teil I.

K

L

M

N

O

P

R

S

T

V

W

Z